KB023995

마니에르 드 부아르

주소 서울특별시 마포구 양화로 1길 83 석우빌 1층
홈페이지 www.ilemonde.com | 전화 02-777-2003

Chief editor 이종훈
Art designer 조한아
Communication manager 최승은, 박지수
Proofreading 김나현
Translators 김보희 배영란 이보미
Editing Committee 안치용, 김민정, 양근애, 서곡숙
Publisher 성일권

MANIÈRE DE VOIR(한국어판) vol.16

길들여지지 않는 예술

발행일자 2024년 7월 30일
등록번호 마포, 바00189
등록일자 2020년 9월 10일
발행처 (주)르몽드코리아
인쇄처 디프넷
홈페이지 www.ilemonde.com | **이메일** info@ilemonde.com
대표전화 02-777-2003 | **팩스** 02-6020-8776

MANIÈRE DE VOIR
Édition Française

Édité par la SA Le Monde diplomatique
1, avenue Stephen-Pichon, 75013 Paris
Site Internet: www.monde-diplomatique.fr

Directoire:
Benoît BRÉVILLE, président, directeur de la publication
Anne-Cécile ROBERT, directrice adjointe
Autres membres:
Vincent CARON, Élodie COURATIER, Pierre RIMBERT
Conseiller éditorial auprès du directeur de la publication :
Serge HALIMI
Conseiller en finance et développement auprès du directoire :
Bruno LOMBARD
Secrétaire générale : Anne CALLAIT-CHAVANEL
Directeur de la rédactio n : Benoît BRÉVILLE
Rédacteur en chef: Akram BELKAÏD
Rédaction : Martine BULARD, Philippe DESCAMPS,
Renaud LAMBERT, Evelyne PIEILLER, Hélène RICHARD,
Pierre RIMBERT, Anne-Cécile ROBERT, Grégory RZEPSKI
Cartographie : Cécile MARIN
Site Internet : Guillaume BAROU
Conception artistique :
Nina HLACER, Boris SÉMÉNIAKO
(avec la collaboration de Delphine LACROIX pour l'iconographie)
Rédacteur documentaliste : Olivier PIRONET
Archives et données numériques :
Suzy GAIDOZ, Maria IERARDI
Mise en pages et photogravure :
Jérôme GRILLIÈRE, Patrick PUECH-WILHEM
Correction: Dominique MARTEL, Xavier MONTHÉARD
Directeur commercial et administratif : Vincent CARON
Directrice des relations sociales : Élodie COURATIER
Responsable du contrôle de gestion : Zaïa SAHALI
Fondateur : Hubert BEUVE-MÉRY.
Anciens directeurs : François HONTI, Claude JULIEN,
Ignacio RAMONET, Serge HALIMI

Vol.16

길들여지지 않는 예술

차례

서문

불법적 쾌락을 위하여

모나 숄레 Mona Chollet

〈르몽드 디플로마티크〉 프랑스어판 기자. 여성 문제와 소외 계층에 관심이 많으며,
주요 저서에 『La tyrannie de la réalité 현실성의 폭군』(2006), 『Beauté fatale 치명적인 아름다움』(2012) 등이 있다.

에블린 피에예 Evelyne Pieiller

〈르몽드 디플로마티크〉 프랑스어판 기자. 문학과 음악 비평가. 저서로는 『Le Grand Théâtre』(2000),
『L'almanach des contrariés』(2002), 『Une histoire du rock pour les ados』(Edgard Garcia 공저, 2013) 등이 있다.

"당신이 아무리 '저급한' 기쁨과 '고급스러운' 기쁨을 떠들어봤자 예술은 당신에게 냉랭한 표정을 지을 것이다. 왜냐하면 예술은 상류지역에서뿐만 아니라 하류지역에서도 활동하기를 원하며, 사람들에게 기쁨을 안겨주는 한도에서, 예술 자체를 조용히 내버려 두도록 바라기 때문이다."

베르톨트 브레히트, 『연극을 위한 작은 지침서(*Petit Organon pour le théâtre*)』
(*L'Arche*, *Paris*, 1970〔1948〕)에서

"오래 전부터 나는 가능한 모든 풍경을 소유하고 있다고 으스댔고, 회화 및 현대시의 저명인사들을 가소롭게 여겼다. 나는 문 위의 장식, 배경 그림, 곡예단 천막, 간판, 서민적인 채색 삽화 등 하찮은 그림들을 좋아했고, 교회의 라틴어, 철자를 무시한 에로틱 서적, 우리 선조들의 소설, 요정 이야기, 어린 시절의 작은 책, 오래된 오페라, 순진한 리듬 등 유행 지난 문학을 좋아했다."

아르튀르 랭보, 『지옥에서 보낸 한철(*Une saison en enfer*)』
(Livre de poche, Paris, 1998〔1873〕)에서.

이 책에 언급된 작품들은 저항문화와 대중문화 중 어디에 속하든 간에 공통점을 갖고 있다.

▲ 〈Michael Jackson〉, 2022 - 강혜정

하나같이 초라하고 부적절하고 유치하다는 평가를 받으며, 적절하고 진지한 상류문화가 아닌 서민문화 혹은 천민문화로 간주된다는 사실이다.

그런데 이처럼 악명 높은 문화적 배경에서 세상에 대한 비판적 시각이 형성되고, 세상을 표현하는 새로운 방식이 탄생하는 경우가 종종 있다. TV 출연을 염두에 두지 않고 노래를 부르고, 예술적 품위의 관례에 구애되지 않고 대중을 위한 영화를 찍는다는 것은, 곧 공식적인 예술에 수반되는 진부함, 스타일, 목적성, 자기검열로부터 해방됨을 의미한다.

저평가되는 장르들은 형태에 대한 배반이며, 의미에 대한 배반이다. 그것들은 형태를 새롭게 하며, 의미에 질문을 제기한다. 그렇다고 이 장르들이 엘리트의 여론에 기계적으로 역행하는 건 아니다. 또 다른 형태의 속물주의를 드러내고 있을 뿐이다.

아울러 이 장르들의 상업성 짙은 졸작마저도 다수의 숨겨진 욕망을 초월적으로 구현한 작품인 양 간주하고, 그것을 흥행 성공의 요인으로 파악하자는 것도 아니다. 본질적으로 '상품'이라는 건 여론의 비위를 맞추고 유혹하는 데에 그 초점이 맞춰져 있다. 대중문화의 상당 부분이 조작적이고 소외적인 측면을 지니고 있음을 부정할 수 없다.[1]

그러나 대중문화가 (형식적으로나 내용적으로나) 과감성과 효율성을 겸비한다면 역설적이게도 흥미진진하면서도 시야를 밝혀주는 작품들을 탄생시킬 수 있다. 그리고 이런 작품들을 편견 때문에, 아니면 팬들로 이뤄진 군중과의 동화를 꺼린다는 이유로 멀리한다면 안타까운 일이다.

또한 진부하거나 평범하거나 정말로 조악한 대중문화 작품도 나름대로 주목할 필요가 있다. 안토니오 그람시에서 롤랑 바르트에 이르는 위대한 전통적 비평가들도 지적했듯, 이러한 작품들에 찬사를 보내는 사회의 정신상태가 어떠한지를 알 수 있기 때문이다. 그리고 엘리트들이 흔히 생각하는 것과는 달리 관객, 독자, 청취자는 수동적이지 않다. 조종을 일삼는 산업이 마음대로 모양을 빚을 수 있는 진흙 같은 존재가 아니라는 말이다.

물론 작품을 조망하는 능력에는 수용자들 간의 격차, 특히 사회적 불평등이 존재하지만, 어쨌든 그들은 항상 능동적인 자세로 작품을 받아들인다. 자신의 관심사, 감수성, 당시에 품고 있던 의문에 따라 작품을 해석하고, 자신의 것으로 삼고, 변형한다.

인정받은 주류 문화의 주변부에서 멸시당하면서도 꽃을 피우는 문화가 있는데, 이 문화는 때로는 방금 언급한 대중문화를 구성하기도 하고 때로는 거기에 반기를 들기도 한다. 이른바 '마이너' 문화이다. 무시당하던 그런 형태의 문화를 높이 평가한 대표적인 이들이 초현실주의자들, 그리고 1960년대 이후 활발하게 행동한 저항문화 운동가들이다.

이들은 기존 모델과 거리를 두는 한편, 어린 시절의 추억 속 상상과 비슷한 세계와의 관계를 즐겼다. 자유분방하게, 아무런 강박관념도 없이, 모든 질서와 관습에서 해방된 채 오로지 쾌락에만 관심을 가졌다. 비즈니스 세계도 이러한 작품들의 매력을 간파했다.

록 음악과 만화가 전복적이라고? 누군가 이렇게 주장한다면 사람들은 웃을 것이다. 물론

이러한 '나쁜 장르'를 수거한 다음 변형하고 중화하는 작업이 이루어진다. 그러나 이 작품들이 새로운 품위를 지니게 됐다고 흥미까지 사라지는 건 아니다. 이뿐만 아니라, 여기에서 새롭게 탄생한 '나쁜 장르'가 문화를 다시 창조하고 전복하고 해방시키는 데에 앞장서게 된다.

문화의 위계를 따질 때 공허할 정도로 쉬운 작품들만이 흥행에 성공한다고 넘겨짚는 경향이 있지만 이는 크나큰 착오다. 윌리엄 셰익스피어의 작품들만 해도 19세기 전반 미국 서민문화 곳곳에서 찾아볼 수 있다.[2]

탄광촌에 세워진 간이극장에서, 서부에서, 당구대 두 개를 연결해 급조한 무대에서도 셰익스피어의 작품이 공연됐다. 찰스 디킨스의 소설은 신문에 연재되어 수많은 독자들을 열광시키고, 눈물을 흘리도록 만들었다. 셰익스피어의 작품에는 귀족적 어투와 익살극적 요소가 공존하며, 디킨스의 소설은 멜로 드라마성과 희극성을 강렬하게 보여준다.

셰익스피어와 디킨스 두 작가만 보더라도 천박함, 장르의 혼합, 정제되지 않은 문체를 거리낌 없이 구사하고 있다. 빅토르 위고가 말했듯 고상한 취향이란 "질서 유지를 위한 대비책"[3]에 불과할지도 모른다.

글 · 모나 숄레 Mona Chollet, 에블린 피예에 Evelyne Pieiller

1 '순응주의의 공장', 〈마니에르 드 부아르〉 96호, 2007.12~2008.01 참조.

2 로렌스 르바인, 『상위문화, 하위문화. 미국에 등장한 문화적 위계질서의 등장』, Roger Chartier, La Découverte, Paris, 2010.

3 빅토르 위고, 『윌리엄 셰익스피어』, Flammarion, Paris, 2003(초판은 1864년 간행).

책을 내며

길들여지지 않는 예술이 필요할 때

성일권

〈르몽드 디플로마티크〉 한국어판 발행인. 일간 신문 기자로 10여 년 활동하다가 지적 한계를 느껴 파리로 건너가 유럽 정치사상 연구로 정치학 박사학위를 받은 뒤 2008년 10월 국제월간 〈르몽드 디플로마티크〉 한국어판(www.ilemonde.com)을 창간해, 지금까지 발행인을 맡고 있다.

예술에 대한 태도가 급격히 바뀌고 있다. 기성세대의 문화예술에 대한 청년세대의 도발과 실험정신이 대중 예술의 판도를 재편성하고 있다. 문화예술은 한 시대의 변화와 특징을 담기 마련이다. 재벌총수인 고(故)이건희 삼성회장이 소장한 미술품들이 국립현대미술관의 '이건희 컬렉션'으로 세상 밖으로 나왔을 때 놀라지 않을 수 없었다. 반독재 반외세 반자본을 부르짖으며 현실 참여적인 예술을 펼쳤던 민중 미술작가들의 작품들이 타도의 대상으로 삼은 재벌 회장의 손에 들어간 것이 신기했지만, 흔히 '주류 예술'이라 불리는 국내외 유명작가의 작품들 못지않게 민중 미술품들이 주목받은 것도 대중 예술의 달라진 위상을 새롭게 보여주었다.

자본주의적 환상 내지 경멸, 또는 배설을 담은 하위예술로 취급당해온 이른바 '나쁜 장르의 예술'이 당당한 'A급 예술'로 위상을 재정립하게 된 것은 달라진 대중의 시선 때문이다. 과거에 예술이 고급과 저급의 층위처럼 A급과 B급으로 나뉘어 있었다면, 지금까지 불려 온 'B급 예술'의 위상을 A급으로 높인 것은 대중의 변화된 관점이라 할 수 있다.

현실의 안이한 질서를 뒤흔드는 거대한 흐름

대중이 좋아하고 즐기는 예술이라면, 비록 그것이 지금까지 엘리트적 시선에서 사악하고 저질스러운, 이른바 나쁜 장르의 예술이라 할지라도 얼마든지 A급 예술로 자리매김할 수 있다는 사실이다. 어쩌면 예술을 고급과 저급, 상급과 하급, A급과 B급으로 구분짓는 것 자체가

난센스이다.

어느 유명 정치인은 정치를 일컬어 살아있는 '생물'이라고 말했지만, 필자가 보기에 예술이야말로 용트림하며 팔딱거리는 생물이다. 순응과 질서의 구태를 깨는 파격과 도발은 권력과 자본의 울타리 안에서 더 이상 길들여지길 거부하는 '살아있는' 몸부림이다. 보라! 웹툰과 좀비영화, 록음악과 만화, 공상과학과 SF소설, 인디음악과 독립영화를…. 얼마나 유쾌하고, 생동적인가?

'나쁜 장르'로 취급되어 온 예술들이 우리의 의식과 삶을 전복하고 일깨우며 해방시킨다. 비건과 논비건, 비혼주의, 폴리아무르, 무성애, LGBT 등 모든 문화현상이 공존하는 현대사회에서 예술의 위계를 따지는 것은 당치않아 보인다. 〈마니에르 드 부아르〉의 16호에 『길들여지지 않는 예술』이라 제목을 붙인 것은 질서에 반하는 불온성 짙은 예술들이 대중의 쾌락을 자극하며 거품처럼 금새 나타났다가 꺼지는 것이 아니라, 현실의 안이한 질서를 뒤흔드는 거대한 흐름을 일관되게 보이고 있다는 점이다.

주류 예술의 주변부에서 멸시당하면서도 마침내 꽃을 피운 예술의 사례는 이건희 회장의 민중미술 컬렉션뿐만 아니라, 서구에서도 윌리엄 셰익스피어와 찰스 디킨스의 작품 등 수없이 많다. 시대의 주류를 거스르는 불온성 탓에 한때 B급 예술로 간주되어 온 예술들이 A급 문화로 자리매김한 것은 대중, 즉 독자 여러분의 솔직한 동시대적 시선이다. 〈마니에르 드 부아르〉 16호의 『길들여지지 않는 예술』 편에서 독자 여러분과 함께 예술의 본질을 묻고, 답을 구해보고자 한다.

글 · 성일권

01 풍자 영화의 쾌락

슈퍼 히어로나 좀비같이 환상이 가득한 할리우드 블록버스터 영화는 종종 강렬한 화면을 통해 공포와 강박관념 같은 미국 사회의 본질을 드러낼 뿐만 아니라, 미국이 스스로 만든 이미지를 보여준다. 최근 '빅 브러더'의 전쟁 참여를 정당화하는 헐리우드 영화의 물결은 예사롭게 넘길 수 없는 대목이다. 앞서 나치의 이데올로기와 방황하는 서구를 스크린에 고발한 것은 풍자영화들이었다. 손상된 풍자 영화 시대의 가치를 오늘날 재조명하는 것은 손상된 역사적 가치를 복원하는 의미있는 노력이 될 것이다.

'빅 브러더'의 전쟁 참여를 정당화한 헐리우드

메디 데르푸피 Mehdi Derfoufi

비디오 평론가. 〈르몽드 디플로마티크〉, 〈마니에르 드 부아르〉, 〈카상드르〉 같은 진보매체에 건축에서부터 시작해 비디오게임까지 여러 분야에 기고하고 있다.

장마르크 제뉴이트 Jean-Marc Genuite

영상전문가. 샤를드골대학교에서 인문학을 공부한데 이어 릴 3대학에서 문학과 예술을 공부했으며 영화 및 트랜스미디어 예술 분야에서 자문 역할을 맡고 있다. 특히 영화, 텔레비전 시리즈물, 사진, 회화, 비디오게임 등에서 이미지를 만드는 일과 관련해 강의한다.

지방 귀렐 Civan Gürel

음악사서. 1997년부터 지금까지 릴3대학교의 음악가양성센터(CFMI)에서 사서를 하고 있으며, 동시에 음악 관련 문서센터의 책임자로 있다. 전통음악, 클래식, 재즈, 록, 전자음악 등 매우 다양한 음악에 조예가 깊다.

세계무역센터와 펜타곤을 강타한 2001년 9 · 11 테러를 미국 블록버스터는 어떻게 그려내고 있을까? 또한 돌연변이 외계인이 지구를 침략하고, 슈퍼 영웅이 이에 맞서는 영화도 제작되고 있다. 영화는 스크린에 위협을 담지만, 국가의 미래에 대한 신뢰를 다시 심어주려 애쓴다.

미국 영화에는 9 · 11 테러가 망가뜨리지 못한 이데올로기가 여전히 존재한다. 표현은 예전보다 조금 완화됐지만, 테러에 대한 반작용은 더 두드러지고 있다. (냉전이 끝난) 1990년대에 들어 〈매트릭스〉가 '역사의 종언'을 선언했지만, 9 · 11 테러 이후 할리우드는 태도를 바꿔 이렇게 역설한다. 이제 '꿈의 끝'에 도달했으며, 미국은 다시 역사 속으로 들어가 세계의 주역이 되어야 한다고.

할리우드는 통상적인 방식으로 국가안보와 관련한 주제를 다루는 편이었다. 그러나 9 · 11 테러 이후로는 '반(反)부시' 분위기에도 불구하고, 미디어를 통한 표현과 그 파급효과를 심사숙고해야 했다. 2001년 이전부터 미국은 『문명의 충돌』(새뮤얼 헌팅턴), 『미국의 예언자적 임

〈Lucky girl〉, 2023 - 강혜정 ▶

Happy Life
LUCKY

무』, 『역사의 종말』(프란시스 후쿠야마), 공동체 귀속이론 등에 크게 영향을 받은 공상에 몰두했다. 영화 〈엑스맨〉(브라이언 싱어 감독 · 2000)을 보면, 유엔과 미국의 주최로 엘리스 섬에 200명 이상의 정부지도자가 모여 돌연변이 문제를 다룬다. 돌연변이는 이민자를 은유하며, 여기서 '악한 돌연변이'는 다인종사회 프로젝트가 실패로 돌아갔다는 걸 암시한다.

그런데 세계무역센터 빌딩이 붕괴하자 미국은 자신의 약점을 인식하게 된다. 또 정부가 개인보호의 임무에 실패하면서, 미국의 안보를 보장할 수 없는 다자주의와 세계주의, 그리고 '정치적 당위성'에 대한 의문이 제기됐다. 그런 논리들은 국내외에 힘을 과시하고 싶은 미국의 강한 열망을 가로막고 있었다. 영화 속에서는 이런 기조가 어떻게 해석되어 나타나고 있을까?[1]

테러 직후 할리우드의 첫 반응은 '조심스럽게' 테러와 관련된 영상을 보여주지 않는 것이었다. 영화 〈스파이더맨〉(샘 레이미 감독 · 2001)에서 스파이더맨이 쌍둥이 빌딩 사이에 그물을 치며 날아다니는 장면이 삭제된 것이 그 예다. 그러나 결국 테러로 인한 정신적인 충격에서 벗어나야 한다는 여론이 득세했다.

그래서 〈슈퍼맨 리턴즈〉(싱어 감독 · 2006)에서 슈퍼맨의 첫 활약은 민간인을 태우고 가던 미 공군 소속의 보잉기가 추락하는 걸 막는 것이었다. 그는 비행기를 야구장에 내려놓고 관중의 갈채를 받으며 승객에게 다음과 같은 말을 남겼다. "앞으로도 계속 비행기를 타고 다니세요. 비행기는 가장 안전한 교통수단일 테니까요."

현 체재를 비판하면서도 대안이 없는 딜레마

객관적인 시각을 유지해야 한다는 듯 이 행동은 테러로 인한 감정적 충격을 유머러스하게 처리함으로써 그 심각성을 완화시켜 준다. 이와는 반대로 '심각하게' 다루는 경우도 있다. 〈배트맨 비긴즈〉(크리스토퍼 놀란 감독 · 2005)의 경우에, 환각제를 이용해 고담시를 파멸시키려는 라즈 알굴[2]은 웨인 타워를 향해 지하철을 돌진시킨다(여기에서 환각제는 탄저병과 관련된 망상증을 희미하게 암시하고 있다). 영화 막바지에서 브루스 웨인은 파괴된 저택을 보며 '예전과 똑같이', '벽돌 한장 한장' 쌓아가며 모든 것을 다시 짓겠다는 의지를 밝힌다. 상징적인 '그라운드 제로'(9 · 11 테러 현장-역자)를 '순결한' 부활의 약속으로 변화시키면서 말이다.

그러나 국가기구의 실패가 가져온 충격을 극복하는 것은 또 다른 문제다. 국가기구와 제도는 부재하고, 무능하고, 이로 인해 '보호 임무'는 모든 일에 능통한 개인에게 부과된다. 정당방위라는 미국적 전통도 되살아난다. 〈엑스맨〉에서 '악한 돌연변이'들이 백악관 안에서 대통령 암살을 시도하는 장면과 〈우주전쟁〉(스티븐 스필버그 감독 · 2005)에서 패주하는 군대가 이를 잘 보여준다. 9 · 11 테러를 소재로 다룬 최초의 영화는 〈플라이트93〉(폴 그린그랜스 감독 · 2006)이다. 이 영화는 납치된 항공기 승객이 희생당하는 걸 상세히 묘사하며 '새로운 미국'의 근본인 희생에 대해서 말하고 있다. 승객 중 유일한 유럽인이던 한 독일인을 겁쟁이로 묘사하고, 위험에 맞서 새로이 구축된 공동체 '유토피아'를 위한 희생적 시민정신을 칭송한다.

이어서 영화 〈월드 트레이드 센터〉(올리버 스톤 감독 · 2006)도 대중성에 초점을 맞추고 '평범한 사람들의 용기'에 가치를 부여한다. 할리우드의 '수정주의'에 속한 〈플라이트 93〉은 거의 확인되지 않은 역사적 순간을 다큐멘터리 형식으로 재구성한 것이다. 이처럼 '역사를 다시 쓰기'를 통해 미국은 앞으로 믿을 것은 자신밖에 없으며 유엔이 상징하는 다자적 세계와 '멜팅 포트'(Melting Pot · 인종의 용광로-역주) 사회를 향한 개방정책이 실패했음을 드러낸다.

어떤 영화는 개인이 숭고한 명분 앞에서 소멸하는 또 다른 종류의 희생적 시민상을 담으면서, 실상 모든 이상주의 위에서 군림하는 현실을 보여준다. 영화 〈시리아나〉(스티븐 개건 · 2005)에서는 국가적 명분의 파렴치함을 비난하면서도 이러한 국가적 명분을 피할 수 없음을 그리고 있다. 1972년도 독일 뮌헨올림픽에서 세계인들에게 큰 충격을 주었던 테러 사건의 뒷면을 조명한 〈뮌헨〉(스티븐 스필버그 · 2006)에서는 팔레스타인 무장조직 '검은 9월단' 조직원들을 쫓아 제거하라는 명령을 받은 이스라엘 비밀요원이 조직의 이익이라는 제단 위에서 희생되는 이야기를 그렸다. 정치적 체념에 대한 도덕적 변명을 침울한 톤으로 그린 이런 유형의 영화에서 분명 현 체제에 대한 비판을 읽을 수 있다. 그러나 현재 지배적인 이데올로기에 대해 대안이 없는 점에서 이런 비판은 별다른 반향을 일으키지 못한다.

미국의 이익을 위협하는 서구화된 개혁 성향의 아랍 왕자를 제거하라는 임무를 부여받은 미 중앙정보국(CIA) 요원이 결국 이 사실을 왕자에게 알린다는 이야기를 담은 영화 〈시리아나〉는 미국의 오만에 대응하는 이슬람의 실상을 보여주려고 한다. 그러나 역사적 지평인 (미국식) 경제 및 정치적 자유주의에 대한 기대감은 끝내 포기하지 않는다.

'일어나지 않은 전쟁'[3]의 전장(戰場)에서 혼란에 휩싸인 남성상을 보여주는 영화 〈자헤드〉(샘 맨더스 감독 · 2005)처럼, 〈시리아나〉 역시 불의에 민감하고 지적인 중산층 관객에게 죄의식에서 벗어날 수 있는 기회를 준다.

스필버그 감독, 서구의 집단무의식에 경종 울려

이런 체념에서 앞으로 미국을 이끌 비극적 감정이 탄생한다. 〈우주전쟁〉과 〈뮌헨〉의 끝부분에서 우리의 영웅은 그에게 부여된 책임을 지고 고독에 맞선다. 영화 〈우주전쟁〉에서 히로시마와 홀로코스트에 대한 상상을 그려낸 스필버그 감독은 서구의 집단무의식에 경종을 울리며 9 · 11 사태를 전세계적 재앙 수준으로 끌어올린다. 우리에게 전하려는 메시지는 바로, 미국은 원해서가 아니라 필요에 의해 어쩔 수 없이 자신의 계획을 실행한다는 것이다.

이렇게 해서 근원적 이타성에 빠지지 않는 '타자'가 나타나고, 이어서는 그러한 타자의 주장을 고려하는 데까지 이른다. 〈뮌헨〉에서 이스라엘 요원과 팔레스타인 전투조직원은 각자의 동기에 대한 논쟁을 벌인다. 〈킹덤 오브 헤븐〉(리들리 스콧 감독 · 2005)에서는 살라딘과 예루살렘 수호자인 발리안 간에 대화가 이뤄진다. 이 영화에서 조지.W.부시 전 미국 대통령을 은유하는 십자군은 기독교 보수주의에 대한 비판으로 뒤집혀 보이게 되고, 전 세계의 화해라는 환상으로 출구를 찾는다. 한편 십자군 기사 발리안은 처음 전쟁에 뛰어든 젊은 영웅들의 모습을 상징하며 이라크 전쟁에 파병된 젊은 미군 장교를 연상시킨다. 〈반지의 제왕〉(피터 잭슨 감독 · 2001~2003) 속 프로도처럼 말이다.

또한 〈우주전쟁〉에서는 외계인의 비공격적인 모습이 행동의 잔학함과 대조를 이룬다. 이는 기계적 이원론에 대한 모든 비난을 완화하고 또한 그들의 동기에 의문을 갖게 만든다. 마찬가지로 올리버 스톤 감독의 영화 〈알렉산더〉(2004)에서 대왕의 정복 기도는, 기저에 흐르는 동시에 예언자적 임무의 성격을 띤 도덕적 · 인간적 논리에 의해 정당화됐다. 바로 미개한 세계를 평화롭게 하고 통일한다는 것이다.[4]

9 · 11 테러 이후 미국인의 감정은 안팎의 이중 위협에 지배받고 있다. 영화 〈굿 나잇, 앤 굿 럭〉(조지 클루니 감독 · 2005)은 매카시즘 관련 사건을 다루며 백악관의 정치를 비판하고 있다. 〈콜드 마운틴〉(앤서니 밍겔라 감독 · 2003)은 이보다 한발 더 나아간다. 이 영화에서는 남북전쟁이 비열한 학살로 묘사되며, 전쟁 기회주의자들과 애송이 독재자들이 이익을 챙기는 모습이 담겨 있다. 이 영화에서 비판이 가능한 것은 시대적 배경이 역사적 변동기였기 때문이다.

그러나 할리우드가 국민통합과 신뢰체제 구축이라는 사명에 초연할 수는 없다. 〈우주전쟁〉에서 외계인들이 알 수 없는 바이러스로 쓰러졌을 때, 여기에서 우리는 신의 의지, 자연 질서, (어떤 의미에서는 새로운 로마제국과도 같은) '세계제국' 건립을 목표로 하는 미국 정치의 의지 사이에서 유사성이 어떻게 형성되는지를 보아야 한다.

슈퍼맨의 '전쟁 참여'에 동참하는 미 영화들

또 다른 큰 변화는 감시기술과 관계된다. '빅 브러더'를 한목소리로 비난할 수 있으려면 아직 조금 더 시간이 필요할 듯하다. 9 · 11 테러 이후 이 기술들은 더 이상 특정 지역에만 적용되지 않고, 개개인에게까지 확대됐다. 그 목표는 각 개인이 통제사회의 규범 속에 완전히 들어오는 것이다. 〈브이 포 벤데타〉(제임스 맥테이그 감독 · 2005)에서는 모든 시민이 전체주의 정부가 만든 지배원칙을 지키기 위해 노력하는 사회를 그리고 있다.

이 영화가 일부 테러행위들을 정당화하고 또 'V'라는 인물을 민중봉기의 촉매로 그리며 다소 혼란스럽고도 소심하지만 실질적인 '반체제적인' 면을 보여주고 있다면, 스파이더맨과 슈퍼맨은 그들 몸 자체로 사회를 통제한다.

애국법(Patriot Act · 9 · 11 직후 테러 및 범죄 수사의 편의를 위해 시민 자유권을 제약할 수 있게 제정한 법률-역자)을 정당화하려는 듯 슈퍼맨은 그의 집 벽을 투시해 여자친구 로이스 레인을 감시한다. 그는 지구 위를 날아다니며 모든 소리를 감지하고 구조 요청을 찾아낸다. 도움이 필요할 때 어떻게 그를 찾을 수 있을까? 슈퍼맨은 말한다. "나는 언제 어디서나 있답니다."(〈슈퍼맨 리턴즈〉) 스파이더맨은 통제사회를 옹호한다. 피터 파커가 스파이더맨 옷 입기를 거부했을 때 '범죄율은 70%나 증가한다!'. 엑스맨의 수장인 사비에 교수는 기계의 힘을 빌려 모든 인간의 정신세계로 들어갈 수가 있다.

슈퍼영웅 영화들은 주저 없이 공동체에 대한 일탈을 범죄로 규정하면서 현 정치의 보조 역할을 수행한다. 스파이더맨은 제동장치 없이 폭주하는 지하철을 세웠지만 이내 정신을 잃고 만다(〈스파이더맨 2〉). 그러자 승객들이 슈퍼영웅의 몸을 감싸며 곧 적을 향해 대항한다. 공동체는 하늘이 내린 영웅을 통해 서로 화합하며 그가 가지고 있는 보호 능력을 깨닫는다. 그리고 관객은 거의 '마술과도 같은' 이런 힘을 믿게 된다.

이처럼 할리우드 영화는 정도의 차이가 있기는 하지만 적에 대한 '전쟁 경주'란 논리에 동참한다. '왜 우리는 싸워야 하는가.' 이는 제2차세계대전 동안 프랭크 캐프라 감독에게 제작명령이 떨어진 시리즈물의 제목이었다. 바로 미국의 전쟁 참여에 대한 정당성을 미국 여론에 환기시키려는 목적이었다.

글 · 메디 데르푸피 Mehdi Derfoufi, 장마르크 제뉴이트 Jean-Marc Genuite, 지방 귀렐 Civan Gürel

1 제작이 더 수월한 TV 작품들은 즉각적으로 반응했다. 〈24시〉, 〈재그〉, 〈뉴욕 9 · 11〉.

2 라즈 알굴은 '산상노인'이자 하시신(암살자)파의 창시자인 하산 이븐 알사바의 신비적 비유다. 그는 11세기 말 시아파 분파를 만들며 현재 이란 영토인 알라무트 요새에서 활동을 펼쳤다. 알굴은 1970년대 초 만화 캐릭터로 만들어진 인물이다.

3 장 보드리야르, 『걸프전은 일어나지 않았다』, Galilée, Paris, 1991.

4 알렉산더 대왕은 마케도니아인이 아닌 현지인과 결혼하고 그가 진압한 종족들의 문화에 열정을 가짐으로써 관용을 가진 대왕이 될 수 있었다.

〈시스의 복수〉, 세계 금융지배와 테러전쟁의 상징

슬라보예 지젝 Slavoj Žižek

슬로베니아 출신의 철학자로, 독일 고전 철학에 대한 해박하고 깊은 지식을 지녔다. 라캉의 정신분석학을 새로이 해석한 것 또한 그의 주요한 업적이다. 이렇듯 철학과 정신분석학을 바탕으로 많은 글을 쓰고 강연을 하는 동시에, 현실 정치에도 적극적인 관심을 보여 1990년에 슬로베니아에서 대통령 후보로 나서기도 했다. 그는 오늘날 매우 중요한 철학자 중 한 사람으로 평가받고 있다. 경희대 석좌교수에 임명돼 한국을 수 차례 방문한 바 있다. 저서로 『폭력이란 무엇인가』, 『진짜 눈물의 공포』, 『시차적 관점』, 『삐딱하게 보기』 등의 저서가 있다.

'현존하는 가장 위험한 사상가'로 평가받아온 슬라보예 지젝은 미국 자본주의의 현상을 비평한 글을 통해, "〈스타워즈〉 3부작 중 에피소드3 〈시스의 복수〉는 요동치는 세계 금융지배의 모순을 상징적으로 드러내고, 그 해답을 서구식 도교와 불교에서 구하고 있다"라고 지적했다.

조지 루카스 감독은 〈스타워즈〉 일대기[1]를 통틀어 가장 결정적인 순간, 즉 '선한' 아나킨이 '악한' 다스 베이더로 변신하는 모습을 새로운 3부작 가운데 에피소드3 〈시스의 복수(Revenge of the Sith)〉를 통해 보여줌으로써 '개인'과 '정치'를 대비해 보였다. 개인적인 차원에서 이는 일종의 '팝 불교'로 설명할 수 있다. 루카스 감독은 "그가 다스 베이더로 변신한 것은 사물에 대한 집착 때문이다"라고 말한다.

'악의 제국'에서 유추하는 '테러와의 전쟁'

"그는 자기 어머니, 연인과도 차마 헤어지지 못하며, 물체를 포기하지도 못한다. 이런 집착 때문에 그는 욕심을 내게 된다. 욕심을 낸다 함은 소유한 것을 잃을까 하는 두려움 때문에 어두운 쪽 길에 서게 된다는 뜻이다."[2] 그 반대편에는 결연한 남성 공동체의 모습으로 등장한 제다이 기사단[3]이 대원들에게 어떤 집착도 갖지 못하도록 한다. 이들은 작곡가 리하르트 바그너의 오페라 〈파르지팔〉에 등장하는 '그랄의 성배' 공동체를 현대적으로 변형한 모습을 하고 있다.

HYESEONGKANG

정치적인 설명은 더 많은 것을 시사한다.

"어떻게 공화국이 제국으로 변했는가?(동일 선상의 질문은 '어떻게 아나킨이 다스 베이더가 됐는가?') 어떻게 민주정치가 독재정치로 변했는가? 이는 제국이 공화국을 정복해서가 아니라, 제국이 바로 공화국이기 때문이다."[4] 제국은 공화국에 내재된 부정부패에서 탄생한다. "어느 화창한 날 레이아 공주와 친구들은 잠에서 깨어나며 이렇게 생각한다. '이제 더 이상 공화국이 아니라 제국이야. 우리는 악인들이야.'"[5]

민족국가들이 글로벌 제국으로 변모하는 과정 속에는 고대로마에 빗댄 현대적 암시가 내포되어 있음을 간과해서는 안 된다. 따라서 영화 〈스타워즈〉(공화국이 제국으로 이행하는 부분)와 민족국가가 글로벌 제국으로 이행하는 모습을 안토니오 네그리와 마이클 하트가 저서 〈제국〉[6]에서 묘사한 맥락에서 살펴볼 필요가 있다.

〈스타워즈〉에는 무수한 정치적 암시들이 있으며 서로 모순되기도 한다. 그것들은 작품에 '신화적인' 힘을 부여한다. 즉, 악의 제국에 대항하는 자유세계, 팻 뷰캐넌[7]이나 장 마리 르펭(프랑스의 극우파 지도자-역주)의 주장을 상기시키는 민족국가에 대한 토론, '민주적' 공화국을 악의 제국에서 수호하려고 애쓰는 귀족계급 인물들(공주, 제다이 기사단 단원)의 모순, 그리고 끝으로 '우리는 악인이다'라는 본질적 인식 등이 그런 힘을 구성한다.

영화가 말해주듯 악의 제국은 다른 곳에 있지 않다. 악의 제국 출현은 우리, 바로 '선인들'이 제국을 전복시키는 방식에 따라 좌우된다. 그리고 오늘날 '테러와의 전쟁'과 관계된 질문이 하나 있다. 이 전쟁이 '우리'를 어떻게 변화시킬 것이냐는 문제다.

정치적 신화는 정해진 정치적 의미를 담은 내레이션이 아니라 모순된 수많은 의미를 담을 수 있는 빈 용기다. 〈스타워즈〉의 에피소드1 〈보이지 않는 위험〉은 결정적인 단서를 제공한다. 소년 아나킨의 '그리스도적인' 특성(그의 어머니는 '동정 임신'으로 그를 잉태했다고 주장한다)과 그가 경주에서 거둔 승리는 바로 '그리스도의 이야기'인 〈벤허〉의 유명한 전차 경주를 떠오르게 한다.

◀ 〈Adam and Eve〉, 2023 - 강혜정

'디아볼로스'와 '심볼로스'의 관계

〈스타워즈〉의 이데올로기적 세계는 뉴에이지[8]의 이교도적 세계다. 따라서 악의 중심인물이 그리스도라는 인물과 호응함은 당연하다. 이교도적 시각에서 그리스도의 등장은 최절정의 스캔들이다. '디아볼로스'(분리 · 분열)는 '심볼로스'(규합 · 통일)와 반대라는 점에서 볼 때 그리스도 자체가 악마적인 인물이다.

"평화가 아닌 양날 검"을 가져다주며 기존의 통일성을 뒤흔드니 말이다. 누가복음을 보면 "누구든지 내게로 오는 사람은, 자기 아버지나 어머니나 아내나 자식이나 형제나 자매 뿐 아니라, 심지어 자기 목숨까지 미워하지 않으면 내 제자가 될 수 없다"라고 나와 있다.[9] 기독교적 입장은 이교도적 지혜에 비해 균질적이지 못하다는 사실을 명심해야 한다. 이교도적 전통에서 악의 근원으로 비난받던 것을 초기 기독교는 가장 고귀한 행위로 간주한다. 분리되고 분열하며 모두의 균형을 해치는 요소에 의지하는 것이 그런 행위다.

이는 불교(혹은 도교)의 자비와 기독교의 사랑이 다름을 보여준다. 따지고 보면 불교적 입장은 '무심함', 즉 모든 열정이 억제된 상태다. 반면 기독교의 '사랑'은 존재와의 관계에 위계질서를 도입하는 열정이다. 사랑은 폭력이다. 비단 '때리지 않는 사람은 나를 좋아하지 않는 사람이다'라는 발칸반도의 속담과 같은 의미만은 아니다.

사랑의 폭력은 존재를 맥락에서 떼어내 버리고야 만다. 2005년 3월, 타르치시오 베르토네 추기경은 댄 브라운의 소설 『다빈치 코드』가 거짓에 기초하고 있으며 그릇된 가르침(즉, 예수가 막달라 마리아와 결혼해 후손을 두었다는 내용 등)을 확산시킨다고 〈라디오 바티칸〉을 통해 강경하게 비난했다. 이런 행보의 우스꽝스러움은 차치하고, 그의 말이 실은 옳다는 점을 잊지 말아야 한다.

『다빈치 코드』는 기독교를 뉴에이지의 틀에 놓고 남성적 원칙과 여성적 원칙 간의 균형 측면에서 바라봤다. 다시 〈시스의 복수〉로 돌아가보면, 이 영화는 혼돈스러운 이데올로기와 더불어 허술한 내러티브를 바탕으로 뉴에이지의 이러한 주제들에 충성을 맹세한 셈이다. 아나킨이 다스 베이더로 변하는 장면은 〈스타워즈〉 전체를 통틀어 가장 결정적인 순간이지만 그에 걸맞은 비극적 위엄에 도달하지 못했다.

선을 행하고 사랑하는 이(아미달라)를 끝까지 지켜냄으로써 결국에는 어두운 곳으로 떨어진 아나킨의 오만함에 집중하는 대신에 그저 아나킨을 우유부단한 투사처럼, 힘의 유혹을 뿌리치지 못하고 악한 황제의 지배하에 놓인 채 악으로 빠져드는 인물처럼 제시한 것이다. 다시 말해 조지 루카스는 공화국과 제국, 그리고 아나킨과 다스 베이더의 관계를 '실제적으로' 대조할 만한 힘을 갖추지 못했다. 아나킨을 괴물로 변신시킨 것은 바로 악에 대한 그의 집착 자체다.

〈모래성, 불교, 글로벌 금융〉의 시사점

그렇다면 이들 관계에서 어떤 유사성을 찾아볼 수 있을까? '유럽식' 기술과 자본주의가 세계적으로 승승장구하는 지금, '이데올로기적 상층구조'로서 유대기독교적 유산은 뉴에이지의 '아시아적' 사상의 공격으로부터 위협받고 있다. 도교가 세계 자본주의의 헤게모니적 이데올로기로 떠오르고 있다. 또한 자본주의의 역동성이 주는 스트레스에 대한 치료약으로 일종의 '서구적 불교'가 대두되고 있다.

이는 우리가 내적 평화와 평정을 획득 · 유지하게 도와주면서 현실에서 완벽한 이데올로기적 보완물로 작용할지 모르기 때문이다. 사람들에게는 이제 기술 발전과 이에 수반되는 사회 변동 속도에 적응할 능력이 더 이상 없다. 세상은 너무나 빨리 변하고 있다. 도교나 불교에 귀의함으로써 탈출구를 제공받을 수 있다. 변화의 속도에 맞추려 들기보다 차라리 포기하고 '스스로를 방임'하는 것이 낫다. 우리 존재의 가장 깊은 핵심과는 그다지 상관도 없는 그런 가속화와 내면적 거리를 유지하면서 말이다.

이번 기회에 종교는 '민중의 아편'이며 지상의 참혹함에 대한 상상 속 대체물일 뿐이라는 마르크스의 전형적 주장을 다시 꺼내고픈 충동을 느낄 수도 있다. 그만큼 '서구적 불교'는 얼마든 외관상 정신건강을 유지하면서 자본주의의 역동성에 온전하게 동참하는 가장 효과적인 방법이다.

〈스타워즈〉 에피소드3에 필적하는 것을 찾는다면 알렉산더 오예의 다큐멘터리 〈모래성, 불교, 글로벌 금융〉(Sandcastles, Buddhism and Global Finance · 2005)을 들 수 있다. 이 작품은 경제학자 아르누트 부츠, 사회학자 사스키아 사센, 그리고 티베트 불교를 가르치는 종사르 키엔체 린포체의 해설과 함께 우리의 이데올로기적 상황이 내포한 어려움을 놀랍도록 모호하게 보여주었다.

불교와 도교, 신자유주의적 세계화에 내면적 거리 둬

이 다큐멘터리에서 사센과 부츠는 글로벌 금융의 규모와 위력과 영향을 논의한다. 자본시장은 단 몇 시간 만에 회사 혹은 경제 전체의 가치를 높일 수도, 소멸시킬 수도 있다는 이야기다. 반면 키엔체 린포체는 인간 감각의 본질에 대한 생각들을 내세우며 이들에게 대응한다. 티벳 불교 승려이면서 영화감독이기도 한 그는 "한낱 감각에 불과하며 현실에 존재하지도 않는 것들에 대한 집착에서 해방되어야 한다"라고 말한다. 미국의 사회학자이며 경제학자인 사센은 "세계 금융은 본질적으로 연속적인 움직임의 총체로서, 이는 사라졌다가는 다시 등장하곤 한다"라고 강조한다.

불교의 시각에서 볼 때 세계 금융의 넘치는 부(富)는 객관적 현실과 단절된 환상일 뿐이다. 우리 대부분에게 보이지 않는 주식거래소, 이 사회에서 이루어지는 거래들이 유발한 인간의 고통, 이것이 바로 객관적 현실이다. 몇 시간 안에 사라져버릴 수도 있는 막대한 재산보다 현실의 비본질적 특성을 더 잘 보여주는 증거가 있을까?

불교 존재론의 근본 원칙에 따르면 '객관적 현실'이란 존재하지 않는데, 선물시장 투기가 '객관적 현실과 단절'됐음을 안타까워할 이유가 무엇이 있을까? 이 다큐멘터리는 이처럼 '시스의 복수'를 이해하는 열쇠를 제공한다. 여기에서 기억할 비판적 교훈은 바로 자본주의 놀음에 투신해서는 안 되지만 그 놀음에 투신할 수는 있다는 것이다. 내면적 거리만 유지한다면 말이다.

우리를 속박하는 원인은 (존재하지도 않는) 객관적 현실 자체가 아니라 물질적 사물에 대한 우리의 욕망, 욕심, 과도한 집착임을 우리는 자본주의와의 대면을 통해 알 수 있다. 결과적으로 우리가 해야 할 일은 욕망을 포기하고 내적 평화를 이루는 것이다.

이러한 불교와 도교가 신자유주의적 세계화에 이데올로기적 보완물로 작용할 수 있다는 건 놀라운 일이 아니다. 우리가 내적 거리를 유지하면서도 얼마든지 자유주의적 세계화에 동참할 수 있게 해주니 말이다. 자본주의자가 되어도 좋다. 그저 거리를 두고 선(禪)한 모습만 유지하면 된다.

글 · 슬라보예 지젝 Slavoj Žižek

1 SF 서사영화인 〈스타워즈〉는 총 6개 작품이며 2개의 3부작으로 나뉜다. 오리지널 3부작은 〈새로운 희망〉(1977), 〈제국의 역습〉(1980), 〈제다이의 귀환〉(1983)으로 되어 있다. 이후 3부작은 〈보이지 않는 위협〉(1999), 〈클론의 습격〉(2002), 〈시스의 복수〉(2005)로 구성된다.

2 '어두운 승리', 〈타임매거진〉, 런던, 2002년 4월 22일자.

3 〈스타워즈〉에 나오는 '제다이 기사단'은 포스에 대한 믿음과 존경을 공통분모로 지닌 이들의 집단으로서 환경을 파악하고 변화시키는 일종의 초감각적 힘을 대표한다. 제다이의 숙적은 시스다.

4 〈타임매거진〉, 앞의 출처.

5 〈타임매거진〉, 앞의 출처.

6 에그질 출판, 파리, 2000.

7 패트릭 J. 뷰캐넌(Patrick J. Buchanan). 가톨릭 극보수주의 평론가. 2000년 미국 대선 후보로 출마.

8 1980년대 캘리포니아에서 등장한 사이비 철학. 잡동사니 인생에 대한 질문들에 천사, 외계인, 비교(秘敎), 상징주의, 동양의 지혜, 전생, 심령 경험 등을 닥치는 대로 언급하며 답한다.

9 『누가복음』 14장 26절.

나치에 맞선 위대한 풍자영화들

이냐시오 라모네 Ignacio Ramonet

〈르몽드 디플로마티크〉 프랑스어판 전 발행인. 스페인 태생으로 프랑스어권 작가 겸 저널리스트.
프랑스 사회과학고등연구원(EHESS)에서 기호학과 문화사 박사학위를 취득했으며 파리 소르본, 디드로 대학교에서
커뮤니케이션 교수를 역임했다. 1991~2008년에 〈르몽드 디플로마티크〉 편집국장, 발행인을 맡았으며, 그의 리더십으로
〈르몽드 디플로마티크〉가 일간지 〈르몽드〉로부터 1996년 독립했다. 주요 저서로는 『Cinco entrevistas a Noam Chomsky
노암 촘스키와의 인터뷰 5회』(공저, 2018), 『L'Empire de la surveillance 감시의 제국』(Galilee, Paris, 2015),
『Cien horas con Fidel 피델과의 100시간』(2006) 등이 있다.

익살극은 천박하다는 평가를 받기도 한다. 그렇기에 자신들의 문화적 신뢰성이 손상될 것을 우려하는 영화인이나 관객들은 거리를 두려고 한다. 하지만 나치 이데올로기를 가장 훌륭하게 고발한 것은 위대한 풍자영화들이었다. 아울러 2차세계대전 이후 30년에 걸친 부흥기 동안 프랑스 소시민들이 즐겼던 경가극(operetta, 가벼운 희극에 오락성 짙은 음악극)이 경멸을 당하는 것은 부당하다.

웃음은 존경을 해친다. 웃음은 놀리는 감정을 제공함으로써 상황의 어색함을 깨며, 인물, 말, 주제의 권위를 오랫동안 훼손한다. 끔찍한 암시를 내포한 전쟁조차도 신랄하게 폐단을 지적하고 획일성을 비꼬며 어리석음을 비난하는 풍자나 비방의 대상이 된 적이 빈번하다.

미국에서는 소수의 영화인들이 나치 정책의 위험을 물리치기 위해 익살 영화의 전통을 활용했다. 그것도 나치가 통치하던 초기부터 말이다. 마르크스 형제는 히틀러가 바이마르 공화국 총통으로 취임한 지 얼마 되지 않아 이미 그의 인종주의적 광기와 영토합병 야욕을 고발했다. 〈덕 수프〉(맥캐리 · 1933)에서 그루초 마르크스가 배역을 맡은 독재자는 난폭한 정신착란을 펼친 인물이다. 코믹한 광란의 공간에서 파괴적인 히스테리를 부리는 그의 모습은 마치 앞날을 예언한 듯했다. 그곳에서 난무하는 술책, 변장, 신비화는 부조리를 매개로 독일 재무장관

〈love〉, 2022 - 강혜정 ▶

HYEJEONGKANG
2022

의 위험을 보여주었다.

2차 세계대전 발발 직전에 찰리 채플린이 〈위대한 독재자〉(1940)에서 그야말로 편집광적인 총통의 비열함과 일탈을 묘사하기도 했다. 또한 미국으로 망명한 독일의 에른스트 루비치 감독은 〈사느냐 죽느냐〉(1942)에서 유대인 특유의 간교하고 신랄한 유머 감각을 되살려 유대인 박해의 실상을 고발했다.

이들 세 코미디 작품은 세상의 냉소적 태도에 분노한 도덕가들이 탄생시킨 작품이다. 이 영화들은 혐오감을 자양분으로 삼았다. 그런데 격분과 노여움이 원동력이 된 영화는 이들 세 작품밖에 없다. 1940년부터 1945년 사이에 군인들을 다룬 수많은 익살극들은 2차 세계대전을 배경으로 삼기는 했으나 진부한 상식과 이미 검증된 코미디 기법에 의존한 평범한 작품들이었다.

풍자 영화, 냉전시대 마녀사냥에 움츠러들어

전쟁은 그저 구실에 불과했다. 그럼에도 몇몇 코미디 배우들은 이런 영화에서 연기하는 걸 자신의 전문 분야로 삼았다. 이를테면, 버드 애보트와 루 코스텔로가 〈해군에서〉(E.C. 켄톤 · 1942)를 통해 전쟁 당시 미국에서 가장 인기 있는 코믹 배우가 됐다는 데에는 이견이 없을 것이다. 이들은 훌륭한 콤비였던 스텐 로렐과 올리버 하디를 능가했다. 로렐과 하디의 경우는 "두 멍청이들을 좇아 무미건조한 전쟁 모험(〈위대한 총〉, 몬티 뱅크스 · 1941, 〈공습경보 감시인〉, 에드워드 세지윅 · 1944))에 까지 따라갔다"는 평가를 받았다.

전쟁이 끝나자 더 이상 나치 독일에 대해 예리한 시선을 던지는 풍자 영화는 등장하지 않았다. 비단 히틀러 정권의 전유물은 아니었던 불관용, 인종주의, 반(反)노동자주의를 뒤늦게나마 고발하려던 코미디 감독들은 매카시스트들의 등쌀 때문에 자중할 수밖에 없었다. 냉전의 시대가 열렸고 마녀사냥이 시작된 것이다. 웃을 때가 아니었다.

프랑스의 경우 코믹 전쟁영화 부문에서 루비치나 채플린 같은 거장이 탄생하지 못했다. 프랑스는 미국과는 다른 방식으로 전쟁을 경험하고 있었다. 레지스탕스와 부역자들, 민주주의자들과 비시정권 추종자 간에 벌어지는 내전 같은 상황 속에서 전쟁이라는 주제는 불가피하게도 무거운 정치적 차원을 띠게 됐다.

프랑스에서 상영 금지된 〈히틀러의 아이들〉

〈여리고〉(앙리 칼레프 · 1946), 〈밤의 문〉(마르셀 카르네 · 1946), 〈위대한 약속〉(장 드레빌 · 1950) 등의 진지한 작품들은 애국과 국민화합이라는 이름으로 모든 유형의 '부역자'들을 구별하지 않고 고발했다. 감독들은 지나치게 정교한 정치적 분석은 지양했다. 이런 측점에서 〈밤의 문〉(자크 프레베르 각본)은 좀 멀리 나아갔고 결국 흥행에 실패했다. 반(反)파시즘이 과도하게 표현됐다는 이유로 에드워드 드미트릭 감독의 〈히틀러의 아이들〉(1943)에 대해 프랑스가 상영금지 처분을 내리던 시절이었다.

클로드 오탕라라 감독의 〈파리 횡단〉(1956)은 전쟁의 비극적 풍파를 웃음의 소재로 삼은 첫 작품이었다. 이 영화는 레지스탕스와 독일군 점령기에 대한 일부 고정관념을 이내 뒤흔들었다. 유명한 화가와 실직 상태의 택시 운전사, 이들 두 주인공은 연극무대 같은 파리의 밤을 가로지르며 암시장에 참여한다.

〈파리 대탈출〉, 코믹한 전쟁 영화의 원형

그 과정에서 두려움에 휩싸인 파리 시민들의 일상적 비열함과 천박함이 드러난다. 긍정적으로 묘사되는 인물은 한 명도 없다. 비겁함 때문에 수동적인 태도를 취하는 군중을 향해 배우 장 가뱅은 "불쌍한 망할 놈들"이라는 명대사를 외치는데, 이는 걸핏하면 정직한 시민들임을 자처하며 (전쟁을 치르고는) 이제는 침묵하는 다수를 향해 오탕라라 감독이 던지는 말이다. 2차세계대전과 점령기에 대해 프랑스가 품고 있던 그림을 이 작품이 뒤엎어 놓았다.

그러나 희극영화에게 허용되는 전쟁의 표현은 인형극처럼 도식화된 차원에 국한됐다. 〈바베트, 전쟁에 나가다〉(크리스티앙 자크 · 1959)는 이러한 형식에 따라 전쟁의 우여곡절을 다루었다. 기본적인 틀은 단순하다. 독일인들은 독일혐오자들이 증오하던 스테레오타입에 부합한다. 즉, 거칠고 편협하고 규율을 중시하고 걸핏하면 고함을 지르는 인물들인 것이다.

다만 독일군 장교들은 예외이다. 세련되고 교양 있고 열렬한 음악애호가인 이들은 '좋은 독일인'들이다. 광기 어린 나치와 이들을 혼동하지 않도록 각별히 신경 쓴 흔적이 보인다. 프랑시스 블랑슈가 연기한 '슐츠 아빠'는 나치를 대표하는 인물로 나쁜 독일인의 전형이다. 머리는 박박 밀고, 배는 불룩하고 좀스럽고 음탕하며, 괴상하고 잔인하고 멍청한 것이 독일민족 심리학에 변함없이 등장하는 진부한 내용을 모두 갖추고 있다. 〈바베트〉의 상업적 성공은 전쟁을 이용해 돈을 벌 수 있으나, 단 이를 정치적 관점에서 다루지 않는다는 조건에서 그렇다는 걸 보여준다.

지켜야 할 코드가 정해지고 애국적 감수성이 예전보다 약화되자 코미디가 잇달아 발표됐다. 〈암소와 포로〉(앙리 베르뇌유 · 1959), 〈탈주한 하사〉(장 르누아르 · 1962) 등의 작품에서는 심지어 전쟁포로를 영웅시하기도 했다.

하지만 코믹한 전쟁영화의 원형을 들자면 두말할 나위 없이 〈파리 대탈출〉(제라르 우리 · 1967)이다. 이 작품은 〈파리 횡단〉에서 찾아볼 수 있는 악당의 종횡무진하는 행동, 그리고 두 배우가 이루는 콤비의 희극적 성격을 이어받았다. 평범한 프랑스인이 전쟁 중 우연히 이례적으로 위험한 상황에 처할 때가 있지만 결국 극복해낸다는 것이 기본 틀이다. 영화는 현실적 평범성과 꿈속의 영광을 결부시킨다.

코믹한 전쟁영화는 이미 정치적 차원을 걷어냈기에 앞으로는 그저 향수에 젖어 역사의 한 시절을 추억하는 것으로 만족할 것이다. 그 시절의 어려움은 인정하면서도 그때가 좋았다고 단언할 것이다.

글 · 이냐시오 라모네 Ignacio Ramonet

좀비 시리즈로 인류에 경고한 로메오 감독

실베스트르 메닝제 Sylvestre Meininger

영화 평론가. 렌느 2대학에서 영화 평론을 강의하면서, 〈르몽드 디플로마티크〉 등에 영화관련 글을 기고하고 있다. 특히 헐리우드 영화의 남성성 재구성에 대한 연구에 집중하고 있다.

1968년 미국의 영화감독 조지 로메오는 〈살아 있는 시체들의 밤〉을 내놓으며 좀비 시리즈를 시작하게 됐다. 그 여섯 번째 작품인 〈죽은 자들의 생존〉은 2009년 개봉됐다. 그의 영화들이 언제나 깊은 정치적 성향을 띠고 있었다면, 그의 추종자들, 즉 그가 다룬 테마에 매혹된 영화인들은 동시대의 병적 현상에 대해 그보다 더 운명론자적인 시각을 제시하고 있다.

완벽한 침묵이 흐르는 폐허의 도시, 황폐한 거리 곳곳에 자동차가 멈춰 서있다. 돌연 발자국 소리가 들려온다. 세 사람이 나타난다. 먼저 공포에 질린 어린 소녀가 달려오고, 그 뒤를 경찰관과 하녀가 끈질기게 쫓아온다. 그들의 너덜너덜 찢어진 옷에는 피가 말라붙어 검게 변해 있다. 아이에게 시선을 고정한 채, 아이를 향해 탐욕스럽게 손을 내뻗는다. 그들 입에서는 인간의 것이라고는 할 수 없는 괴성이 터져 나온다.

극도로 전염성이 높은 질병이 퍼진다. 감염되면 사람을 잡아먹게 되고, 희생자를 무는 순간 희생자는 전염된다. 이 장르의 아버지 조지 로메로 감독이 상상해낸 아이디어는 단순하지만 효과적이다. 최근에도 많은 감독이 이런 아이디어를 다시 활용했다. 잭 스나이더 감독이 리메이크한 〈시체들의 새벽〉(Dawn of the Dead · 2004 · 〈새벽의 저주〉로 국내 개봉)과 대니 보일 감독의 〈28일 후〉(2002)는 좀비를 현대 감각에 맞게 연출한 작품인데, 관객 동원에도 상당한 성공을 거뒀다. 좀비들은 베트남전과 더불어 이제 미국이 할 수 있다고 깨닫게 된 모든 폭력과 야만을 무덤 밖으로 끄집어낸다.

로메로 감독은 항상 할리우드 주변인이었고, 시대의 화두가 되는 정치적 담론을 자신의 영

HYE SEONG KANG

화에 넘치지 않게 담아낼 줄 알았다. 그의 영화는 미국에 초점을 맞추고 확실히 좌파적이지만, 결코 교훈을 늘어놓지 않았다. 이런 의미에서 그의 영화는, 그의 영화에서 영감을 받은 1970년대와 1980년대의 수많은 아류작과 근본적으로 차이가 있다. 그의 영화가 존재하는 이유는 흔히 '고어'(피 · 선혈) 효과를 거침없이 보여주는 데 있다.

그의 상징적 3부작은 동일한 내러티브 원칙을 따른다. 인물은 살아 있는 시체, 즉 좀비들에게 포위돼 갇혀 있고, 생존자들 사이에서는 긴장과 갈등이 증폭된다. 결국 그들은 대립하면서 그들 공간으로 좀비가 침입하도록 길을 열어주게 된다. 로메로 감독의 좀비는 미국인을 잡아먹는 미국인의 모습을 변형해 반영한 것이다. 좀비는 그의 영화가 제작된 시대의 사회를 관통하는 균열을 중심으로 살아 있는 사람들을 분열시킨다.

〈살아 있는 시체들의 밤〉(1968)은 1960년대 미국의 국가적 응집력을 산산조각 부숴버리는 커다란 정신적 외상 세 가지를 심층적으로 연구한 작품이다. 노골적 이미지와 당시로서는 보기 힘들던 유례없는 폭력, 국민을 안심시키려는 당국의 부조리한 발언이 등장하는 가짜 르포를 교차시켜 만든 영화이다.

부조리 드러낸 좀비 소비사회

이 영화의 현실적인 배경에는 일단 베트남전쟁으로 상처 입고 억압당한 사람들이 귀환하는 상황이 있다. 베트남전의 야만성은 제2차세계대전 이후 영웅적이고 공정한 이미지를 구가해온 미국의 이미지를 퇴색시켰다. 1968년 신문과 뉴스를 장식한 끔찍한 이미지처럼, 좀비들은 그때부터 미국이 할 수 있다고 깨달은 모든 폭력과 야만을 무덤 밖으로 끄집어냈다.

이 영화가 생생하게 그려내는 또 다른 상처는 인종갈등이다. 흑인이 시민으로서 권리를 얻기 위해 투쟁하던 때, 영화의 주인공은 아프리카계 미국인 벤이다. 끔찍한 밤, 벤만이 유일하게 살아남지만 영화는 어떤 환상도 허락하지 않는다. 벤은 새벽에 그를 좀비로 생각한 백인

◀ 〈Happiness like sunshine〉, 2022 - 강혜정

보안관에 의해 무참히 살해되어 시신은 장작더미 위에 내던져진다.

마지막으로, 좀비가 된 딸이 엄마를 공격하고 아버지를 잡아먹는 상황에서, 자신의 가족을 보호하지 못하는 무능한 권위적 가장이란 인물은, 1960년대를 휩쓴 세대 간 갈등을 반영한다.

10년 후인 1978년의 영화 〈좀비들〉에서 주인공들은 미국 소비사회의 새로운 메카라 할 쇼핑센터를 피난처로 삼는다. 사회에서 단절돼 바리케이드를 친 그들은 거의 무한대의 자원을 마음대로 약탈하고 얻을 수 있다. 하지만 자신들 역시 이곳에 오고 싶어 했다는 사실을 떠올린 좀비들의 공허한 시선 아래, 그들의 쾌락주의는 완전히 부조리한 것으로 드러난다.

'감금'의 동의어인 '광적 소비'는 의미가 사라진 기계적 제례가 되고, 서로에게서 완전히 멀어진 그들은 고독을 경험하게 된다. 도둑질하는 사람이 쇼핑센터를 공격할 때, 상품에 가장 애착을 느끼는 인물이 총을 발사하고, 약탈자와 좀비의 관심을 끌게 만들어 결국 그들이 숨어 있는 장소로 좀비가 공격해 들어오게 한다. 지하 군사기지에서 전개되는 〈살아 있는 시체들의 날〉(1985)은 전염병을 이해하지 못하는 무력한 과학자와 폭력충동을 자제하지 못하는 무능한 군인을 대치시킨다. 이번에는 여자가 주인공이다. 미친 남자 집단과 맞서는, 균형감을 갖춘 유일한 인물로 여성을 그려내면서 이 영화는 심리적 미성숙, 총기와 남성성 숭배, 그리고 무엇보다 여성혐오증 같은 미국 남성 정체성의 결점을 연구한다.

한 독립적인 여성을 향해 군인들이 내보이는 증오심은 1980년대 미국의 여성해방에 대한 크나큰 반발[1]과 연결된다. 그녀의 남자친구가 좀비에게 물리자 여자는 그의 팔을 잘라버리고 그의 생명을 구한다. 이런 상징적 거세에 대처할 능력이 없는 남자는 결국 좀비 무리에게 기지 입구를 열어주고, 좀비는 과학자와 군인을 탐욕스럽게 먹어 치운다. 자신의 미래를 잡아먹는 기계로 변한 '감염자'들은 신자유주의적 개인주의의 최종 단계를 충격적으로 재현한다.

영미 영화에 다시 등장한 '전염'과 '식인' 테마

현재의 유행은 어떤가? 좀비들, 조금 더 일반적으로는 '전염'과 '식인' 테마는 2001년 이래

영미 문학과 영화에 대거 재등장했다.[2] 9 · 11 테러로 경악하고 뒤흔들린 서구국가는 그때부터, 예전처럼 양대 진영으로 편성돼 있지 않기에 더욱 불가해하고, 통제할 수 없는 무수히 많은 테러와 건강 환경, 경제 위협으로 가득 찬 세상과 직면하게 됐다.

이 영화들과 로메로 감독 영화의 1차적 차이는, 이 영화들이 국제적 성격을 부여하며 더욱 묵시록적 어조를 담아낸다는 것이다. 로메로 감독의 후기 계열이라 할 수 있다. 미학적인 입장에서나 사회 · 문화적인 입장에서 다양한 성격을 띠지만, 모든 영화가 서구사회의 피할 수 없는 몰락, 우리가 아는 그대로의 세계 종말을 상상한다.

하지만 이 종말은 스티븐 스필버그 감독의 〈우주전쟁〉(2005)에서처럼 위협이 외부에서 오는 것이 아니다. 위협은 내부에서 오며, 스스로 무너지고 만다. 원초적 혼돈으로 퇴보하고 마는 멸망의 이유와 형태는 우리의 근대성을 특징짓는, 점점 더 난폭해지는 '자본주의 세계화'라는 전대미문의 현상과 연결된다.

질병과 공포를 확산시키는 것은 '교환의 다양화', '이동의 신속성', '정보의 순간적 전달'이라는 세계화의 조건이다. 여기에서 그려진 상호 연결되고, 상호 의존적이며, 규제가 완화된 '글로벌 마을'은 질병과 폭력을 포함한 모든 것이 어떤 장애물도 마주치지 않고 돌아다닐 수 있는 만큼 더욱 취약해 보인다.

재앙이 취하는 다양한 형태에 직면해서도 마찬가지다. 이런 이야기는, 자본이 각 개인에게 규칙을 강요하고 우리와 함께 사는 시민, 심지어 우리와 가까운 사람까지 잠재적 적이 되는 상황을 보게 만드는 사회에 깊이 뿌리내린 공포에서 그 영감을 길어온다. 그래서 전염의 첫 번째 결과로 모든 사회적 관계는 파괴되고, 각 개인은 타인의 먹이가 된다. 미국인이 미국인을 게걸스럽게 잡아먹고, 부모가 아이를 잡아먹는 상황이 된다.

자기와 가까운 사람을 잡아먹는 기계로 변한 살아 있는 시체, 혹은 '감염자'들은 신자유주의적 개인주의의 궁극적 단계를 충격적으로 재현한다. 개인들 사이의 '잘 이해된 이해관계'의 폭발이 문명을 파괴하게 된다.

이런 재현은 대단히 현대적인 문명의 위기를 연출하는 장점은 있다. 그런데 이런 연출은 재앙의 불가피한 측면을 확인시킬 뿐이다. 세계 멸망 앞에서 맹목적인 공포 이외의 다른 것, 혹은 사라져버린 질서를 향한 진부한 노스탤지어 이외의 것을 표현하는 데는 이르지 못하고 있다. 로메로 감독이 사회의 모순을 표면 위로 끌어올린 바로 그곳에서, 이 이야기들은 그 사회의 파괴에 대한 매혹적인 시선을 던지는 데에 만족한다. 이렇게 하면서 그 이야기들은 종종 권위가 없으면 인류는 동물로 되돌아가고 만다는, 미국의 문화 정체성에 뿌리내린 확신 속으로 다시 빠져들고 만다.[3] 미국의 엘리트와 가난한 사람이 맺는 관계에 대한 투명한 은유, 〈랜드 오브 데드〉는 좀비들의 반란으로 끝난다.

〈28일 후〉(대니 보일 감독 · 영국 · 2002)의 주인공은 슈퍼마켓을 피난처로 삼는다. 진열대에 차곡차곡 쌓여 있는 반짝반짝 빛나는 화려한 색상의 제품은 더 이상 〈좀비들〉에서처럼 '소외'의 동의어가 아니라, '위안'과 '희망'의 동의어다. 사람들이 기쁨으로 미쳐 날뛰면서 그들의 카트를 빽빽이 채우는 장면은 생존 의지와 소비 욕망을 병행해서 보여준다. 나중에 그들은 좀비만큼이나 위험한 것으로 드러나는 군인과 대치하게 된다. 군인은 특히 여자에게 위험하다.

그러나 적대적이고 자포자기적인 군인의 행동은 〈살아 있는 시체들의 날〉에서처럼 더 이상 (인간)정신의 군사화의 산물이 아니다. 이 영화는 사람들을 자기 마음대로 하도록 내버려 둘 경우, 남자들은 그들의 손아귀에 떨어지는 모든 여자를 강간하게 된다는 사실을 확인하는 데 만족한다.

〈28주 후〉(후안 카를로스 프레스나딜로 감독 · 영국 · 2007)는 주인공들이 전염의 집단 책임자가 될 수 있는 상황 직전까지 가면서, 이런 시니컬한 논리를 밀어붙인다. 바이러스에 감염됐지만 면역성이 생긴 한 아이를 발견한 유일한 영웅적인 인물들은 그 아이의 유전자로 백신을 개발할 수 있다는 희망을 갖고 아이를 구하기 위해 최선을 다한다. 그런데 그들의 생명을 희생한 덕택에 아이는 바이러스로 초토화된 영국을 떠날 수 있게 되지만 그 자신이 바로 질병을 확산시키는 장본인이 된다. 영화의 마지막 장면은 에펠탑 앞 지하철 출구를 빠져나오는 한 무리의 감염자를 보여주는 것으로 끝난다.

〈나는 전설이다〉(프란시스 로렌스 감독 · 미국 · 2007)는 리처드 매드슨의 동명소설(1954)

을 각색한 영화이다. 소설에서 주인공 로버트 네빌은 대부분의 인간을 뱀파이어로 변하게 만든 전염병에서 자신만이 유일하게 살아남았다고 믿는다. 이 재앙으로부터 세계를 구해야 한다는 생각에 빠진 그는 뱀파이어들이 낮에 잠자는 동안 그들을 죽이는 데 골몰한다. 결국 뱀파이어들에게 사로잡힌 그는 자신이 동물이라고 생각한 뱀파이어가 새로운 문명을 이룩했음을 뒤늦게 알게 된다. 소설의 마지막에서 냉혹한 아이러니가 폭로된다. 네빌 자신이 바로 순진한 사람을 공포에 몰아넣던 '전설적' 귀신이었다는 것이다.

로메오 감독, 인류는 사회적 존재임을 일깨워

소설과는 정반대로, 미국의 너그러운 지배를 받는 세계에 대한 향수가 느껴지는 영화 〈나는 전설이다〉는 뱀파이어들을 언어 기능을 상실한 야수들로 바꿔놓는다. 그리고 문명의 몰락을 위협하는 야만적인 무리에 맞서는 마지막 방패로 미국인 주인공을 설정한다. 뛰어난 생물학자로 변신한 네빌은 이제 현대 미국이 그 힘을 맹신하는 과학기술을 동맹군으로 삼는다. 그리고 그는 이 재앙에 맞설 수 있는 백신을 세계에 선사하기 위해 자신의 목숨을 내놓는다. 그렇게 해서 그는 인류를 구원하는 '전설'이 된다.

2005년, 로메로 감독은 자신의 3부작에 이어 4편을 개봉했다. 이전의 영화와 같은 노선을 따르는 〈랜드 오브 데드〉는 여전히 미국에 초점을 맞추었다. 이번에는 미국이 재앙에서 살아남은 사람의 피신처가 되고 성벽으로 둘러싸인 마을로 표현된다. 하지만 이번에는 이 공동체가 옛날의 질서를 그대로 재생산하기 때문에 멸망한다.

아직까지 제대로 남아 있는 유일한 고층빌딩에 안락하게 자리잡은 부자들이 가난하고 비참한 사람들을 통치하고, 호화로운 건물 안으로 올라올 수 있는 가능성을 보여주면서 그들을 조종한다. 그들은 마을의 경제생활에 필요한 상품을 얻기 위해 주변을 약탈할 계획을 세운다. 철저히 무장한 용병이 그들이 가는 길에 나타나는 좀비들을 제거하고, 가질 수 있는 모든 것을 전리품으로 챙겨 다시 출발한다.

미국의 엘리트와 그들이 지배하는 사람들 사이의 관계에 대한 투명한 은유라고 할 수 있는 〈랜드 오브 데드〉는 결국 좀비들이 고층빌딩에 난입해 그곳의 주민을 살육하는 반란을 일으키는 것으로 끝난다. 비록 흥행 수익은 저조했지만, 자기 자신에 충실한 로메로 감독은 지나간 것에 대한 향수와 냉소주의라는 함정을 피하면서 인류는 사회적 존재임을 상기시킨다.

그런데 유니버설사가 제작한 〈랜드 오브 데드〉는 할리우드의 제약에 제대로 적응하지 못한 로메로 감독의 이전 영화보다 더 상투적인 시나리오를 따르고 있다. 상투적이고 놀라움도 별로 없는 이 영화는 곳곳에 서투름이 엿보이고 예전의 좀비 3부작이 현명하게 피해갔던 교훈성 속으로 빠져들고 말았다. 아마 이런 절반의 실패를 지우기라도 하려는 듯 로메로 감독은 5번째 작품 〈다이어리 오브 데드〉를 촬영했고, 프랑스에서는 2008년에 개봉됐다. 이 영화에서 좀비들은 그들의 날카로움과 왕성함을 되찾았다.

글 · 실베스트르 메닝제 Sylvestre Meininger

1 수잔 랄푸디, 『반발, 여성들을 향한 냉전』, Des Femmes, 파리, 1993.
2 코맥 매커트니, 『길』, Editions de l'Olivier, 파리, 2008. 이 작품에서 후기 묵시록적 세계는 사람이 사람을 잡아먹는 단계로까지 퇴보한다. 맥스 브룩스, 『세계대전』, Three Rivers Press, 뉴욕, 2007. 세계화의 기능장애를 표현하기 위해 좀비를 이용하는 로메로 감독의 영화와 연결된다.
3 드니 뒤클로, 『늑대인간 콤플렉스』, 라데쿠베르트, 파리, 2004.

호러 작품의 비밀문, '공포유발 긴장감 지수'

죽음의 무도와 관계된 진실이 하나 있다면, 그것은 바로 소설 · 영화 · 텔레비전과 라디오 드라마, 심지어 만화까지 호러에 속하는 것들은 언제나 두 가지 차원에서 그 기능을 수행한다는 것이다.

첫 번째는 순전히 불쾌감의 차원이다. 〈엑소시스트〉(1973)에서 등장인물이 레건이 신부의 얼굴에 구토하거나 십자가로 자위할 때, 혹은 존 프랑켄하이머의 영화 〈프라퍼시〉(1979)에서 가죽이 다 벗겨진 모습의 끔찍한 괴물이 조종사 머리를 아작아작 씹어댈 때 느끼는 불쾌감과 혐오감. 아마 이런 전술은 예술적 섬세함의 강약을 조절하면서 다양하게 사용될 수 있지만 호러 작품에 항상 등장한다.

하지만 훨씬 더 강력한 또 다른 차원이 있다. 여기에서 호러는 춤, 다시 말해 역동적이면서 일정한 리듬을 타는 탐색에 비유할 수 있다. 이 탐색의 대상은, 독자나 관객인 당신 자신이 살고 있는, 근본적인 수준의 장소다. 호러 작품은 우리 생활 속 세련된 가구에는 관심을 갖지 않는다. 호러 작품은 우리가 정성들여 가구를 배치하고 장식해놓은 방을 춤추며 건너가 버린다. 방 안에 있는 각각의 가구나 장식은 적당히 기분 좋게 밝은 우리의 사회적 인격—최소한 그럴 것이라고 생각하자—을 표현하는 것이다. 호러 작품은 다른 장소를 찾는다. 그 장소는 때로는 빅토리아 시대 신사들의 은밀한 소굴 같기도 하고, 스페인 종교재판소의 고문실을 닮기도 하지만, 아마 가장 흔하게는 차가운 성질의 노인이 대충 만들어놓은 낡아빠진 은신처와 비슷하다.

호러 작품은 예술 작품인가? 호러가 앞서 말한 두 번째 차원에서 그 기능을 수행할 때, 호러는 결코 별개의 것이 아니다. 그때 호러는 손쉽게 예술 작품 단계에 도달한다. 왜냐하면 호러는 예술을 넘어서는 그 무엇, 예술에 앞서는 그 무엇을 추구하기 때문이다. 그것을 나는 '공포유발긴장감 지수'라고 부른다. 잘 짜인 호러 이야기는 당신을 인생의 한가운데로 인도하고, 유일하게 당신만 안다고 믿는 방의 비밀문을 찾게 해줄 것이다.

책과 영화는 매스미디어에 속한다. 그런 이유로 최근 30년간 호러 분야는 공포증보다 더 강력한 것으로 보이는 경우가 많았다. 이 시기에 호러(1960~70년대에는 그보다 더 낮은 등급의 호러)의 공포유발긴장감 지수는 국가 전역을 휩쓰는 단계까지 도달했고, 큰 성공을 거둔 책과 영화는 거의 언제나 수많은 사람이 공감하는 공포를 표현하는 것처럼 보인다. 초자연적인 것에 속하기보다는 정치 · 경제 · 심리학에 속하는 경우가 더 많은 공포는, 익살스럽게도 가장 훌륭한 호러 작품에 우화—특히 대부분의 영화감독에게 어울리는 것으로 보이는 우화—같은 느낌을 부여한다. 그들은 아주 절망적인 상황이 되기 시작하면 어둠을 가득 메우는 괴물들을 끌어낼 수 있는 가능성이 자신에게 있다는 사실을 알기 때문일 것이다.

※이 글은 작가 스티브 킹(Stepthen King)의 평론집 『죽음의 무도(Night Shift)』(1981)에서 발췌했습니다.

탄소 발자국과 녹색 음악

에리크 델아예 Éric Delhaye

독립 언론인. 문화 전반을 보도하며, 특히 음악 분야에서 재즈, 소울, 펑크, 전자 음악, 세계 음악 등에 각별한 관심을 기울여 〈르몽드 디플로마티크〉 등에 기고하고 있다.

음악계가 친환경적이고 도덕적으로 변하기 시작했다. 여기에 정부와 다국적 기업의 후원, 보조금, 혁신, 규정도 뒤따랐다. 아티스트, 팬, 음반사, 투어 기획사도 탄소 발자국 줄이기에 나섰다. 과연 어디까지 갈 수 있을까?

마지막 앨범 '뮤직 오브 더 스피어스'만 봐도 음악적 영감의 고갈이 의심되는, 영국 팝밴드 '콜드플레이'가 음악산업의 환경적 영향에 대해 장황한 연설을 늘어놓았다. 최대 음반 판매자들 중 하나인 콜드플레이는 2019년 탄소배출을 줄인다는 취지에서 콘서트 투어를 취소했다. 그로부터 3년 후, '최대한 지속가능한' 월드투어를 시작했다.

티켓 한 장이 판매될 때마다 나무 한 그루를 심고, 태양광 패널 에너지를 사용하고, 콘서트장에 팬들이 바닥을 발로 구르거나 자전거 페달을 밟으면 전기가 생성되는 장치를 설치한다. 에너지 효율이 좋은 조명, 재활용 가능한 야광 팔찌, 생분해가 가능한 종이 꽃가루를 사용한다. 무대는 가볍고 재활용률이 높은 소재로 만든다. 또한 관객이 다운로드할 수 있는 애플리케이션을 만들어서 콘서트장까지 올 때 탄소를 가장 적게 배출한 관객을 선별해 보상도 해준다. 음식은 이력추적이 가능한 유기농 식품이다. 그리고 수익의 10%를 환경단체에 기부한다.

콜드플레이는 "이런 우리의 모든 노력에도 불구하고, 월드투어는 상당한 탄소 발자국을 남길 것"이라는 메시지를 홈페이지에 남겼다. 이 그룹의 존재 자체는 환경에 영향을 미칠 수 밖에 없다. 팬들이 콘서트에 가지 않고 집에서 스트리밍으로 음원을 듣더라도 말이다. 프랑스 국립경기장인 '스타드 드 프랑스'에서 열리는 콘서트 티켓 가격은 골드석이 139유로, 잔디석

▲ 〈Alpha & omega〉, 2022 - 강혜정

이 78.5유로다. 음악산업은 음원, 콘서트 할 것 없이 환경을 오염시키는 존재다. "그래도 콜드플레이는 그룹으로서 최대한 성의 있는 제스처를 보여줬다." 환경단체 '클라이미트 찬스' 연구원이자 환경과학자, 사뮈엘 라발은 이렇게 평가했다. 클라이미트 찬스는 기후변화를 막아야 한다고 주장하면서도 BNP파리바, 미쉐린, 슈나이더 일렉트릭 등과 금융 파트너십을 맺고 있다. MDE(Music Declares Emergency) 프랑스 지부 회원이기도 한 라발은 "월드투어와 대규모 페스티벌은 지구 온도 상승을 2도로 제한한다는 목표와 양립할 수 없다"라고 말했다.

"지구가 죽으면 음악도 없다"

2019년 영국에서 설립된 MDE는 워프, 닌자 튠, 워너, 소니, 유니버설 등 여러 음반사 회원을 두고 있으며 빌리 아일리시, 브라이언 이노, 라디오헤드 등 유명인의 목소리를 빌려 여러 나라에 '기후변화 및 환경오염 실태의 긴급함'을 알리고 있다. 프랑스에서는 에밀리 로아조, 페이크이어, 론, 마뉘 르 말랭 등 유명 작곡가, 싱어송라이터, 음악프로듀서가 '지구가 죽으면 음악도 없다(No music on a dead planet)'라는 문구가 새겨진 유기농 면 티셔츠를 착용했다. MDE는 2021년 12월 영국에서 주요 음반사들이 체결한 '음악 기후 협약'을 지지한다. 이는 2050년까지 음악산업의 탄소 배출량 감소를 목표로 하는 협약이다.

트리합 장르의 선구자인 영국 출신 '매시브 어택'은 과학자 및 경제학자 그룹이 설립한 '틴달 기후변화 센터'에 가입했다. 틴달 센터는 전기차 사용 장려, 전용기 금지, 페스티벌에서 디젤 발전기 사용 금지를 골자로 하는 로드맵을 고안했다.[1]

프랑스 재즈음악가 폴 자레는 인도 투어를 취소했다. 그는 2021년 9월 페이스북에 "우리의 음악을 발표한다는 명목으로, 심각한 탄소 발자국을 남기면서까지 지구 반대편까지 가는 일에 의문이 들었다"라는 메시지를 남겼다. 재즈 보컬리스트 레이라 마르시알은 2020년 6월에 '음악이 생존하는 생태계를 위한 프로그램'을 창설, 다음과 같은 딜레마를 털어놓았다.

"오늘날 문화의 세계화 속에서 성공하려면, 대량의 에너지 소비가 불가피하다. (...) 환경파괴를 최소화하려면 이동량도 최소화해야 하고, 결국 직업적으로 자신을 덜 드러낼 수밖에 없다." 그러나 프로그램에 동참했던 아티스트들이 각자 활동에 전념하면서, 현재 이 프로그램은 중단된 상태다. '카당스 롬퓌'는 클래식 음악가 그룹이 주축이 돼 만들어진 포럼으로, 환경오염을 유발하는 교통수단을 줄이고 지역 내 프로젝트를 추진하는데 힘쓰고 있다. 그들의 논리대로라면 뮤지션의 장거리 이동에 제동이 걸리고 줌(Zoom) 공연이 확산돼, 극단적으로는 영상이나 플랫폼에서만 콘서트가 열리게 될지도 모른다.

하지만, 모두가 여기에 동참하기에는 이유와 사정이 제각각이다. 공연과 미국 팝스타, 카페콩세르(음악 카페)와 아레나 공연장, 소규모와 대규모 페스티벌, 인디 레이블사와 메이저 음반사 사이를 오가는 프랑스인들의 관심사는 모순적이며 괴리감마저 느껴진다. 게다가 아티스트, 프로듀서, 테크니션 등 생계가 어려워진 음악 종사자로서는, 일단 일을 해야 한다. 부실한 콘서트를 통해 수익을 올려야 하는 뮤지션, 대중의 관심을 잃고 힘들어하는 공연장 입장에서 환경보호는 자연스럽게 최우선 과제에서 밀려난다.

'친환경'과 '대규모'는 공존 가능한가?

환경보호 프로젝트의 긴장, 모순, 한계는 '그린워싱(Greenwashing, 기업이 실제로는 환경에 악영향을 끼치는 제품을 생산하면서도 광고 등을 통해 친환경적인 이미지를 내세우는 위장 행위)'으로 종종 의심받는 페스티벌 산업에서 자주 드러난다. '위 러브 그린 페스티벌'의 경우, 2019년에 이틀간 8만 명이 참가했고, 2022년 6월에는 행사 기간이 3일로 늘어났다. 이 페스티벌에서는 재생가능한 에너지만 사용하고, 쓰레기를 재활용하고, 일회용 플라스틱 사용을 금지했다. 또한 재활용된 재료로 무대를 설치하고, 청정 교통수단을 사용하고, 환경보호 관련 싱크탱크 콘퍼런스를 기획했다.

그런데 후원사를 살펴보면 공공기관 말고도 크레디 뮈튀엘, 백 마켓, 우버 그린, 틴더, 리바이스 등 민간기업도 많으며, 케링이나 말라코프 위마니스와 같은 '대형 후원사'도 있었다. 2020년에 취소됐던 대규모 페스티벌들도 해외 아티스트를 초청하고 기간을 2배로 늘리는 등 규모를 키워서 2022년에 개최했다. 애초에 주장했던 '친환경'과는 괴리가 느껴지는 행보가 아닐 수 없다.

페스티벌 '카바레 베르'의 지속가능한 개발 책임자인 장 페리생은 "탄소 발자국을 줄이는 동시에 행사의 영속성을 위해 매력을 유지하고 영역을 확대하려는, 정신분열증적 면모"라고 설명했다. 이 페스티벌에는 2019년에 4일간 10만 명이 참가했으며, 2022년 8월에는 행사 기간이 5일로 늘어났다. 프랑스 환경 페스티벌의 선구자격인 카바레 베르는 다회용 컵(페스티벌에서 배출된 쓰레기의 2%에 불과) 사용과 단거리 유통을 거친 맥주를 권장하며, 음식의 절반은 비건 식품(동물성 재료가 들어가지 않는 식품)이다. 가장 큰 문제는 이동수단인데, 이는 정책 결정권자들에게 달려있다(대중교통, 자전거도로, 청정연료 등).

비영리 환경단체 '시프트 프로젝트'의 공동창립자인 장마르크 장코비시는 '문화의 탈탄소화'라는 제목의 보고서에서 인구 이동의 문제점을 지적했다[2] (참고로 시프트 프로젝트는 프랑스 철도청 SNCF, 프랑스 전력공사 EDF, 부이그 텔레콤, 탈리스, 에네디스 배전회사의 후원을 받는다). 한 예로 페스티벌 '레 비에유 샤뤼'에는 4일 동안 28만 명이 몰려들었다. 탄소 배출량은 1만 3,000톤에 달했고, 이중 62.5%를 비행기를 타고 온 3%의 관객이 배출했다. 스타들은 행사기간 중 수백 킬로미터 반경 내에서는 공연을 하지 않기로 계약을 맺었다. 그리고 페스티벌 측은 투어의 재지역화, 제한, 상호부조를 해결책으로 제시했다. 또한 영역을 축소하고, 온라인에 올리는 커뮤니케이션용 데이터를 제한하기로 약속했다.

스트리밍은 CD보다 친환경적인가?

프랑스음악청(CNM)은 투어, 페스티벌, 콘서트장, 음원 제작 및 배포를 관리하는 부서를 만들었다. 해당 부서원들은 "관행을 바꾸라는 지시와 세계적으로 경쟁력 있는 모델을 구축해 경제발전을 이룩하라는 두 가지 지시를 받았는데, 상반되는 두 지시를 양립하라는 상부의 주문에 난감하다"라고 입장을 밝혔다. 이후 2021년 12월, 프랑스 문화부는 '페스티벌의 지속가능한 발전을 위한 헌장'을 발표했다. 보조금 1,000만 유로가 지급되고, 10여 개의 친환경 목표를 준수하며, 애매모호하지만 '모두의 더 나은 삶'과 '아티스트에게 정당한 대가 지급'을 지향한다. 무엇보다 10여 년 전부터 폭발적으로 증가한 스트리밍 산업을 관리할 틀 마련이 시급하다고 보고 있다.[3]

부드 뮤직 프랑스 음반사의 세실 베르니에 대표는 2021년 10월 파리에서 열린 마마(MAMA) 페스티벌에서 다음과 같이 말했다. "이는 해결할 수 없는 문제다. 스트리밍은 물질적 과소비에 대한 친환경적 해결책처럼 보이지만, 사실 여기에서도 문제가 드러났다."

여러 연구 자료에 따르면, 미국에서 레코드판 인기가 절정이던 1977년에 플라스틱 사용량이 5만 8,000톤에 달했지만, 2016년에는 8,000톤으로 감소했다. 또한, 스트리밍 플랫폼에서 5시간 동안 앨범 하나를 듣는 것이 CD보다 탄소 발자국 면에서 더 유해한 것으로 드러났다.[4]

2021년 1~11월, 스포티파이에서 올리비아 로드리고의 '드라이버 라이센스'가 스트리밍으로 재생되면서 배출된 이산화탄소량은 4,180톤으로 추정된다. 참고로 프랑스인 1명이 매년 배출하는 이산화탄소량은 10여 톤에 해당한다.

'좋은 의도들'은 끊임없이 속출하고 있다. 반면에 1960년대부터 '아티스트는 상품이고 청중은 고객이다'라는 이윤 중심의 마케팅 논리에 창의성이 휘둘리면서, 모순도 함께 드러나기 시작했다. 좋은 예가 있다. 글로벌 1위 공연업체 라이브네이션은 2021년 4월에 '공연 투어의 환경적 영향 줄이기 프로그램'에 착수했다. 패권적 야망을 품고 계절마다 4만 개의 콘서트와 수백 개의 페스티벌을 기획하면서 말이다.

글 · 에리크 델아예 Éric Delhaye

1 'Super-Low Carbon Live Music : a roadmap for the UK live music sector to play its part in tackling the climate crisis', 〈Tyndall Centre for Climate Change Research〉, 2021년 6월.

2 David Irle, Anaïs Rœsch, Samuel Valensi, 'Décarboner la culture 문화의 탈탄소화', 〈PUG-UGA Éditions〉, Grenoble, 2021년.

3 IFPI(Fédération internationale de l'industrie phonographique)가 발표한 보고서 〈Music Engagement 2021〉에 따르면, 음원 구매(CD, 레코드판, DVD, 음원 다운로드)는 전 세계 음악 소비의 9%인 반면, 스트리밍 구독(Spotify, Apple Music, Deezer 등)은 23%, 스트리밍 영상(YouTube)은 22%였다.

4 Matt Brennan, Kyle Devine, 'The cost of music', 〈Popular Music〉, Cambridge University Press, 2020년 2월; Ellen Peirson-Hagger, Katharine Swindells, 'How environmentally damaging is music streaming?', 〈The New Statesman〉, London, 2021년 11월 5일.

수피즘의 영적 사랑 노래

『새들의 말』과 『레일리와 메즈눈』

일반 대중들이 알고 있는 수피즘은 유럽인 여행가들의 글(특히 테오필 고티에의 『알제리 여행(Voyage en Algérie)』)을 통해 소개된 강신술이나, 너스라트 파테 알리 칸과 같은 인도 · 파키스탄계의 수피즘 음악('카왈리'), 알 킨디 앙상블의 음악에 맞추어 회전춤을 추는 다마스쿠스 수도승들의 춤사위, 이란 출신 무용가 라나 고르가니의 무용 작품 등 주로 '극적'으로 연출된 것들이 대부분일 것이다. 하지만 이런 것들은 그저 첫걸음에 지나지 않는다. 수피즘, 더 나아가 이슬람, 특히 수니파 이슬람의 신비주의에는 이보다 더 많은 것들이 담겨 있다. 수피즘은 이슬람과 함께 태어난 것이지만, 평화와 영혼에 대한 메시지를 널리 전하기 위해서라면 현대적 도구의 사용도 결코 망설이지 않는다. 바로 이 점에서 수피즘은 지하디즘이나 살라피즘과는 오히려 대척점에 놓여 있다.(1) 18세기에 들어서며 종단 결성 등 전성기를 맞게 된 수피즘은 위대한 사상가들의 글을 편찬해내기 시작했다. 스페인 안달루시아 출신의 '대스승' 이븐 아라비(1165~1240)를 예로 들 수 있는데, 특히 이븐 아라비의 저서는 무려 400권을 넘어서며, 교리를 담은 산문과 운문이 대부분이다.(2)

평화와 영혼에 대한 메시지

여러 사람들이 혼자, 혹은 여럿이 모여서 읽고 암송하고 노래한 이 수피즘 시들은 늘 중요한 역할을 차지해 왔다. 1967년 프랑스인 어머니와 이란인 아버지 사이에서 태어난 테헤란 출신의 레일리 안바르 역시 수피즘 문학의 주된 계승자로 손꼽힌다. 그녀는 현재 번역과 다양한 논객 활동을 벌이는 한편 프랑스의 국립동양언어문화대학(INALCO)에서 페르시아 문학과 신비주의 신학을 가르치고 있다.

안바르는 20세기의 이란계 쿠르드인 출신 시인인 말렉 잔 네마티, 그리고 아마도 세상에서 가장 많이 읽혔을 수피즘 시인인 잘랄 알 딘 루미(터키에서는 '모랴냐(우리들의 스승)'로 불린다)를 소개했다. 1207년 이란 쿠라산에서 태어난 루미는 말년에 아나톨리아의 코니아로 향해 대표작인 『마트나위(Mathnawi)』(1273)를 쓰고 그곳에서 세상을 떠났다. 본래 스승인 샴스를 통해 수피즘의 교리를 배운 그는 바로 그 회전춤을 추는 메블레비 교단을 창설한 인물이기도 하다.(3)

루미는 자신의 선조인 파리드 알 딘 아타르에 대해 이렇게 말했다. "아타르는 일곱 개에 달하는 사랑의 도시를 아울렀으나, 나는 여전히 길거리 한구석에 머물러 있을 뿐이다." 루미와 마찬가지로 쿠라산 출신인 아타르는 1190년 『새들의 말(Le Langage des oiseaux)』을 썼는데, 이는 후투티새 한 마리를 따라 신화적인 동물이며 신의 현신으로 불리는 '시무르그새'를 찾기 위해 떠난 새들에 대한 이야기를 담고 있다. 수많은 함정을 넘고 일곱 개의 계곡을 지나며 마지막까지 살아남은 삼십여 마리의 새들은 이 여정이 그저 자기 내면의 길이며 결국 자신에게 돌아온다는 사실을 깨닫게 된다.

사랑을 통한 신비주의적 교리의 깨달음

4,724개에 달하는 이행시 중 프랑스어로 번역된 것은 단 하나였는데, 그나마도 프랑스의 동양학자 · 인도학자 조세프 엘리오도르 가르생 드 타시가 1857년 산문으로 옮긴 해설번역본뿐이었다. 이에 레일리 안바르는 『새들의 말』을 운문으로 번역하여 소개하였고, 이를 통해 "이야기가 주는 환희"를 중요하게 보았다.(4)

안바르는 앞서 『레일리와 메즈눈(Leyli et Majnûn)』을 번역하기도 했다. 1484년 페르시아의 수피즘 시인 자미 역시 8세기의 서정시에서 영감을 받아 이 작품을 쓴 것으로 알려져 있다.(5) 이는 게이스라는 이름의 남자가 한 여인 레일라에게 바치는 사랑의 시로, 아랍 · 무슬림 중심의 동양권에서, 나아가 더 많은 사람들이 손꼽는 가장 유명한 러브 스토리로 떠올랐다.

안바르의 설명에 따르면 페르시아의 시인 니자미가 쓴 1188년 버전의 『레일리와 메즈눈』에 이어, 자미의 『레일리와 메즈눈』은 사랑하는 여인을 빼앗긴 뒤 광인('메즈눈')이 되어버린 베두인족 시인 게이스가 야생 동물들이 출현하는 사막 한복판으로 떠나게 되는 이 비극적 이야기를 "사랑을 통한 신비주의적 교리의 깨달음"으로 승화하고 있다. 결국 메즈눈의 전투는 "마찬가지로 스스로의 꿈을 믿고자 하는 독자들의 전투"가 된 것이다. 두꺼운 커버 아래 동양에서 찾아낸 180개의 작은 삽화들을 담아낸 이 작품은 그 자체로도 진정한 예술 작품이다.

글 · 장 루이 맹갈롱 Jean-Louis Mingalon

(1) 전 세계 수피즘 추종자의 수를 정확히 추정하기는 어려우나 현재로서는 약 3~4억명 정도로 추산된다. 그중에서도 여성의 비율이 높은 편인데, 실제로 여성의 역할도 점점 늘어나고 있다.

(2) Cf. Éric Geoffroy, 『Le Soufisme : Histoire, fondements et pratiques de l'islam spirituel 수피즘: 영적 이슬람의 역사, 기반과 실천』, Eyrolles, Paris, 2022, 208 pages, 12 euros.

(3) Leili Anvar, 『Rûmî. La religion de l'amour 루미, 사랑의 종교』, Entrelacs, Paris, 2011.

(4) Farîd Al-Dîn Attâr, 『Le Cantique des oiseaux 새들의 노래』, Éditions Diane de Selliers, Paris, 2023, 400 pages, 29 euros.

(5) Jâmi, 『Leyli et Majnûn 레일리와 메즈눈』, Éditions Diane de Selliers, 2021.

02 대중예술의 도발

상대적으로 최근에 탄생한 영화와 텔레비전은 자체의 고유 언어를 발명해 냈다. 종이는 이와는 완전히 다르다. 종이는 수 세기에 걸쳐 번성한 고전예술의 흔적을 간직하고 있다. 거기에는 캔버스 위에 겹쳐진 표피를 긁어내면서 사람들이 발견하게 되는 '화가의 뉘우침' 같은 것이 있다. 탐정소설과 공상과학소설은 규범에 어긋나고, 야심적이고, 때로는 전복적인 작품들을 생산해 냈다. 그러나 비록 대중문학이 이런 수준에 다다르지 못하고 있다 해도, 대중문학은 인간소외적이거나 해방적이든 간에, 독자를 상상적으로 자극하고 즉각적으로 유혹하는 능력을 통해 드러내고 있다.

"우리는 스스로 할 수 없던 것을 만화로 성취했다"

필리프 비들리에 Philippe Videlier

역사가, 프랑스국립과학연구소(CNRS) 연구원. 저서로 『La Proclamation du nouveau monde 신세계 선포』(파롤 도브, 베니시외, 1995년)와 『Cinépolis 시네폴리스』(라 파스뒤 방, 주누이외, 2003년) 등이 있다.

만화 〈탱탱(Tintin)〉에서 산테오도로스를 지배하며 까탈스러웠던 장군 알카사르는 만화상에서 아직도 잘 알려지지 않은 미지의 대륙을 통해 오랫동안 키워진 매력적인 인물의 본보기일 뿐이다. 흔히 남아메리카의 풍속에 대한 이미지가 환상적으로 그려졌지만, 애석하게도 남아메리카의 광기어린 독재자들은 수준 이하의 행태를 보였다.

판초 비야에서 체 게바라의 죽음까지

1939년 멕시코 코요아칸의 파란 저택에서 프랑스로 돌아왔을 때 작가 앙드레 브르통(André Breton, 1896~1966)은 〈미노토르(Minotaure)〉 잡지에 자신의 감상을 이렇게 발표했다. "멕시코에 대한 최초 환상들 중 하나는 샹들리에 모양의 거대한 선인장과 그 뒤로 총을 가진 남자가 활활 타는 듯한 눈빛으로 등장하는 장면이다."[1]

유럽에서는 1920년대에서 1960년대까지 라틴아메리카에 대한 이런 강렬한 이미지가 만화를 지배한다. 프랑시 라카생(Francis Lacassin), 알랭 레스네(Alain Resnais)와 '그래픽 표현 연구센터(Celeg, 1962~1967)'의 친구들은 만화를 9번째 예술로 간주했지만, 어른들은 〈귀여운 미키들(petits Mickeys)〉이 '아이들의 이미지에서 나쁜 것들'만[2] 묘사하고 있다고 생각했다. 이런 생각에 전혀 영향을 받지 않은 청소년들은 매주 〈스피루(spirou)〉(1966년 한 주에 11만 7천부가 판매됐다), 〈탱탱(Tintin)〉(1960년, 18만 7천부), 〈필로트(Pilote)〉(1965년, 18만부)

〈Healing moments〉, 2022 - 강혜정 ▶

HYEJEONG KANG

를 읽느라 정신이 없었다.[3]

판초 비야(Pancho Villa, 멕시코 혁명 사령관)에서 혁명가 체 게바라의 죽음까지, (당시 사람들이 사용했던 용어를 쓰자면) '그림으로 된 이야기들' 50개 이상이 라틴아메리카를 배경으로 쓰였다. 해적단 이야기들, '콘키스타('정복'이란 의미)' 혹은 콜럼버스 발견 이전의 아메리카에 대한 이야기들, 리오그란데강을 넘는 서부극 장르를 포함하지 않고도 그렇다.

1951년 1월 만화잡지 〈스피루(Spirou)〉는 독자들에게 〈중앙아메리카의 티프(Tif)와 통뒤(Tondu)〉, 〈푸른 매와 금지된 계곡〉, 〈멕시코의 블롱뎅(Blondin)과 시라주(Cirage)〉라는 3가지 라틴아메리카 이야기를 선보였다. 1963년 3월 똑같은 주간 만화잡지에 4명의 만화 영웅이 등장하여 카리브 해와 페루 사이에서 동시에 자신들의 모험을 수행했다.

〈벅 대니(Buck Danny)와 위성도둑〉, 〈마르크 다시에(Marc Dacier)와 안데스 산맥의 가증스런 남자〉, 〈캡틴 모르간(Morgan)의 모험〉, 〈디에고(Diego), 카트르 방(Quatre vents) 나라에 가다〉에 등장하는 영웅들이 그들이다.

중남미 만화, 역사를 민간 신화 속에 옮겨 놓아

이 시기에 라틴아메리카는 다른 어떤 지역보다 더 만화의 상상력을 자극했다. "우리는 스스로 할 수 없던 것을 만화로 성취했다"[4]라고 펠릭스(Félix)와 질 주르당(Gil Jourdan)의 창조자인 모리스 티이유(Mauris Tillieux)가 말했다. 라틴아메리카는 먼 곳에 있고 아득히 떨어져 있어서 이국정서를 풍긴다.

"그 시절의 만화에 라틴아메리카에 대한 판에 박힌 표현들이 그렇게 많은 이유는 우리가 그곳에 대한 정보를 거의 갖고 있지 않았기 때문이다. 현재는 우리가 아주 훌륭한 다큐멘터리를 얻을 수도 있고, 거기에 갈 수도 있다. 그러나 1950년 무렵에 그것은 아주 간단한 이유로 생각할 수도 없는 일이었다.

그것은 사람들이 돈을 충분히 벌지 못했기 때문이었다"라고 그는 말했다. 서구의 정신세계에서 지구적 차원의 통합을 생각해 본다는 것은 텔레비전 영상과 여행에 대한 대량 소비와 연관된 최근 현상이다. 오늘날 우리는 축구 경기를 보러 멕시코에 갈 수 있다.

만화에서 '함축적인' 언어와 그래픽 '코드'를 보게 된다는 것은, 그것들을 (우리가 그 속에서 보게 되는) 라틴아메리카, (앙드레 브르통이 말한 그 소문난 샹들리에 모양의) 거대 선인장인 '사구아로스(saguaros)', (멕시코풍의 챙이 넓은) 펠트 모자, 천연색 망토, 바로크식 스페인 성당, '세뇨르' 및 '카람바(caramba)' 같은 몇 개의 키워드를 보는 것만으로도 식별하게 된다는 걸 의미한다.

'카람바'는 자주 등장하는 용어로 〈블롱뎅과 시라주〉에서 10번 이상, 〈부러진 귀(L'Oreille cassée)〉에서는 23번 등장한다. 이 말은 놀람, 분노 그리고 남아메리카의 특성을 표시한다. 또 만화에서는 사용되는 언어(스페인어)가 어렴풋이 비슷하고, 풍경이 규격화되어 있고, 등장하는 이름들도 우스꽝스럽다.

타피오카(Tapioca) 장군, 라바발(Lababal), 판초 브리야(Pancho Brilla), '고백(Confession)' 도시 등은 유머 효과를 내기 위해 흔히 사용되는 프랑스어를 스페인어화하여 베낀 단어들이다. 때로는 '펠로스(Pellos, 남근이란 의미와 비슷한 발음)', 〈두뇌 정복자들 집에 간, 니켈로 도금된 발들(Les Pieds Nickelés chez les réducteurs de têtes)〉(1959)의 '랄콜릭코스(Lacolicos, 알코올 중독자란 의미와 비슷한 발음)' 박사 같은 저속한 용어들을 애용한다. 그리고 라틴아메리카 사람들은 의무적으로 음악, 낮잠, 혁명을 좋아한다.

1951년 8월 30일 호의 중간 페이지쯤에서 〈스피루〉는 자코비티의 손을 빌어 새로운 영웅 피포를 탄생시켰다. "피포는 멕시코의 기묘한 관습과 실랑이를 벌이는 두려움 없고 나무랄 데 없는 어린 소년이다. 멕시코가 어떤지 아세요? 멕시코는 열기, 지속적인 혁명, 챙이 넓은 펠트 모자를 합해 놓은 곳이다. 낭만의 땅인 멕시코는, 반짝이는 태양 아래서 총격의 소음과 꽃핀 선인장 냄새를 맡으며 두근거리는 모험이 펼쳐지는 곳이다!"

만화장르에서 최초로 루이 포르통의 '니켈로 도금된 다리들(피에 니클레)'은, 정부의 청부 살인업자들이 두란고의 대농장에서 실제로 판초 비야를 쓰러뜨리기 5달 전인 1923년 3월 1

일 목요일 〈레파탕〉(L'Epatant, '기막힌 일'이란 의미)에서 멕시코에 도착했다. 부주의로 '메마른 아메리카'[5] 국경을 넘은 '니켈로 도금된 다리들'은 카브라데스 혁명사령관의 군인들에게 습격을 당했다.

이 장군 악당은 약간의 돈을 받고 군인들의 계급을 올려주고, 오만(五萬) 나라의 위조지폐도 만들고 있었다. 크로키니올(Croquignol, '니켈로 도금된 다리들' 중의 한 명)은 "이 변변치 않은 군대는 혁명을 계속 지속시키는 것 이외에는 가치 있는 것이 아무것도 없다고 나에게 이미 말했다"라고 탄식했다.

무대가 갖춰졌다. 라틴아메리카는 사람들이 분장을 하고서 혁명놀이를 하는 극장이다. 만화에 등장하는 수많은 허구의 공화국들 중에는 산테오도로스(San Theodoros)라는 공화국이 있는데, 탱탱(Tintin)도 이곳을 방문한다. 산테오도로스 군대는 하사가 49명이고 대령이 3,487명인 황당한 군대였다(〈부러진 귀(L'Oreille cassée, 1935년)〉.[6]

타피오카(Tapioca) 장군을 '비열한 독재자'라고 규탄하고 용감한 장군 알카사르(Alcazar)를 환호로써 맞이한 어떤 대령이 얼마 후에는 똑같은 장군인 알카사르를 '비열한 독재자'라면서 그를 배반하고는 '용감한 장군 타피오카'에게 충성을 맹세한다.

모리스 티이유(Maurice Tillieux, 1949년)에 의해 창조된 펠릭스(Félix)는 치카라과이(Chicaraguay)에서, 리카르도(Ricardo) 대통령의 공화국 정부와 싸우고 있는 네포무세네 곤잘레스(Népomucène Gonzales) 장군의 민주주의 반군에 억지로 징집된다. 펠릭스는 반군에 참여하거나 몸에 12발의 총탄을 맞고 죽느냐 중에서 선택을 강요받는다.

이 조악한 반란에서는 총질이 난무한다. 8개의 금속판으로 만들어진 '니켈로 도금된 다리들'은 총살집행반으로부터 두 번 탈출하고, 탱탱은 산테오도로스에 상륙하는 바로 그날 사형을 선고받는다. 멕시코에서는 판초브리야가 반군을 피포에게 넘기면서 "총살형은 유용한 것이고 때론 꼭 필요한 것이야"라고 말했다.

모든 일이 천진난만한 분위기에서 벌어진다. "하여튼 이 총살형은 흘러가야 할 나쁜 순간일 뿐이야? 그렇지 않니?"라고 사형집행을 담당한 대령이 탱탱에게 말한다. 만화는 역사를 민간

전승 신화 속으로 옮겨 놓는다.

혁명은 샹들리에 모양의 선인장 혹은 바로크 양식의 교회와 마찬가지로 풍경의 일부분을 형성한다. "여러분, 우리는 항상 혁명을 수행하고 있습니다. 우리는 혁명하는 것이 자랑스럽습니다. 혁명은 우리의 존재 이유입니다. 만약 혁명이 없었다면 우리가 즐거운 삶을 누릴 수 없을 것입니다"라고 카브라데스의 한 장교가 '니켈로 도금된 다리들'에게 설명했다.

스피루와 판타지오가 1952년 팔롬비에의 수도인 치키토에 도착하여 이리저리 돌아다니는데 공화국 대통령궁, 국립은행 등의 건물들이 폭발했다. "또 혁명군들이구먼! 서둘러요. 어쩌면 당신들이 성당을 볼 수 있는 시간이 있을 수도 있겠어요"라고 택시 운전사가 소리쳤다.

1950년 월이 그린 〈티프와 통뒤의 모험〉에서 산살바도르 시와 산타아나 시는 끝없는 전쟁을 하고 있었다. "왜 우리 두 도시가 항상 전쟁을 해야 하는지 당신에게 물어도 되겠습니까?"라고 한 도시의 통치자가 질문했다. "그것을 내가 어떻게 알겠습니까?"라고 다른 도시의 통치자가 대답했다.

혁명은 모든 이성을 초월해 있다. "완전히 미쳤구나! 어떤 고약한 악마가 나를 이 미친 나라로 몰아넣었는가?"라고 통뒤가 소리쳤다. 비비트리코틴과 라시부스는 비록 좀 더 절제된 용어로 표현했음에도 불구하고, 1963년 보토포지에에 대해 다음과 같이 말했다.

"보토포지에 사람들은 끊임없이 혁명을 하고 있구나! 그 이유도 모르면서 하다니! 그래서 어쩌자는 것인가! 네가 말한 대로구나!"

아무런 역사적 의미도 없는 혁명은 라틴아메리카에서 유전적인 성격을 띠고 있다. '너무 작아서 당신이 지도 위에서 찾을 수도 없는' 멕시코의 코플라밤바 지역이 역사상 한 번도 혁명을 한 적이 없다는 점이 특이한 사실이 될 정도다[버크(Berck)와 두발(Duval), 〈비바 판초(Viva Pancho)〉 1963년].

이런 혁명 신화에는 당연히 독재자들도 등장했다. 〈부러진 귀(L'Oreille cassée)〉에서는 턱이 툭 튀어나오고 소방관 유니폼을 입은 알카사르(Alcazar)가 등장했다. 1953년의 〈스피루, 독재자와 버섯(Spirou, Le Dictateur et le Champignon)〉에서는 팔롬비에의 과대망상 독재자로 변신한 판타지오의 사촌 산타스가, 1959년의 〈닉과 미노(Nic et Mino)〉에서는 페르지에의 토르나도 르 파시피크가 등장했다.

1960년의 〈뉴욕의 클리프톤(Clifton à New York)〉에서는 쿠데타로 인해 산미라도르에서 쫓겨나 "내가 산미라도르에 다시 올 것이다"라는 끔찍한 복수의 말을 내뱉은 폰초 장군이, 1961년의 〈아주 멋진 지옥(L'Enfer de Xique Xique)〉에서는 호세 피구에레스에 의해 1948년 전복된 코스타리카 대통령과 이름이 똑같은 아주 현대적인 카키색 장교 복장을 한 마사카라의 칼데론이 얼굴을 드러냈다.

〈크롬강 같은 독재자〉, "대통령이 미쳤다. 과대망상증 때문에…"

만화 속의 독재자들은 변덕스럽고 화를 잘 내는 인물들이라서 가장 부조리한 욕망에서조차 논박을 받는 것을 참아내지 못한다.

"나는 내가 원하는 것을 행한다! 내가 지배자다!"라고 알카사르가 부르짖었다. 그들의 괴상하고 부패한 공화국에서 그들은 특유의 종교의식을 거행하고 거대한 권력을 꿈꿨다. 환각에 사로잡힌 눈길로 산타스 장군이 스피루와 판타지오 대령에게 많은 제스처를 써가면서 자신의 정복 계획을 말했다.

"나는 구아라차 공화국 영토를 침입할 것이다! 내가 기습적으로 국경을 넘어, 별 볼일 없는 구아라차 군대를 짓밟을 것이다! 그 다음날 내 장갑차들이 수도를 점령할 것이고 곧바로 그 나라 전부를 내 손안에 넣을 것이다! 그 나라의 부(富)도! 황금, 돈…… 그리고 모든 금속도! 고무도! 모든 것을 내 손안에 넣을 것이다!"

반면에 이나구아라는 카리브 섬의 대통령인 라몬 장군은 눈빛에 광기를 드러내면서 남아메리카 전체를 자신의 지배하에 통일시킬 것이라고 큰소리쳤다. "남아메리카 전체가 우리에게 귀속될 것이다! 치러야 할 대가는 피다! 그러나 전 세계 4분의 1을 이 비용으로 해방시킬 수 있다면, 백 명이든 천 명이든 아니 십만 명의 죽음도 중요하지 않다."[1964년 출간된 버크 대니의 〈케네디 곶(串)의 비상령(Alerte à Cap Kennedy)〉].

"대통령이 미쳤다! 과대망상증 때문에 대통령이 돌아버렸다."라고 그의 장관들 중에 한 명이 지적한다. 이런 말은 만화에서만 볼 수 있는 멋진 문장이다.

산마타모르의 '아주 성질이 고약한' 대통령인 에르난도 라바발은 자신의 수도인 라바발릭스와 자신의 항구인 라바발리아를 통치하는 것으로 만족한다[에릭(Eric)과 아르티몬(Artimon), 〈크롬강 같은 독재자(le Tyran en acier chromé)〉, 1962년].

그는 자신의 사무실에서 로마황제로 그려진 자신의 초상을 바라보며 탄복한다. 그리고 그는 유럽에다 아주 커다랗고 심지어 말까지 하는 자신의 조각상을 만들었다.

"마타모르 사람들이여! 조국의 아버지가 여러분께 말합니다! 나 에르난도 라바발은 여러분 모두를 행복하게 해주기 위해 운명적으로 선택된 사람입니다! 감히 이 사실을 의심하는 사람들은 그 결과를 잘 알 것입니다! 라바발의 강철 같은 팔이 그들을 파리처럼 짓밟을 것입니다."

광기의 독재자들은 공포의 악순환 같은 고리 속에 갇혀있다. 그들은 자신의 주변 사람들과 국민을 공포에 떨게 하고, 자신들도 실재나 가상의 테러리스트들 때문에 공포에 떨었다. 그래서 그들은 쉽게 모욕을 주고 엄청난 분노를 토해냈다. 테러 공격의 희생자로 공포에 떨면서 나약해진 산타스는 경호책임자에게 모임에 참석한 모든 사람들, 경호원들, 100명의 외국인들과 경호책임자 역시 체포하라고 명령했다.

토르나도 르 파시피크는 왕궁의 고관들을 이렇게 협박했다. "나는 당신들을 책임자라고 생각한다. 당신들은 이 반역의 공모자들이다! 나는 여러분 모두를 사형에 처할 것이다." 그는 경찰들에게 "비열한 돼지들", "계급장을 단 멍청한 년들"이라고 욕설을 퍼부었다. 칼데론은 "끈적끈적하고 능력 없는 해충"이라고 말하며 경찰수장을 시크시크감옥에 처넣어 버리고, 낭랑한 목소리로 감옥소장을 "침 흘리는 유충"이라고 매도했다.

그러나 독재자는 겉모습에 신경을 쓰고 쇼의 의미를 알고 있다. 칼데론은 자신의 멋진 말의 효과가 군중 사이에서 확실히 나타나도록 웃음가스를 사용했다. 페루지에에서 토르나도 파시피크는 원하는 순간에 국민의 환호성을 듣기 위하여 경찰을 동원했다.

"우리의 모든 적들은 최후의 일인까지 제거될 것이고, 그들의 집들은 파괴될 것이며, 그들의 유골은 사방으로 흩어질 것이다!" "비앵페퇴르(Bienfaiteur, '은인'이란 의미임) 만세! 당신의 국민이 열정적인 박수갈채를 보낼 것입니다"라고 같은 진영의 한 하수인이 칭찬했다.

"자 여러분들 무엇을 기다립니까?"라고 경찰들이 낮고 굵은 목소리로 질책했다. 그러자 국민들이 비앵페퇴르에게 갈채를 보냈다. 치키토에서는 대통령에게 "산타스 만세!"하면서 박수갈채를 보내는 모습을 보게 됐다. '헌병'이 잠든 한 참석자의 엉덩이를 걷어찼다. "국민들이 내 연설에 대해 어떻게 생각하는가?"라고 산타스가 물었다. "장군님, 아무 생각도 못하고 있습니다. 마이크를 연결하는 것을 깜박 잊었습니다."

〈참 멋진 지옥(L'Enfer de Xique Xique)〉에서 티이유는 해임된 경찰수장과 파리사법경찰청의 형사인 크루통(Crouton) 사이의 대화를 통해 라틴아메리카의 드라마를 응축해서 표현했다. 잘린 경찰수장은 "당신도 같은 분야에 있으니 이해할 것이네. 나는 해야 할 일을 했을 뿐이네!"라고 말했다. 크루통 형사는 "이봐요, 그래도 적당한 방식이 있는 법이죠"라고 응답했다. 아르헨티나 군인들에게나 딱 어울리는 대화였다.

뭔가 기분이 좋지 않은 건 만화가 라틴아메리카를 사실적으로 올바르게 표현하지 못하고 있기 때문이다. 탱탱과 피에니클레(Pieds Nickelés)의 유쾌한 총질은 마르틴 루이스 구스만(Martin Luis Guzman)이 자신의 멕시코 혁명 연대기에서 우리에게 보여준 '총알 축제(fête des balles)'보다 인명을 더 많이 살상하지 않는다.

'총알 축제'에서는 빌라(Villa)의 부책임자인 피에로(Fierro)장군이 파스쿠알 오로스코(Pascual Orozco, 멕시코 혁명가)의 지지자들인 '붉은 옷을 입은' 3백 명의 죄수들을 몰살시킨다.[7] 에르제(Hergé)가 〈부러진 귀〉에서 총천연색 옷을 입은 미친 대령들을 생생하게 묘사하면서 그들의 특징을 잡아내고 있지만, 판초 비야의 살해자인 오브레곤(Obregon)의 잔인성을 제대로 묘사하지는 못하고 있다. 오브레곤은 한때 멕시코의 지배자로서, "5만 페소의 어마어마한 돈에 저항하는 사람은 아무도 없다"라고 주장했다.

라틴아메리카에는 불행히도 만화의 등장인물들에 적합한 모델들이 많이 있다. 산마타모르

(San Matamor)가 라바발리아 항구를 갖고 있고, 페루지에가 자체의 비앵페퇴르('은인'의 의미)를 갖고 있는 것은, 니카라과가 푸에르토 소모사(Puerto Somoza)를 갖고 있었고, 도미니크 공화국이 '은인'인 독재자 라파엘 트루히요(Rafael Trujillo)의 이름인 시우다드 트루히요(Ciudad Trujillo)라는 수도가 있었다. 페루지에 감옥에서보다 도미니카 공화국의 감옥에서 더 많은 사람이 죽었다.

"내가 창조한 독재자들은 결코 성질이 그렇게 고약하지 않다. 내 만화에는 엘살바도르, 칠레 혹은 아르헨티나에서 벌어지는 일들과 공통적인 것이 하나도 없다"[8]라고 에르제가 고백했다. 사실 피노체트(Pinochet)를 풍자화하기는 어렵다. "칠레에서는 나뭇잎 하나도, 나 모르게 혹은 허가해 주지 않고는 움직일 수 없다."[9]

파시피카퇴르(Pacificateur, '평화중재자'란 의미)인 스트로에스네르(Stroessner) 장군보다 더 투표를 잘 조작하고, 1976년에서 1983년 사이 자기 적들의 유골을 사방에 뿌리는 기술에서 아르헨티나 군사정권을 능가하기는 더 어렵다. 프랑수아 뒤발리에(François Duvalier) 보다 돈으로 매수를 더 잘하고, 아이티의 평생 대통령과 장클로드주의(Jean-claudisme, 장클로드 뒤발리에를 평생 대통령으로 만들자는 단체의 독트린)를 주창하는 것보다 더 우스꽝스런 상황을 만들기는 불가능하다.

만화는 독재자에 대한 저항을 정당화한다

1951년 티프(Tif)와 통뒤(Tondu)가 활약하는 과테말라에서는 사람들이 석호(潟湖) '유령'에게 희생되어 행방불명된다. "아마 그가 흑인과 인디언들을 지배하고 싶고, 자신의 이익을 위해 나라를 착취하고 싶은가보다. 그런데 그가 좀 늦었다. 왜냐하면 독재자란 직업이 이제 한물간 직업이기 때문이다." 참 애석한 일이다! 과테말라에서 1954년 친미 쿠데타가 발생한 이후부터 정말로 사람들이 행방불명되기 시작했다.

티프와 통뒤의 만화에서 범죄는 '멩 블랑쉬(Main blanche, '하얀 손'이란 의미)'[10]의 사주에 의해 저질러졌다. 그런데 아침에 시우아드 과테말라(Ciuad Guatemala) 거리에서 사람들이 정말로 고문당한 시체들을 발견했다.

애석한 일이었다! 라틴아메리카에서는 독재자란 직업이 여전히 건재했다. 1954년 20개 국가 중 13개 라틴아메리카 국가가 독재체제를 유지했고, 1975년에도 대륙의 반이 넘는 국가의 국민들이 독재자의 군홧발에 짓밟혔다.[11]

볼리비아에서는 1821년부터 1980년까지 평균 10개월에 한 번씩 쿠데타가 발생했고, 콜롬비아에서는 '비오렌시아(violencia)'라 불린 게릴라식 내전 때문에 10년 동안(1948-1958년) 적어도 3만 명이 사망했다는 사실은 이스토리에타가 아니라 역사적인 사실이다.

만화는 독재자에 대한 저항을 정당화한다. "만약 공포가 구아바나(Guabana)를 지배하고 있다고 네가 확인하면, 그것은 혁명가들의 대의가 옳다는 것을 의미할 것이다."[〈바렐리와 비밀 첩보원(Barelli et les Agents secrets)〉(1964년)]

대성공을 거둔 1959년의 쿠바 혁명 이후 몇 가지 상징물이 만들어진다. 카스트로주의자들에 대한 예를 들어보면, 닉(Nic)과 미노(Mino)의 독재에 맞선 투사들이(1959년), 페르지에에서 토르나도(Tornado)의 '구역질나는 몸뚱이'가 사라질 때까지 수염을 자르지 않을 것이라고 맹세했다. 〈녹색테러에 대항하는 봅 모라네(Bob Morane contre la terreur vertes)〉(1963년)에서 수염을 기르는 것은 포르피리오(Porfirio) 대통령 체제에서 무례로 간주됐다. 왜냐하면 폭도들이 수염을 동맹의 표시로 삼았기 때문이었다. 이들이 바로 '모스타초소스(Mostachosos, '수염'을 의미하는 프랑스어 '무스타쉬'와 발음이 비슷함)'다.

그러나 철학자이자 비평가였던 롤랑 바르트가 『신화』에서 언급한 것처럼, 만화는 '탈정치적인(dépolitisé)' 장르다. 어린이들에게 들려준 라틴아메리카는 하나의 신화다. 그리고 "그 신화는 사건들을 부정하지 않는다. 그와는 반대로, 신화의 기능은 사건들에 대해 이야기하는 것이다. 신화는 단순히 사건들을 정화(淨化)하고, 정당화하고, 자연스럽고 영속적인 방식으로 그 근거를 제공한다.

신화는 사건들에 대해 설명의 명증성이 아니라 확증의 명증성을 부여한다."[12] 그런데 라틴아메리카가 겪은 제국주의는 기이하게 만화에 등장하지 않는다. 제국주의는 단지, '차코 전쟁(Chaco, 1932~1936년 파라과이와 볼리비아 사이에 발생한 국경 분경-역주)'에서 영감을 받아 만든 〈부러진 귀〉에서 알카사르 장군의 '제네랄 아메리칸(General American)'과 영국 석유회사(로열 더치쉘)가 경쟁하는 형태로만 등장한다. 이 경쟁은 석유가 넘치는 그란차포(Granchapo) 사막을 지배하기 위한 전쟁에서 모가도르(Mogador)장군의 누에보리코(Nuevo Rico, 산테오도로스의 이웃나라)를 배경으로 펼쳐진다.

그런데 영웅의 민족중심적이고 기득권적인 사회적 입장에서 유럽(혹은 북아메리카)과 라틴아메리카 사이의 불평등한 관계는 기정사실로 서술된다. "나와 내 친구들은 멕시코 혁명에 아무런 관심이 없다. 그럼에도 우리가 우연히 이런 혼란 속에 빠졌기 때문에, 우리를 이 성(城)에 가둔 독재자를 멕시코에서 없애버리려고 노력하지 않는다면 그것은 비열한 짓이다"라고 '피에니클레'의 한 명인 리불딘구에(Ribouldingue)가 말했다.

'우리'라는 표현에 주의를 집중하자. "백인들! 경찰들! 만세! 우리가 살았다"라고 페루지에(Pérugie)에서 닉(Nic)이 소리친다. 조금 후에는 "나는 당신들의 '비앵페퇴르', 당신들의 '리베르타도르(Libertador, '해방자'의 의미)', 하찮은 당신들의 페루지에 분쟁에 개의치 않는다! 나는 프랑스인이다."라고 말한다.

'하찮은'이라는 말에 주의를 집중하자. 프랑스인(혹은 벨기에인)의 입장은 마치 특별히 돋보이는 자질인 것처럼 과시된다. '그들/우리'라는 이분법에서 우월감이 생겨나는데, 이 우월감은 좋은 격언(格言)에서까지 확인된다. "결말이 좋은 것이 다 좋은 것이지요. 세뇨르 바렐리 당신 덕택입니다."라고까지 말한다.

왜냐하면 프랑스인(혹은 벨기에인)이 사실은 엑스트라에 불과한 다른 사람들의 역사를 만드는 창조신으로 등장하기 때문이다. 예를 들어, 수호자 프레데리(Frédéri)는 기독교 해방자인 브뤼노를 도와서 잉카 종교와 '사탄에 푹' 빠진 배교자 파레스코(Paresco)의 독재를 물리치게 해 준다. "정의와 자유의 동반자인 당신은 이 이유 있는 싸움에서 혼자가 아닐 것입니다. 프랑스 친구들이 우리에게 연방정부의 지원을 보장해 줄 것입니다."[〈수호자 프레데리의 모험 4

호. 불사조의 징표〉(1954)]

역설적으로 공산당은 〈신비평〉에서 '사상의 마샬플랜'에 대항하여 전투에 돌입했다.

"아주 저속한 텍스트와 이미지들이 점점 더 많이 미국에서 우리나라에 오고 있다. 이것들이 허튼 소리와 무례한 부도덕으로 젊은이들의 정신을 오염시키고, 아동도서와 신문에 심각한 타격을 주고 있다."[13]

앙드레 프랑켕, 국제앰네스티를 위해 만화를 그린 작가

그런데 현장에는 해방신학이 생겨나기 훨씬 전부터 가톨릭의 영감을 받아 저술된 아동용 전쟁문학이 많이 존재했다. 혁명은 스스로를 걱정했다.

"혁명이었다. 그래서 돈 로베르토(Don Roberto)가 자신에게 무슨 안 좋은 일이 생기면…이라고 나에게 말했다.", "다가오는 혼란의 시기에 대비하여", "혁명의 혼란시기에"(〈멕시코의 블롱뎅과 시라주〉, 1951), "아닙니다. 여러분! 유감입니다. 우리가 보석금을 받는다 해도 이 녀석을 풀어줄 수 없습니다. 이 녀석은 위험한 무정부주의자입니다…선생님 이런 착각을 용서해 주십시오. 그러나 우리나라 같은 상황에서는 항상 신중해야 할 수밖에 없었습니다."[삼바구아이(Sambaguay)에서, 〈티프와 통뒤, 풍부한 가스〉(1975년)]

이런 이데올로기적 합의를 넘어, 〈독재자와 버섯〉에서 독재 자체에 대한 적대감을 확실히 드러낸 만화가 앙드레 프랑켕(André Franquin)은 예외적이다. "내가 그곳에서 하기 좋아했던 것은 서핑인데, 사람들은 그곳에서 독재자의 존재, 지속되는 긴장, 편재한 군대를 느꼈다. 이런 느낌은 독재자가 도착하는 순간으로까지 거슬러 올라간다. 독재자가 도착할 때 사람들에게는, 모든 독재자의 경우처럼, 단지 자동차만이, 즉 검정색 메르세데스 자동차만이 보일 뿐이다. 그렇다. 전차 한 대를 폭발시키면 아주 만족스럽다."[14] 몇 년 이후 프랑켕은 국제앰네스티를 위해 만화를 그리게 된다.

전쟁 전인 1937년과 1939년 사이 라본느프레스(La Bonne Presse)에 의해 출판된 주간지

〈바이아르(Bayard)〉에서는 '멕시코 거부'인 돈 후아니토 알바레스(Don Juanito Alvarez), 살충제 업계의 최대 거물이던 엄청난 부자 알메노(Almeno), 프랑스와 친밀한 관계를 맺고 있는 미국의 억만장자 월터 스미스(Walter Smith) 같은 거부들의 친구인 파울로(Paulo)가 멕시코에서 이유 있는 전쟁을 수행했다.

"뭐라고? 혁명이라고?—슬프도다! 그래 내가 조금 전에 너에게 준 권총이 아마 네가 생각한 것보다 더 유용할 것이다."(〈멕시코의 파울로〉)

조금 뒤에 "이들은 여행객들을 강탈하기 위해 작금의 혼란을 이용하고 있는 부랑아들이다. 경찰은 이미 무정부주의자들과 싸우느라 겨를이 없다." 등의 말을 한다. 이런 모든 말이 아주 자연스러운 톤으로 이루어지는 것은 이미 존재하는 질서에서 영웅, 서술자, 독자가 공통된 입장을 갖고 있기 때문이다.

감시대상이 된 인기만화 〈벅 대니〉 시리즈

1960년대 초의 공통된 입장은 대서양주의의 가치와 미국의 외교정책에 당연히 찬동하는 형태로 표출된다. 그중 가장 뛰어난 예가 〈벅 대니(Buck Danny)〉 시리즈물(1947년에서 1980년까지 9백만 부가 판매됨)이라는 냉전 만화로, 미(美) 해군항공대 대령인 벅 대니와 두 명의 동료 트럼블러(Trumbler)와 턱슨(Tuckson)이 주인공이다. 이들은 장 미셸 샤를리에(Jean-Michel Charlier)의 시나리오에 등장하는 주인공들인데, 샤를리에는 "나는 3백 개에서 4백 개 정도의 시나리오를 써야 했다"라고 말했을 정도로 시나리오를 아주 빨리 쓴 작가였다.

그리고 그는 심지어 자신의 영웅들을 한국에 보낼 때에도 '정치 성향을 드러내지 않았다'. "벅 대니를 한국에 보냈을 때, 그것은 정치 성향을 드러낸 것이라고 사람들이 나에게 주장했다. 이 일이 터진 이후 나는 청소년출판감시위원회의 감시대상이 됐고, 미제국주의자들에게 매수된 인종차별주의자로 분류됐다."[15]

벅 대니가 최초로 라틴아메리카 땅을 밟은 때는 1955년 '열정과 용기의 잡지'인 〈리스크-

투(Risque-tout, '무모한 사람'이란 뜻)〉에서였다. 여기서 벅 대니는 미국의 군산복합체의 이익을 지키기 위해 산볼리바르(San Bolivar)에 도착한다. 1962년과 1963년 사이 후안 보쉬(Juan Bosch) 대통령의 짧은 민주주의 과도시기가 진행되는 동안, 벅 대니는 생도밍그(Saint-Domingue, 도미니카 공화국) 영토에 몰래 숨은 '위성도둑들(동구 사람들)'을 추적한다.

도미니카 사람들이 적국의 고집 센 사람들로 간주되기 때문에 벅 대니는 국제관례를 무시한다. 벅 대니는 "이 얼간이들은 예전 독재자를 권좌에 다시 올려놓으려는 작전을 지원하기 위해, 또는 자기네 나라에 군사개입을 하기 위해 우리가 못된 핑계를 찾고 있다고 생각한다"라고 말했을 정도였다.

독자는 결국 좋은 대의를 위해 생도밍그의 주권침해에 동참하라고 요청받는다. 오늘날 누가 1965년 4월에 벌어진 미국의 군사개입을 기억하겠는가? '얼간이들'인 도미니카 사람들을 누가 기억하겠는가? 1963년 1월 3일자 주간지 〈스피루〉는 "플로리다 해협 양쪽에서 사람들이 개와 고양이처럼 서로 노려보고 있다"라고 확인해 주었다. 그 시절 쿠바에서는 사람들이, 벅 대니처럼 비행사였던 니카라과 사람 카를로스 우요아(Carlos Ulloa)를 기리기 위해 그를 만화로 그렸다. 그는 1961년 코숑(Cochons)만(灣) 상륙작전 때 쿠바 공군의 낡은 시퓨리(Sea Fury) 비행기를 조종했는데, 미군의 포탄에 맞아 추락했다.

벅 대니의 또 다른 라틴아메리카 모험들도 같은 모델로 해서, 그러나 상상의 국가들에서 이루어졌다. 1964년 벅 대니는 미사일위기를 리메이크한 작품에서, '이나구아(Inagua)'국(國) 독재자의 끔찍한 계획을 막아낸다. 이 독재자의 라틴아메리카 첩자들은 "자신들의 사주를 받는 민족주의 정당들의 지원을 받아, 폭동, 파업, 혁명을 연속적으로 일으키기 위한" 신호만을 기다리고 있었다.

1967년 체 게바라가 볼리비아 계곡에서 사망했을 때, 벅 대니는 '파나마운하 방어를 목표로 한' 해공군 작전에 참여한 이후에 만테구아(Mantegua) 혁명을 저지한다[〈원자폭탄 경고. 사자(死者)의 전투비행중대〉].

같은 장르에서 경쟁주간지 〈탱탱〉은 1964년 CIA 요원인 지미 스톤(Jimmy Stone)을 탄생시켰다. '한국전쟁에 6개월 참여하고 부상을 입어 소환당함. 사이공 북부의 베트콩 특공대 위로 4번 낙하하고 두 번째 부상을 당한 후 메달을 수상함'이 그의 이력서다.

지미 스톤은 〈음모대책〉에서 과테말라에서 임무를 수행하면서 수많은 중앙아메리카 하부 조직을 가진 중국-북한의 거대한 음모를 좌절시킨다. 신문은 "미스터리와 서스펜스가 넘치는 새로운 장르의 이미지로 구성된 이야기"라고 보도했다. 무슨 서스펜스란 말인가! 벨리즈(Belize, 멕시코 남쪽의 입헌군주국)는 바로 "난투극이나 심지어 폭동으로 변질되는 설명되지 않는 시위의 극장"일 뿐이다. 혁명은 알카사르의 혁명과 전혀 닮지 않았다. 헤르츠파에 통일되었지만 강대국들에 의해 분단된 세상에서, 아동문학도 만화에서 자신의 진영을 선택했다. 그런데 만화의 사기를 진작시켜줘야 하는가?

"확실히 그렇다. 경멸하고 혐오해야 할 것도 그리고 분노해야 할 것도 있었다. 그러나 그것 때문에 웃을 거리도 있었다"라고 시아시아(Sciascia)의 한 영웅이 말했다.[16] 그리고 몇 년 후 1968년 5월과 더불어 또 다른 라틴아메리카가 만화에 등장했다. 휴고 프랫(Hugo Pratt), 비달(Vidal)/클라베(Clavé)의 만화들처럼 사회문제가 무수히 다루어졌다.

샤를리에는 〈필로트〉가 '과도하게 정치화된 것'에 탄식한다. 예전 세대 작가들은 자기 자신들이 아닌 다른 사람들이 되어보려고 새로운 장르를 시도했었다. 그런데 티이유(Tillieux)가 볼 때, 그 작가들이 '바보 같은 짓들'[17]을 하기 시작한 것이다. 그리하여 최고의 작가들마저도 자신들을 성공시켜주었던 마술적 재능을 갑자기 잃어버렸다. 투파마로스(Tupamaros, 우루과이 도시게릴라 이름)와 드브레 사건(Debray가 1967년 볼리비아에서 체포되어 30년 형을 받아 수감된 사건)에서 영감을 받아 〈탱탱과 피카로스(Picaros)〉를 쓴 에르제가 그렇다. 여기서 탱탱은 더 이상 에르제의 희미한 그림자가 아니다.

"그렇다. 나는 에르제의 상투적이고 진부한 말들을 아주 좋아했었다. 그것은 아주 근사했다. 그런 말들 속에 삶이 있었기 때문이다. 사람들이 결코 겪어보지 못할 어떤 일을 경험해보려는 욕망은 이제 장식을 위해 사라진다"라고 티이유가 설명했다.

본질적이었던 것, 지제(Jijé)가 '어린 시절의 선물'이라고 불렀던 것 역시 사라진다.

글 · 필리프 비들리에 Philippe Videlier

1 앙드레 브르통, '멕시코에 대한 회상', 〈미노토르(Minotaure)〉, 12~13호, 파리, 1939년 5월.
2 1947년의 루이 파우웰스(Louis Pauwels), 자크 사둘(Jacques Sadoul)에 의해 인용됨, 〈만화 파노라마〉, 제뤼, 파리, 1976년. 파우웰스의 잡지 〈지구〉에 1967년 만화 컬렉션이 발표됐다는 사실을 지적해야 한다.
3 장 브뤼노 르나르(Jean Bruno Renard), 〈만화태그〉, 세게르, 파리, 1978년. 필로트(Pilote), 〈신문의 방명록〉, 다르고, 파리, 1980년.
4 〈슈트럼프(Schtroumpf) - 만화연구지〉 3,4호, 그르노블, 1977년.
5 미국에서 알코올 판매가 금지됐던 시절(1919~1933)에 미국을 가리키는 표현.
6 표시된 연도는 해당 잡지의 초판 연도임.
7 마르틴 루이스 구스만(Martin Luis Guzman), 〈판초비야와 함께〉, 그라세트, 파리, 1930년.
8 〈탱탱〉, 시리즈 외 별책 11호의 2, 파리, 1983년.
9 〈르몽드 디플로마티크〉 프랑스어판, 1985년 10월.
10 수수께끼 인물인 촉(Choc)씨가 지배하는 국제마피아 조직 '멩 블랑쉬'를 티프와 통뒤가 박살낸다.
11 〈르몽드〉, 1978년 4월 18일.
12 롤랑 바르트, 『신화』, 쇠이유, 파리, 1970년.
13 〈신비평〉, 32호, 파리, 1952년 3월.
14 누마 사둘(Numa Sadoul), 〈그리고 프랑켕이 라가프(Lagaffe)를 창조했다〉, 디스트리BD, 브뤼셀, 1986년.
15 〈슈트럼프-만화연구지〉, 37호, 1978년.
16 레오나르도 시아시아(Leonardo Sciascia), 〈상황〉, 폴리오, 파리, 1978.
17 〈슈트럼프-만화연구지〉, 34호, 1977년.

뉴욕 유력 신문사들이 벌였던 '만화 전쟁'

필리프 비들리에 Philippe Videlier

역사가, 프랑스국립과학연구소(CNRS) 연구원. 저서로 『신세계 선포(La Proclamation du nouveau monde)』(파롤 도브, 베니시외, 1995년)와 『시네폴리스(Cinépolis)』(라 파스튀 방, 주누이외, 2003년) 등이 있다.

20세기 초 미국에서는 거물급 언론매체 사이에 독자를 확보하기 위한 치열한 '신문 전쟁'이 벌어졌다. 여기에서 '그래픽 문학' 또는 만화가 탄생하며 아이와 어른들을 오랫동안 즐겁게 해 줄 인물들이 탄생했다.

1896년 미국 뉴욕의 주요 신문인 〈선데이 월드〉에 잠옷처럼 생긴 긴 노란색 셔츠 차림에 귀가 둥글고 키가 큰 어린아이가 등장했다. 도시 외곽 지역에 사는 이 아이의 노란 셔츠에는 래퍼들이나 내뱉을 만한 속어로 그때그때 아이의 생각이 적혀 있었다. 레몬을 연상시키는 색깔은 우연히 탄생한 듯했다.

대중은 곧 이 만화 속 인물에 열광했고, 이 아이는 '노란 꼬마(Yellow kid)'라는 별명으로 유명해졌다. 어떻게 보면 중국 아이처럼 보일 수도 있었지만, 원작자가 처음 그려낸 이 노란 꼬마는 당시 미국의 대도시 뉴욕의 빈민가에 넘쳐나던 수많은 아이들과 마찬가지로 아일랜드인이었다.

작가가 일요신문 만화 속에 담아낸 거리는 '호건의 골목길(Hogan's Alley)'로 불렸다. 가을이 되면서 노란 옷의 아이는 한 컷으로 등장하는 게 아니라 여러 컷의 연속화면으로 변하게 됐다. 곧 만화가 탄생하게 된 것이다.

미국만화가연합회(National Cartoonist Society)의 데이비드 파스칼이 스위스 그래픽아트 잡지에서 '본질적으로 미국적'이라고 규정했던 이런 현상이 생겨나기 위해선 '혁신과 신화'가 절묘하게 결합되어야 했다.

"위대한 세기가 완성됐다. 혼란의 20세기는 멸망 직전의 발명품들을 주워 모아 신세계에 옮겨 심었다. 그곳에는 새로운 모든 것에 호의적이던 자본, 실용주의, 야망으로 가득한 개인주의 등 그 모든 것들로 말미암아 새로 옮겨진 것들이 열매를 맺게 될 분위기가 형성되어 있었다."[1]

당시 뉴욕에서는 비정한 세계에서 힘을 갖기 위한 부자들의 경쟁이 맹위를 떨치고 있었다. 작가 하워드 필립 러브크래프트는 이 거대한 도시의 중심을 "사악한 위엄의 기라성"이라고 묘사했다.

뉴욕에서는 오손 웰스 감독의 영화 〈시민 케인〉 모델이 된 윌리엄 랜돌프 허스트가, 헝가리 이주민인 조셉 퓰리처(이후 권위 있는 저널리즘 상의 이름이 된다), 제임스 고든 베네트(이후 자동차 경주의 이름이 된다)와 함께, 사람들의 마음을 얻기 위해 경쟁하고 있었다. 작가 존 도스 패소스는 현대 미국의 연대기라 할 수 있는 그의 소설 『빅 머니』의 한 장(章)을 언론계의 거물 허스트에게 할애하면서, 운 좋게 캘리포니아 금광을 찾아낸 탐광자의 아들로 뉴욕에 와서 출판제국을 건설한 "너무나도 부유하지만 불쌍한 아이"라고 표현했다. 아버지가 물려준 애너콘다(Anaconda Co)의 돈으로 그는 〈모닝 저널〉을 사들였다. "그리고 대중의 감정을 겨냥해 누가 돈을 더 많이 벌어들이는지 알아보려고 퓰리처와 경주를 시작했다."[2]

만화가 먼저 이 열띤 경쟁의 무기가 됐다. 한 선전 플래카드에는 "웃고 싶습니까? 정보를 얻고 싶습니까? 놀라고 싶습니까? 최신 소식을 알고 싶으십니까? 그러면 비교할 수 없을 만큼 새로운 편집 형식에 8페이지짜리 화려한 만화부록이 들어있는 〈선데이 월드〉를 읽으십시오."라는 문구가 적혀 있었다.

허스트는 퓰리처의 〈월드〉를 위해서 '노란 꼬마'를 만든 리처드 펠튼 아웃콜트를 엄청난 금액에 스카우트했다. 긴 앞니를 가진 새 인물은 이렇게 말했다. "기억하세요. 다음 주 일요일, 우리의 신문 〈저널〉에 주간만화가 등장합니다. 8페이지짜리 채색만화입니다. 4페이지는 컬러, 나머지 4페이지는 흑백이지만 총 8페이지입니다. 무지개처럼 아름다운 천연색입니다."(3)

◀ 〈Alpha & omega〉, 2022 - 강혜정

그러나 허스트의 관행에 실망한 아웃콜트는 이후 베네트의 〈헤럴드〉로 옮겨가 〈푸어 릴 모스(Pore Li'l Mose)〉에 등장하는 흑인 어린아이 캐릭터를 만들어내고, 나중에는 유명한 '버스터 브라운(Buster Brown)'을 만들었다.

브로드웨이 뮤지컬로 상영된 만화 〈리틀 네모〉

일요판 신문 시장의 패권을 장악하기 위해 허스트는 독일 슐레스비히홀슈타인주(州) 출신으로 시카고에 정착한 만화가 루돌프 덕스에게 도움을 청했다. 덕스는 1865년 독일에서 빌헬름 부슈가 펴낸 그림동화 〈막스와 모리츠〉를 모델로 유쾌한 악동 커플을 만들어낼 생각을 했다. 그는 자신이 만들어 낸 인물들에 '카젠야머네 아이들(The Katzenjammer Kids)'라는 독일 느낌의 이름을 붙였다. 각각 금발과 갈색 머리인 한스와 프리츠는 역시 같은 만화에 등장하는 엄마, 선장, 선생님과 함께 전 세계의 어린이들을 즐겁게 해주었다.

덕스의 만화는 1897년 12월 12일에 허스트의 〈뉴욕 저널〉에 처음 등장했다. 그 만화들이 프랑스에 도입되면서는 〈꼬마 샤페르셰의 장난〉, 〈꼬끼오 선장〉, 〈푸슈트로프 선장〉, 그리고 가장 유명한 〈핌팜품(Pim Pam Poum)〉 등 여러 다른 제목이 붙었다. 베네트의 〈헤럴드〉는 당시 노동자 주급의 6배에 달하는 주급 60달러에 오하이오 출신의 일러스트레이터 윈저 맥케이를 고용했다.

"이 나라에서 당신의 재능에 가장 잘 어울리는 뉴욕이라는 도시와 신문에 관심이 있다면, 당신이 작업한 몇 가지 샘플을 서신으로 보내주시기 바랍니다."[4] 당시에는 이런 식으로 계약이 진행됐다. 맥케이는 폭식증을 보이는 소녀 '헝그리 헨리에타(Hungry Henrietta)', 폭풍이 불 듯 재채기를 하는 '리틀 새미 스니즈(Little Sammy Sneeze)' 같은 어린이 캐릭터에 애착을 가지고 있었다.

그러나 무엇보다도 멕케이는 1905년에 아르누보 스타일로 놀라운 세계 〈슬럼버랜드의 리틀 네모(Little Nemo in Slumberland)〉를 만들어냈다. 이듬해 〈리틀 네모〉는 7개 국어로 번역됐다. 아웃콜트와 마찬가지로 맥케이는 주급 500달러를 받고 연극계로 진출했다. 〈리틀 네모〉는 브로드웨이 뮤지컬로 상연됐고 보스톤, 피츠버그, 시카고 등지에서도 공연됐다. 맥케이는 부자가 됐고, 저택을 사들였으며, 운전기사 경호원을 고용했고, 자신의 소중한 창작도구인 손과 눈에 엄청난 액수의 보험을 들었다.

〈멋진 꿈나라의 리틀 네모〉, 연재만화 시리즈 길 열어

성공과 경쟁을 위해서, 대중의 취향과 독자 확보를 위해서 기상천외한 자리바꿈과 이동이 이루어졌다. 작가와 신문 소유주는 세상을 떠들썩하게 만드는 소송을 벌이며 소유권과 캐릭터 사용권을 두고 싸웠다. 작가는 제목이 변경되더라도 자기가 만들어낸 캐릭터들의 모험을 계속해서 그릴 수 있는 권리를 얻어냈다. 그리고 신문 소유주에 대해서는 원래의 만화 제목으로 다른 만화가가 계속 시리즈를 그려나갈 수 있는 가능성이 열렸다.

결국 맥케이는 허스트를 위해서 〈멋진 꿈나라의 리틀 네모(Little Nemo in the Land of Wonderful Dream)〉를 그리게 됐고, 덕스는 퓰리처를 위해서 〈선장과 아이들(The Captain and the Kids)〉을 그리게 됐다. 허스트가 소유권을 가진 〈카젠야머네 아이들〉은 독일 출신 이주민의 아들인 해럴드 H. 크너가 맡게 됐다. 그리고 약 70여 년 동안 같은 인물들이 등장하는 두 시리즈가 나란히 계속됐다.

미국에서 지적재산권을 규제하는 카피라이트는 저작물을 이용하는 사람에 유리하게 저작자의 권리를 축소하고 있었다. 전 세계적으로, 신문 판매부수를 엄청나게 늘려 준 그래픽 작품들은 협회가 관리했다. 허스트의 주도로 1912년 창설된 최초의 협회 인터내셔널 뉴스서비스(INS)는 이후 킹 피쳐스 협회(King Features Syndicate)로 이름이 바뀌었다. 그 뒤를 이어 1919년에 '캡틴' 조셉 M. 패터슨이 창설한 시카고 트리뷴 & 뉴욕 뉴스 협회(CTNYNS), 그리고 〈월드〉, 벨 맥클루(Bell-McClure), 메트로폴리탄 뉴스페이퍼 서비스가 통합된 유나이티드 피쳐스 협회(UFS) 등이 있었다.

맥케이가 베네트의 신문을 그만둘 생각을 하고 있던 즈음인 1910년 5월 1일부터 연재한 〈화성의 리틀 네모〉에서의 상징적 여행에는 힘 있는 사업가들에 대한 그의 생각이 드러났다. 어린 몽상가는 사람들이 들이마시는 공기와 발음하는 단어까지 구입해야 하는 세계를 발견한다.

한 화성인은 "그래, 부자들은 연설을 할 수 있지. 가난한 사람들은 그저 침묵할 뿐이야"라고 말하고, 동시에 몇 마디 말로 '화성의 위대한 주인'인 G. 고슈라는 엄청난 부자가 소유한 부의 비밀과 아메리칸드림이라는 만능열쇠를 알려준다. "모든 게 그의 소유야. 8천 년 전에는 그도 가난한 소년이었을 뿐이었는데….", "늙은 고슈가 도둑놈이라는 걸 너희들도 모르진 않겠지…. 그렇지 않다면 그가 여기서 모든 걸 소유하지 못할 거야."

1920년대 불황기에 등장한 인기 만화 〈타잔〉

미국에서 만화는 '코믹' 또는 '퍼니(funnies)'로 불린다. 순전히 흥미 위주로 만들어졌기 때문이다. 1924년에 캔자스주와 미주리주에서 진행된 조사에 따르면, 만화가 미국 도시 청소년들의 첫째가는 오락거리로 나타났다. 하지만 대중을 위해서 만들어진 만화는 미국에 거울을 들이댔고, 필요한 경우 사회적 비판도 잊지 않았다.

노란 꼬마는 빈민굴에 사는 아일랜드 어린이였고, 캐치(카젠야머네 아이들)는 독일 출신임을 드러내는 억양을 가지고 있었으며, 조지 맥매너스의 〈브링 업 파더(Bring Up Father)〉 주인공들은 아일랜드 출신의 벽돌공과 복권에 당첨돼 부자가 된 세탁부 가족이었다. 세탁부였던 아내는 오로지 사교계에 들어갈 생각만 하고, 남편은 카페에서 예전 동료들과 카드게임을 원하는 사람이다.

일요판 신문이 아닌 일간지에 등장한 최초의 만화 〈머트 앤 제프(Mutt and Jeff)〉는 1907년 샌프란시스코 〈크로니클(Chronicle)〉에 연재됐는데, 경마장에 자주 드나드는 인물과 예전에 정신병원에 입원했던 인물을 등장시켰다. 1920~30년대에는 '고아 리틀 애니(Little Orphan

Annie)', '리틀 애니 루니(Little Annie Rooney)', '떠돌이 피트(Pete the Tramp)' 등 고아나 부랑자 캐릭터가 대중의 인기를 얻었다. 그럼에도, 가난과 세계의 불행을 보여주는 것이 반드시 저항의 동의어만은 아니라는 사실은 '샤를로(Charlot)'(찰리 채플린이 연기한 캐릭터-역주)를 통해서도, 또 '포파이(Popeye)'의 작가 E.C. 세거가 이미지로 보여주었던 세계에서도 알 수 있다.

▲ 만화 〈비밀요원 X-9〉 DVD판 표지.

1920년대 말 극심한 불경기를 맞으며 만화는 근본적으로 변화한다. 그때까지 생각하지 못했던 공간에서 벌어지는 모험 이야기, 즉 별나라 탐험, 이국적인 나라, 탐정물 등으로 전개되면서 일상적인 것에서 멀어지게 된다. 에드거 라이스 버로스의 소설을 만화로 각색한 할 포스터의 〈타잔〉과, 레이 브래드버리의 유년시절의 친구로서 혹성여행 로켓과 광선총을 가진 〈25세기의 벅 로저스〉가 1929년 1월 같은 날 출간됐다.

알 카포네의 도시 시카고에서는 1931년 체스터 굴드가 정의감에 불타는 형사 딕 트레이시를 탄생시켰다. 이 시리즈가 얼마나 대단한 성공을 거두었던지 허스트는 대응책을 마련할 수밖에 없었다. 그는 〈몰타의 매(Maltese Falcon)〉의 작가이자 샘 스페이드라는 형사 캐릭터를 만들어낸 가장 훌륭한 탐정소설작가 대실 해밋에게 도움을 청했다.

광고의 덕을 톡톡히 보며 연재만화 〈비밀요원 X-9〉가 미국 시장에 나왔다. "이토록 강렬하고 조마조마한 서스펜스, 그리고 새롭고 위대한 연재만화의 감동을 만들어낼 수 있는 사람은 대실 해밋밖에 없다." 〈비밀요원 X-9〉으로 해밋은 미 연방수사국(FBI)의 조사를 받게 된다. FBI는 존경할 만한 경찰제도가 만화에 등장하는 것을 우려했던 것이다. 연방수사국은 샌프란시스코 지부에 해밋에 대한 보고서를 제출하도록 명령했다. 보고서는 다음과 같은 결론으로 끝을 맺는다.

"수집한 정보들에 따르면 해밋은 자신의 전문분야에서 아주 자리를 잘 잡았다. 이 지역 기자들은 그를 잘 알고 있고, 그들의 말을 빌리면, 해밋은 이 탐정 이야기로 많은 돈을 벌어들였다고 한다."[5] 정보를 제공한 한 여성은 해밋의 고용주가 어쩌면 '빨갱이'일 수도 있다고 귀띔했다고 한다.

〈비밀요원 X-9〉은 1934년 1월 22일에 처음 출간됐다. 선발대회를 거쳐 선발된 만화가는 알렉스 레이먼드였다. 다작 작가였던 그는 〈타잔〉에 대응해 〈정글 짐〉을 제작했고, 세계 종말과 함께 시작되는 〈플래시 고든(Flash Gordon)〉으로 〈벅 로저스〉에 웅대한 도전장을 내밀었다. 같은 해 프랑스에서는 폴 윙클러가 KFS를 모델로 삼아 오페라 문디 대행사를 세우고, 청소년을 위한 새로운 형태의 만화잡지 〈주르날 드 미키(Journal de Mickey)〉를 창간했다.

'청소년 주간지' 〈주르날 드 미키〉는 월트디즈니의 동물캐릭터 외에도 〈정글 짐〉, 〈리틀 애니〉, 〈핌팜폼〉(〈프티 파리지엥〉의 부록으로 1911년 최초로 프랑스에 등장), 포스터의 〈용감한 왕자(Prince Valiant)〉, 그리고 수많은 다른 캐릭터들을 소개했다. 이후 4년 동안, 약 15개의 유사한 정기간행물들이 탄생하며 성공을 거듭했다.

윙클러(Winkler), 에디시옹 몽디알(Editions Mondiales), 리브레리 모데른(Libraire Moderne), 잡지 〈레파탕(L'Epatant)〉과 함께, 1908년부터는 그 유명한 〈니켈로 도금된 발들(Pieds Nickelés)〉을 출간한 오펜스타트(Offenstadt) 출판그룹이 만화잡지를 정기 간행했다. '모든 연령층의 청소년 주간지' 〈로빈슨〉, '현대 청소년 주간지' 〈오프라(Hop-là)〉, '모든 청소년을 위한 모험 주간지' 〈만세(Hurra)!〉, '청소년과 가족을 위한 만화잡지' 〈에이스(L'As)〉, 〈모험가(L'Aventureux)〉, 〈점보(Jumbo)〉, 〈주니어〉 등의 잡지는 경쟁을 했다.

곧 〈디망슈 일뤼스트레(Dimanche illustré)(1925)에서 '지그와 퓌스(Zig et Puce)'가 거둔 성공, 〈프티 일뤼스트레(Petit illustré)〉(1924)에서 '비비 프리코탱(Bibi Fricotin)'이 거둔 성공을 얻기 위해, 그리고 〈소련의 탱탱〉, 〈콩고의 탱탱〉, 〈미국의 탱탱〉의 모험에 열광하는 대중의 인기를 얻기 위해 경쟁한 것이다. 1930년부터는 가톨릭 저널 〈용감한 마음(Coeurs vaillants)〉이 대중의 인기를 한 몸에 받았다.

주간지 〈로빈슨〉은 프랑스 인민전선이 총선에서 승리를 거둔 1936년 4월 26일 일요일에 출간됐다. 몽고행성으로 가는 유명한 우주로켓이 출발하면서 지구 종말이 임박했음을 알리는 〈플래시 고든〉의 프랑스 이름인 〈번개 기(Guy l'Eclair)〉가 표지를 장식했다. 영어 이름을 사용하든 프랑스 이름으로 바꾸든 간에 대서양 저편에서 수입된 주인공들은 청소년들에게 즐거움을 선사했다.

브릭 브래드포드(Brick Bradford)는 뤽 브라드페르(Luc Bradefer)로, 포파이는 마튀랭(Mathurin)으로, 론 레인저(Lone Ranger)는 가면의 기사(Le Cavalier masqué)로, 테리와 해적들은 프랑수아의 모험으로, 팀 타일러스 럭(Tim Tyler's Luck)은 경솔한 리샤르(Richard le Téméraire) 또는 라울과 가스통으로 이름을 바꾸었다.

드골 장군, "나의 유일한 진짜 경쟁자는 〈탱탱〉"

1938년에 〈주르날 드 미키〉는 40만 부, 〈로빈슨〉은 45만 부, 〈만세!〉는 25만 부를 각각 발행했다. 모든 사람들이 이러한 성공을 기뻐한 건 아니다.

"1936년 10월에 인민전선이 후원하는 행정구역에서 진행된 여론조사를 보면 많은 반파시스트 청소년들이 〈만세!〉를 보고 있었다. 1938년 1월에 파리의 반(半)서민지구 학교에서 진행된 또 다른 여론조사를 보면 아이들이 보는 잡지 중에서 〈만세!〉가 1위를 차지했는데 그 아이들 부모의 반 이상이 반파시스트 신문을 보는 것으로 나타났다."[6]

공산주의 작가 조르주 사둘은 이런 사실을 확인하며 "〈만세!〉에서 단 한 줄이라도 외국에서 가져온 것이 아닌 것이 있다면 그것은 출판사와 관리자의 이름뿐"이라면서 청소년 잡지가 '프랑스적'이 아니라고 신랄하게 비난했다. 그것이 그 시대의 상황이었다.

그렇지만 공산당은 전후에 '가장 매혹적인 잡지'인 〈바이양(Vaillant)〉을 성공적으로 창간했는데, 그 화풍은 프랑스-벨기에 잡지인 〈스피루〉와 〈탱탱〉보다 훨씬 더 미국식 모델에서 영감을 얻은 것이었다.

프랑스에서는 이탈리아의 반(反)파시스트 이주자들이 청소년 잡지 출판에 큰 역할을 했다. 키노 델 두카와 에디시옹 몽디알, 에토레 카로초의 리브레리 모데른은 망명자(때로는 신분증조차 없는 불법 망명자)들의 피난처가 됐다.

나중에 영화인으로 명성을 얻은 페데리코 펠리니는 당시 젊은 기자로 일하고 있었는데, 이탈리아 파시즘에 동조한 이유로 블랙리스트에 오른 알렉스 레몽이라는 만화작가를 대신해달라는 출판사 측의 요청으로 만화작가가 됐고, 〈플래시 고든〉의 에피소드를 마치게 된다.

펠리니는 "마법사 만드라케, 정글 짐, 벵골의 유령, 몽고 행성의 번개 기"가 있었다고 당시를 회상했다. "네르비니는 상당히 어려움을 겪고 있었다. 시작한 지 얼마 되지 않은 몇몇 에피소드에 대한 독자들의 호기심은 폭발 일보 직전이었다. 그대로 내버려 둘 수 없는 상황에서, 출판사의 만화가들이 에피소드를 이어갈 임무를 맡게 됐다. 당시 〈번개 기〉의 만화를 그린 사람은 지오브 토피라는 사람이었고, 그 시나리오를 쓴 사람은 바로 나였다. 나는 이 시리즈에 정말 흥미를 느끼고 있어 거기에 에피소드를 덧붙이고 싶었다. 결국 이탈리아에서 출간된 〈번개 기〉의 마지막 모험은 전부 내가 시나리오를 썼다."[7]

비슷한 이유로 〈블레이크와 모르티메르(Blake et Mortimer)〉의 작가 에드가 P. 제이콥스는 벨기에가 독일에 점령돼 있는 동안 〈용감한 (플래시) 고든〉의 에피소드를 완성했고, 곧이어 그의 첫 번째 작품 〈U 광선(Le Rayon U)〉을 만들었다. 모험은 계속됐다. 에르제가 창조해낸 용감한 어린이 탐방기자 탱탱(Tintin)은 전 세계에서 1억 5천만 부가 팔리며 정상에 올랐다. 드골 장군이 앙드레 말로에게 "세계에서 나의 유일한 진짜 경쟁자는 탱탱"(8)이라고 털어놓았을 정도였다.

영광의 시대, 대규모 대중저널과 저렴한 만화잡지의 시대는 지나갔다. 구텐베르크 은하계 이래 이미지의 세계는 전파와 스크린으로 자리를 옮겼다. 그렇지만 '활자인'이 완전히 사라진 것은 아니다. 윤전기와 매스커뮤니케이션 시대에 노란색 긴 셔츠를 입은 도시 외곽의 꼬마를 중심으로 서사예술이 탄생한 지 100년이 지난 지금, 이 지구상의 모든 기성세대들은 만화에 대한 추억을, 어른들의 세상과는 달리 언제나 선이 승리하는 이야기를 그들의 기억 한구석에 간직하고 있다.

글 · 필리프 비들리에 Philippe Videlier

1 다비드 파스칼, '코믹스, 미국식 표현주의', 〈그래픽스〉 160호, 취리히, 1972년, p.81.
2 존 도스 패소스, 『빅 머니(La Grosse Galette)』, 포슈, 파리, 1971, 2권, p.301.
3 리처드 마샬, 『위대한 미국 만화가』, Abbeville Press, 뉴욕, 1989년, p.24.
4 같은 책, p.29.
5 그로엔스테, 〈윈저 멕케이 나라의 리틀 네모〉, 툴루즈, 1990, p.14.
6 디안 존슨, 『대실 해밋. 생애』, 갈리마르, 파리, 1992, p.205.
7 조르주 사둘, 『당신의 아이들이 읽는 것』, 뷔로 데디시옹, 파리, 1938, p.31.
8 프랑시스 라카생, 『제9의 예술, 만화를 위하여』, 슬라트킨, 제네바, 1982, p.452.
9 앙드레 말로, 『우리가 쓰러트리는 떡갈나무』, 갈리마르, 파리, 1971, p.52.

대중을 열광케 한 『파리의 미스터리』

에블린 피에에 Evelyne Pieiller

〈르몽드 디플로마티크〉 프랑스어판 기자. 문학과 음악 비평가.
저서로는 『대극장(Le Grand Théâtre)』(2000), 『반역자들의 예언(L'almanach des contrariés)』(2002), 『청춘을 위한 록의 역사(Une histoire du rock pour les ados)』(Edgard Garcia 공저, 2013) 등이 있다.

'대중'에 대해서 말하는 현대 작가들은 거의 없다. 하층의 사람들을 그려내어 사회를 깜짝 놀라게 했던 『파리의 미스터리』와 같은 소설의 시대는 아닌 것 같다. 그렇지만 그런 소설이야말로 대중과 작가와의 만남을 통해서 그토록 경쾌하게 시대를 관철해 온 작품들인 것이다.

우리의 문학 유산에서 이론의 여지가 없는 대중적인 작품을 자발적으로 언급한다면, 우선 빅토르 위고의 『레 미제라블』을 떠올릴 것이다. 한 시대를 풍미했으며 또 그 시대를 뛰어넘어 성공을 거둔 작품이다. 저명한 소설가 플로베르가 "이견이 있을 수 있나?"라고 빈정거릴 정도였다.

『파리의 미스터리』, 사회적 신분으로 선악 구별 짓지 않아

분명 그렇다. 이 이야기는 하나의 국가적 전설이 됐으며, 특히 외국인에게는 프랑스 자체를 대변하는 것으로 인지된다는 점 말고도 매우 매력적이며 어쩌면 충격적인 현상이 자리 잡고 있다. 도대체 무엇이 관건이며 또 무엇이 여전히 의미가 있기에 프랑스 민속 문화의 한 부분이 될 정도인가? 『레 미제라블』에서 펼쳐지는 것, 곧 이 작품을 하나의 대표적 유형으로 만든 것을 이해하기 위해서는 먼저 그 위대한 선구자라 할 수 있는 『파리의 미스터리』(이하 『미스터리』)가 있다.[1] 연재소설이라는 하나의 장르를 개척했을 뿐 아니라 '사회문제'라는 하나의 주제를 설정한 작품이기 때문이다.

〈Superstar〉, 2022 - 강혜정 ▶

『미스터리』가 1842년 6월 19일부터 1843년 10월 15일까지 〈데바〉지에 연재됐을 때는 이미 '연재소설'이라는 장르가 "다음 호에 계속됨"이라는 상투어로 유행할 만큼 자리 잡고 있었다. 그런데 바로 이 『미스터리』와 더불어 연재소설이 그야말로 왕의 위상에 올랐다. 작가 테오필 고티에가 기록했듯이 "병자들도 『미스터리』의 다음 호를 보기 위해서 죽음도 미룰 정도였다"고 했다. 이건 심취 정도가 아니라 열정이었다.

이 소설의 구조는 기상천외하고 파란만장하다. 그 섬세함 앞에서 심리적 분석을 들먹이면서 잡담을 늘어놓을 여지가 없을 정도이다. 그러나 그것이 중요한 건 아니다. 정작 본질적인 것은 진정한 주인공은 전혀 예기치 않았던 사람이었으며, 그가 또 당시의 지배적인 가치를 문제시하고 있었다는 점이다.

주인공은 사실 사회적 최하층인 대중과 바로 그들의 왕국이었다. 평판이 좋지 않은 불량배들이 자주 모이는 센 강변과 어두운 소굴의 파리가 무대였다. 이들 가운데 절반쯤은 이방인들로 서로 매우 친숙했다. 프랑스어를 할 줄 알지만 이해하기 힘든 은어를 사용했다. 부르주아들과 같은 도시에 살고 같은 곳을 드나들었지만 주로 밤에 활동했다. 여기에서 첫 번째 동요가 발생했다. 하층민 불량배들이 전면에 등장해 한 사회적 계층으로 나타난 것이다. 계층 간의 구별은 기대했던 바대로가 아니었다. 오히려 그 이상이었다. 『미스터리』는 사회적 위계를 따져 선한 자와 악한 자들을 구별하지 않았다.

프랑스 대중, 으젠느 수에서 자신의 대변자를 발견

하층민 가운데에도 관대한 의인이 있었고, 유명 인사들 중에도 끔찍한 인물이 있었다. 작가인 으젠느 수는 사회적인 관계를 기계적으로 뒤집지는 않았다. 그는 사람이 가난하면 미덕을 간직하기가 어렵고, 부자일 때는 악을 감추기가 상대적으로 쉽다는 것을 강조하는 것으로 만족했다. 장-루이 보리의 말에 의하면, '멋쟁이 사회주의자' 으젠느 수는 생생한 표현이나 눈물을 자아내는 표현에도 인색하지 않았다.

그럼에도, 이 책이 대성공을 거둔 이유는 대귀족의 딸이면서도 창녀인 플레르 드 마리의 가녀린 모습 때문이라기보다는 "힘 있는 자"들의 거짓과 범죄를 밝혀내고, 고귀하거나 미천하거나 간에 "비열한 자"들도 고귀한 인간성을 회복하면 속죄받을 권리가 있다는 확고한 신념, 악당들의 이국적이면서도 대중적인 말투와 가난하지만 정직한 자들의 개방적인 말투를 풍부하게 사용한 활력 있는 문체에 기인했다.

가령, 피플레 부부가 구체적으로 구상화한 '대중'은 아무리 고달파도 '수다쟁이'라는 표현을 달고 다니는데, 삐딱하지만 분명 놀라운 달변가로서의 천재성을 여실히 보여주는 예가 된다. 그러나 『미스터리』의 성공을 단순히 투사들의 박애주의나 도둑집단에 대한 자료 정도로 축소 해석할 수는 없다.

이 책의 매력은 아마도 공식적인 것과 불법적인 것, 상류사회와 하류사회가 뒤섞인 것에 있을 것이다. 말하자면 마침내 대중도 자신을 대변할 입을 찾은 것이다.

이로부터 20년 후 위고는 『레 미제라블』을 완성했다. 장편소설이 찬양되기 시작한 것이다. 게다가 위고는 『레 미제라블』에서 『미스터리』를 칭송한 바 있고 스스로가 으젠느 수의 접근방식을 토대로 자신의 작품에서 표현하게 된다. 수에게서는 '합법적인' 노동의 세계가 무엇보다 장인들에 의해서 드러나는데, 미래에는 부자들이 선한 사람이 될 때 그 세계를 칭송할 것이다. 위고는 "사회적 문제"에 대한 분석을 훨씬 더 심도 있게 넓혀서 이를 역사적인 대사건들과 연결시켜 어떤 해결책을 모색하려 했다. 역시 위고는 대문호다웠다.

정치철학자 몽테스키외의 표현을 따른다면, 참으로 오랫동안 사람들은 "가난한 자는 가진 것이 없기 때문에 가난한 것이 아니라 일하지 않기 때문에 가난하다"고 생각했다. 이는 18세기적 개념 속에서 잉태된 흔적을 간직한 철학적 교훈으로서 19세기 초반까지 위력을 발휘한 관념이었다. 그런데 산업화의 산물인 "만성적 빈곤" 문제가 다가왔다. 루이 나폴레옹이 이를 끝장내자고 선동한 것은 1844년이었다. 근면한 자들의 불행이 도래한 것이다. 경악할 상황이었다.

산업혁명, 철도, 주식회사, 보험회사, 은행, 신용회사와 함께 찾아온 현대성에 대해 어떻게 생각해야 할까? 이른바 '진보'가 야기한 비극적인 궁핍을 어떻게 이해하고 어떻게 퇴치해야 할까? 1828년 당시 릴르 시에서는 총 8만 명의 시민 중 2만 명이 빈곤층이었다. 엄마, 아빠, 아이들이 모두 함께 하루 13시간에서 15시간 동안 섬유공장에서 일했다. 어린 아이 중 3/4은 성인이 되지 못하고 죽었다.

〈데바〉의 통곡, "야만인은… 큰 공장 안에 살고 있는 자"

대규모 공장의 노동자에게는 당시의 철학자인 앙즈 궤펭이 말한 대로, "산다는 것은 곧 죽지 않는다는 것"이었다. 파업은 금지됐다. 당국이 노동자들을 통제하는 강력한 수단이던 노동자 장부는 의무적이었다. 유기되는 아이들의 숫자는 늘어났고, 유아 살해는 현기증이 날 만큼 증가했다. 가난한 자는 패덕한 자가 되고, 난폭자가 되고, 위험한 인물이 됐다. "사회를 위협하는 야만인은 더 이상 코카서스인들도 아니고, 티티르의 초원에 사는 이들도 아니다. 야만인들은 바로 우리가 살고 있는, 큰 공장이 있는 성 안에 살고 있는 자들이다"라고 1831년 〈데바〉지는 통곡했다. 이 〈데바〉지가 바로 『미스터리』를 연재한 잡지였다. 그렇다. 공화국이 발포 명령을 내렸던 1848년 6월 노동자 폭동처럼, 『레 미제라블』에서는 세 사람이 처형되는 폭동을 언급하는데, 1847년 일어난 뷔장세의 '기아 폭동'과 "자유롭게 일하면서 살거나 아니면 싸우다가 죽기"를 선택한 리옹시의 견직물 공작 직공들의 경우가 그렇다.

'야만인'들이 폭동을 일으킨 것이다. 그리고 야만인의 수가 너무 많아졌다. 바보가 되거나 절망해서 너무나 빨리 법을 벗어나 버렸다. 그들은 두려움을 안겨 주었다. 그러나 가진 자들이 휘두르는 공포에 '사회주의'의 대도약이 응답했다. 1834년 피에르 르루가 '사회주의'라는 표현을 언급한 것이다. 곧바로 이 단어는 일상의 언어로 자리 잡았다. 라므네, 생-시몽, 푸리에, 푸르동 등이 '사회적 정의'를 문제시했고, 로베스피에르, 마라, 바뵈프 등은 1848년 혁명의 전형이 됐다.

『레 미제라블』이 『미스터리』보다 더 대중적이 된 이유는 두 개의 소설 사이에 유사성이 많지만 위고에게서는 '사회적 정의'라는 주제가 역사적 대사건이라는 맥락 속에 분명하게 자리 잡고 있었기 때문이다. 이 사회적 정의가 성가대의 고독한 합창처럼 독특하고 집합적이고 구체적이며, 과거와 현재와 미래가 함께 있었기 때문이다. 그래서 그가 혁명이라 명명한 하나의 이상과 연결됐기 때문인 것이다.같은 도약이라는 맥락 속에서 '대중'이란, 라틴어로는 '서민'과 '인민'을 동시에 지칭한다. 그들이야말로 존엄성을 박탈당해 버려진 자들이다. 그런데 "존엄성"이란 이미 인간으로 존재하는 한 자명한 것이다. 바로 거기에 아름다움이 있다. '대중'이란 젊은이이고, 늙은이이며, 구시대의 혁명군이며, 초등학교의 어린 동료들이기도 했다.

『레 미제라블』, 빅토르 위고의 '사회적 정의' 연결

많은 이들이 1832년 바리케이드 위에서 죽어갔다. 그들은 스스로 대중이란 것을 알지도 못했지만, 그것은 고통받는 모든 이들을 지칭하는 말이었다. 왜냐하면 일부의 불행은 세계 전체를 고통스럽게 하기 때문이다. 역사라는 것은 모든 사람들, 특히 말없는 다수의 것이기 때문이다. 그렇기에 '대중'이란 군중도 아니고 다수의 무리도 아니고 모두가 특별하고 신비스러운 이야기를 간직한 수많은 개인과 인간성의 집합체인 것이다. '대중'이란 19세기를 만들었던 꿈과 환멸이 서로 교차하는 서사의 찬가이며 우스꽝스러운 농담이다. 우리는 모두 그 19세기의 후손일 뿐이다. 결론적으로, '대중'이란 여전히 가득 채워야 할 인간성 자체인 셈이다. 그 소설들이 거대하고 황폐하고 어둡다 할지라도 '대중의 것'이 되고, '대중의 것'으로 남는 것은 하나도 놀라운 일이 아니다. 그 속에서 대중이 역사의 의미이며, 그 역사로부터 작가의 상상력이 진실을 밝혀내기 때문이다.

글 · 에블린 피에예 Evelyne Pieiller

1 1842년 6월 19일부터 1843년 10월 15일까지 〈르 주르날 드 데바〉지에 연재된 으젠느 수(Eugène Sue)의 장편소설이다.

인기 요리법을 닮은 대중 연애소설

미셸 코키야 Michelle Coquillat

문학박사. 저서로 『남성의 시학(La Poétique du mâle)』(1982), 『그녀들은 누구인가?: 여성, 권력과 영향력(Qui sont-elles ? : les femmes, le pouvoir et l'influence)』(1983), 『사랑의 소설들(Romans d'amour)』(1988) 등이 있다.

수십 년 전부터 〈우리 둘(Nous deux)〉이라는 주간지와 통속적인 대중소설들이 수천만 명의 여성과 때로는 남성들까지 꿈꾸게 만들었다. 그렇긴 해도 아직은 확고한 장르로서 군림하지는 못한 감성적 연애소설은 대중과 더불어 변화를 거듭해왔다. 이런 작품들은 사회의 변화에 적응하고 성관계라든가, 커플 생활, 행복, 사랑과 같은 주제처럼, 독자들이 삶에 대해서 품는 의문에 응답하려고 노력해왔다. 그러나 이런 작품들이 제시하는 방법에 독자들이 쉽게 속아 넘어간다는 증거는 보이지 않는다.

프랑스의 대중소설 시장은 출판본부를 영국과 캐나다와 미국에 두고 있는 영국계 기업 할리퀸이 독점하다시피 하고 있다. 할리퀸의 발행 부수는 놀라울 정도다. 가장 대표적인 시리즈 『푸르름(Azur)』을 포함한 10개의 컬렉션이 프랑스에서만 매년 2,400만 부가 발행된다. 매달 45개에서 50여 개에 달하는 타이틀이 출판된다. 즉 하루에 하나 이상의 타이틀이 발행되고 있다는 이야기다. 이 출판 기업은, 대부분이 여성이며 거의 모두가 앵글로 색슨계인 700~800명의 작가들을 먹여 살리고 있다.

각각의 컬렉션은 고유한 의미를 암시하고 있다. 예컨대, 가장 인기가 있는 『푸르름(Azur)』이라는 컬렉션은 사회적 사실주의를 포기하고 시대착오적인 열정을 깊이 있게 탐색하고 있다. 심지어는 제목에서까지 이 같은 경향을 굳이 감추려 하지 않는다. 『미녀와 모험가(La Belle et l'Aventurier)』라든가 『천국의 연인들(Les Amants du paradis)』, 『욕망의 유희(Les Jeux du

〈Three sisters〉, 2023 - 강혜정 ▶

désir)』, 『길들여지지 않는 여인(La Femme insoumise)』 등등….

기존의 독자층을 혁신하려던 할리퀸의 시도

그 이외에도 프랑스에서 매우 인기가 좋은, 의료계에서 겪어야 하는 압박감 속에서 발생하는 사랑 사건을 다루는 메디컬 로맨스를 주 소재로 한 『하얀색(Blanche)』 시리즈, 1994년 시작된 『서스펜스(Suspense)』 시리즈, 어린 소녀와 젊은 여성들에게 특히 인기가 있는 『제6감(Sixième Sens)』 시리즈, 350쪽 정도로 다른 시리즈보다는 분량이 더 많은 『역사물(Historique)』 시리즈, 보다 현대적이고 덜 감상적이라고 표방하는 『베스트셀러(Best Sellers)』 시리즈, 조직이식이나 뉴에이지식의 꿈 또는 초자연적 심리 현상을 다루는 『오늘날의 사랑(Amours d'aujourd'hui)』 시리즈도 있다.[1]

『푸르름(Azur)』과 『하얀색(Blanche)』이라는 두 개의 시리즈에서 할리퀸은 기존의 독자층을 혁신하려고 시도했다. 할리퀸 독자 중 25%는 대졸 여성인 것으로 추정된다. 진부한 연애담도 판에 박힌 구조로 지루하게 늘어진 이야기도 교육을 받은 여성들을 질리게 하지는 않는다. 전체적으로 볼 때 독자층은 매우 젊으며 특히 프랑스에서는 영국과는 달리 어린 소녀들이 남들이 보는 데서 연애소설을 버젓이 구매할 때 느끼는 수치심 같은 것은 전혀 없다. 프랑스에서는 그 누구도, 어린 소녀들이 플로베르가 『마담 보바리(Madame Bovary)』에서 이미 밝혀낸 효과가 있는 문학을 맘껏 누리는 것을 놀랍다고 생각하지 않는다.(*)

가장 최근의 할리퀸 소설 시리즈들이 변한 것은 분명하나 대중적으로 가장 인기가 좋은, 특히 상대적으로 값싸고 길이가 짧은 컬렉션들은 여전히 판에 박힌 상투적인 이야기들을 보급하고 있다. 예컨대 『푸르름(Azur)』과 『하얀색(Blanche)』에서 여자들은 (그녀들이 생각하기에는 유일하게 추구할 가치가 있는 것으로 보이는) 행복한 사랑이란 자신들을 손에 쥐고 좌지우지하는 전제적인 남성에 복종함으로써 찾는다. 그 남성은 그녀들이 궁극적으로 원하는 것이 무엇인지를 그녀들보다 더 잘 알고 있다. 그녀들은 그 남성에게서 자신에게는 없었던 한 전지적인 가부장을 찾는 것이다.

보호받고 싶어 하는 유아기적 본성을 자극

그녀를 사랑하게 되고 사랑받게 될 남자의 전지전능함이 명백히 드러나는 것이 인기 대중소설의 한 조건이다. 『하얀색(Blanche)』 컬렉션에 속하는 마리옹 레녹스의 『예기치 않았던 손님』은 4쪽부터 여주인공 펜은 자기가 왜 이 낯선 이방인에게 그처럼 끌리는지를 자문한다. 그리고 그녀는 사랑에 빠진 여자의 직관으로 스스로에게 답을 내린다.

"분명 꿰뚫어 보는 듯한 그 남자의 시선 때문이었다. 그 남자는 그녀가 하얀색 옷을 걸친 여인이 아니라 커플게임에서 신부 놀이를 하려는 조그만 여자애라는 것을 이미 다 알고 있다는 듯 약간은 빈정거리는 투로 그녀를 이리저리 탐색해 보았던 것이다. 그렇다, 그는 진짜 그녀를 꿰뚫어 본 것이었다."

싸구려 대중소설의 진면목을 이것보다 더 적나라하게 드러낸 예를 찾을 수는 없을 것이다. 모든 것이 거기에 있다. 펜을 현혹하면서도 동시에 분개하게 만드는 것은 외관을 꿰뚫고 단번에 그녀가 정말로 원하는 것을 알아보는 타오르는 듯한 그 시선이 갖는 통찰력이다. 진정한 남자란, 여자를 상대로 책임감 있는 성인에게 보호받고 싶어 하는 유아기적인 본성을 갖도록 자극시키는 남성이다. 이와 같은 의식으로 남자는 일종의 우월감을 갖게 된다. 남자는 이 우월감을 아이러니하게 발산한다. 그녀 앞에서 그는 언제나 '즐기는 듯' 때로는 '동정하는 듯' 비웃으며 나타난다.

그가 그녀 앞에 나타날 때 그녀를 측은히 여기는 모습으로 등장하지 않을 때는 그녀를 꾸짖는 모습으로 나타난다. "그렇게 겁에 질려 놀란 어린 신부처럼 행동하지 말고 당신이 실제 직업인 의사처럼 굴어요."

물론 그녀를 비판하는 그의 태도나 전제적이고 냉랭한 그의 말투가 강조되는 것은 아니다. 이 성인-아이의 관계가 사랑이라는 감정과 대립하는 것이 아닌 것이 분명한 만큼 그녀는 오히려 그 관계의 표식이 된다. 결국 남자는 시도하고 거의 통상적인 아버지처럼 부드럽게 행동하며 그녀의 볼을 쓰다듬고 머리칼을 쓸어 올리거나 어깨를 안아 준다. 마치 그녀를 가르치기라도 하는 양 사랑의 제스처를 시작하는 것은 언제나 남자며 보통 그녀는 놀라거나 당황해한다.

왜냐하면 (그녀의 분석능력이 미미하기 때문에) 그녀는 언제나 그의 의도를 제대로 판단하지 못하기 때문이다. 예컨대 (『하얀색(Blanche)』 시리즈에 속하는 조시 멧칼프의 『꿈속의 며칠』에서처럼) 그녀는 그가 단지 남자들이 대충 그러듯이 평범하게 섹스 상대를 구하거나 그녀가 그에게는 무관심의 대상이라고 혼자 마음대로 생각한다.

여성성과 남성성의 대립

그녀는 진짜와 가짜를 식별하는 능력이 부족하기 때문에 자기에게 운명 지어진 남자를 단번에 알아보지 못한다. 『푸르름(Azur)』 시리즈의 『길들여지지 않는 신부』에 등장하는 팀과 로버트에 대해서도, 둘 중 하나는 진정한 남자이고 다른 하나는 마초이며 거칠고 직관도 없는 남자인데 린제이는 판단하는 데 매우 애를 먹는다. 다행스럽게도 때늦지 않게 간신히, 그다지 추천할 만한 상대가 아닌 남자로부터 등을 돌린다.

그러나 권위적이고 전지적인 유형의 남자 주인공은 사랑을 마치 찬물과 더운물을 번갈아 가며 끼얹는 스코틀랜드식 샤워 정도로 간주한다. 『예기치 않았던 손님』에서처럼 그런 주인공은 자기가 사랑하는 여자에게 거친 언사를 하고 그런 다음 부드러운 어조로 그래도 언제까지 그녀 곁에 머물고 싶다고 한다.

이야기가 진행되면서 이 투덜거리는 남자는 여성 독자들에게 두 가지 교훈을 남긴다. 왜냐면 여성 독자들이 자신과 동일시하는 여주인공은 그런 남자를 사랑하는데 그것은 그녀가 푸대접받는 것을 스스로 좋아하기 때문이다. 소설 속에 그려진 여자는 남성으로부터 받는 거친 대접을 일종의 여성성의 표식으로 감내한다. 그래서 복종하는 것이다.

남자는 남자대로 여주인공을 사랑하고 그 여자가 진실로 바라는 것을 알고 있기 때문에 이처럼 우월하고 빈정거리는 행동을 마치 의무인 양 서슴지 않는 것이다. 그는 사랑받기 위해서 그리고 진짜 남자가 되기 위해서 지배적이고 약간은 경멸하는 듯한 행동도 마다하지 않는다.

최근의 사회적 진보도 이 같은 상투적 행동을 그다지 변화시키지 못했다. 실제로 대중소설에서 사랑은 여성성과 남성성(차라리 수컷성이라고 하는 것이 더 적절할 것이다)의 대립으로 드러난다.

남성성은 보편성과 우월성의 상징으로 드러나며 여성성은 여주인공을 지배하여 그 주인님에게 향하게 하는 복종의 상징이다. "원초적이며 비합리적인 어떤 힘이 그녀를 그 남자에게 이끌리게 하며 그의 키스에 응답하도록 한다." 남자는 그녀에 대한 완전한 지배권을 획득한다. 반면 여자는 언제나 "오락가락"하며, "일관성도 없고", "당황해하며", "혼동스러워하고", 설명하기 힘들 만큼 "죄의식에 젖어있다."

소설의 초반에 여주인공은 남자가 그녀에 대해 취하는 태도에 충격을 받지만 곧 그 정도는 "참을 만하다"고 생각하게 된다. 그러나 우리는 그녀가 어떻게 거기에 길들여져 가는지를 목격하게 된다.

여자들을 어린애처럼 대한다는 것은 그녀들을 억압하고 꾸짖고 심지어는 육체적으로 교정하는 구실이 된다. 그렇지만 이와 같은 교육이 가해지는 방법에는 미묘한 뉘앙스가 있다. 여주인공은 반항하기도 한다. 조금씩 그녀는 그가 절대적으로 옳다는 것을 깨닫는다. 사건이 진행되어 가는 동안 그녀는 자신이 틀렸으며 겉으로 보이는 것 이상은 보지 못했다는 것을 알게 된다.

이렇게 해서 여성 독자들은 부드럽게도 남자 주인공의 전지성이 명백하다는 것을 인지하게 된다. "당신에게 나쁜 일은 아무것도 일어나지 않을 것이라는 느낌을 주는 강한 팔에 몸을 웅크리고 안기는 것 말고, 부드럽고도 보호자 같은 남자의 어깨에 머리를 기댈 수 있는 것 말고 삶에 있어서 무엇을 더 바란단 말인가?"라고 조시 멧칼프의 『꿈속의 며칠』에서 여주인공 게일은 중얼거린다.

그러나 가장 인기가 많은 시리즈에서조차 여주인공들의 모습은 변하고 있다. 남자는 분명 자연스러운 우월감과 직관적인 지식을 뽐내서 여자로부터 존경받고 복종을 얻어내고 있다. 그러나 예전의 소설, 특히 할리퀸 소설에서 그랬던 것처럼, 때로는 신체적 폭력과 난폭함까지 마다하지 않던 여성 혐오주의자는 아니다.

특히 분량이 좀 더 많고 플롯이 좀 더 복잡하고 내용이 급변하고 부수적인 인물이 더 많이 등장하는 시리즈에서는 이 같은 경향이 두드러짐을 알 수 있다. 샤롯테 반 알렌의 『여자의 비밀』과 『베스트셀러』 시리즈에 속하는 페니 조던의 『상처받은 사랑』에서는 남성의 공격성을 고발하기도 한다.

균형이 어려운 여성의 사회적 성공과 사랑

『여자의 비밀』에서 남자는 여자가 자신에게 소속되어 있다고 판단하기 때문에 여자들, 특히 자신의 여자들에게 가하는 육체적 폭력이 다루어진다. 다소 무거운 방법으로 다루어지지만 이런 소설의 교육적 효과의 효율성은 실질적이다. 희생자인 여자가 반항하고 폭력적인 남자로부터 도망친다. 그 남자는 자신의 여성 혐오주의로 인해 가치가 떨어지고 해당 여성들이 거의 모두가 일을 하는 직업인이기에 남자는 더욱 사회 전체에서 멀어지게 된다. 이것이 최근 대중소설에 자주 등장하는 새로운 주제 중 하나이다. 여성이 일하는 것이 당연시된다는 의미이다. 오직 나쁜 남성들, 반(反)영웅주의적 남성들만이 자신의 배우자가 일을 포기하고 자기에게만 몰두해주기를 바란다. 그러나 커플들의 트러블은 거기에서 시작한다. 실제로 여성이 사회적, 직업적으로 성공하고자 하는 야망이 크면 그만큼 남녀 관계는 위험해지는 건 명백하다.

물론 이것은 절대 남성에게는 해당되지 않는 경우다. 『길들여지지 않는 신부』의 린제이는 자신의 경력에 대한 야망 때문에 남편을 잃는다. 그녀는 TV 방송국의 리포터 역할에 충실하기 위해서 집을 자주 비우는데 이는 피할 수 없는 일이다. 어느 날, 예정에 없이 일찍 집으로 돌아 왔을 때 남편은 침대에서 다른 여자를 껴안고 있었다. 분명히 경력과 사랑의 일상 사이에서 균형은 유지되기 어렵다.

그런데 할리퀸의 다른 여주인공들처럼 린제이도 친구도 가족도 없다. 이해를 제대로 한다면 그녀에게는 직업이 곧 잃어버린 가족을 대신한다. 영국으로 돌아온 그녀는 찬란한 위상은 포기하나 일은 계속한다. 그녀에게 금지된 것은 경력을 쌓는 것이다. 처음에는 자유롭고 야망에 찬 젊은 여성의 사회적 성공은 감정상 결핍에 대한 보상이라고 인지한다.

그러나 그것은 젊음의 착각이었다. 나이가 들어가면서 그녀는 자신에게 합당한 것은 행복한 사랑이 있는 삶이라는 것을 깨닫게 된다. 분명 한 남자와 처음 시작한 사랑을 대가로 알게 된 것이었다. 그 남자는 그녀에게 재산을 안겨주고 삶의 여러 가지 편의를 제공했지만 폭력적이고 공공연히 여성 혐오주의적이었다. 그녀는 공격성을 배척하고 그를 거부해 버린다. 몇몇 남성들의 성적 착취나 폭력에 반대하는 여성운동 성격이 강하고 현저하게 드러난다.

그러므로 점점 더 사랑받는 남자의 새로운 유형이 등장한다. 이 유형은 완벽한 것은 아니지만 거의 그 수준에 달하면서도 놀라운 점도 많다. 이러한 변화는 모든 소설에 드러나는 것은 아니고 아직은 일회성에 불과하다. 그러나 일단 등장한 이상 매우 목가적인 새로운 남성상이다. 『길들여지지 않는 신부』의 린제이의 남편인 팀은 많은 장점으로 미화되어 있다. 너무 바쁜 어린 부인을 도와주려고 설거지를 하려고 한다.

그렇지만 제대로 도와주지도 못하고 냄비만 불태우기 일쑤다. 결국 그는 설거지는 자기의 임무가 아니라는 것을 깨닫는다. 어떤 의미에서 그는 리포트를 하기 위해 쉬지 않고 떠나야 하는 배우자에 대한 남성들의 인내심이 부족하다는 것을 증명하는 것이다. 그는 비록 아내가 일하는 것을 막지는 않지만 그녀가 자기 곁에 머물기를 바란다.

그런데 그녀는 자유롭다. 그녀가 귀가하면 그는 용서하고 첫날처럼 사랑스럽게 대한다. 팀은 (멀어진) 아내를 다시 유혹하여 '회수'하기 위해서 약간의 단호함 내지는 '혹독함'의 증거를 보여주어야만 한다. 그래서 그녀에게 일부러 '침울하고', '신경질적이고', '빈정거리는 투로' 군다. 예전의 상투적인 패턴이 부활한 것이다. 왜냐면 현대적인 남성들이 변한 것이 사실이지만 '진짜' 여성은 여전히 지배당하는 것을 갈망하기 때문이다. 그렇기 때문에 남성은 어떤 의미로는 자신의 권위를 행사하도록 강요당하는 것이다.

여주인공은 항상 남자 곁에서 안정감을 느끼게 되는데, 이는 일반적으로 여자의 사회적 지위가 남자보다 열등하기 때문에 여자가 남자에게 의존하고 있기 때문이다. 『꿈속의 며칠』에서는 남자 의사와 여자 간호사, 『예기치 않았던 손님』에서는 외과 전문의와 젊은 일반 여의사, 『상처받은 사랑』에서는 회장과 문서계 직원 여자 등등….

이 목가적인 새로운 남성상에 있어서 약간의 사실성이 있다면 긍정적일 수도 있다. 실제로 할리퀸은 그다지 신빙성이 없는 이상적인 남성상을 유포하려고 시도한다. 여성 독자들은 그녀가 기존에 설정된 코드를 따르기만 하면 일종의 『약속의 땅』처럼 꿈의 남자가 자기에게 다가올 것이라고 믿는 것이다.

사실상, 대중 소설은 여성 독자들이 자유의지로 선택하는 소설이 아니다. 무엇보다 완전히 도식화된 단편 이야기이며, 목적 또한 그 소설을 읽는 여자들의 호기심을 끄집어내거나 이를 플롯으로 구성하기 위한 것이라기보다는 여자들이 이성과의 관계, 삶에서 중대한 의미를 갖는 사건들, 즉 삶 자체에 대해서 의문을 갖는데 있다.

이런 내용들은 학교나 정식 교육과정에서는 답을 구할 수 없는 의문에 하나의 상투적인 판박이 유형으로 응답하는 것이다. 이런 문학에는 문학의 본질적인 힘 중의 하나라고 할 수 있는 유연한 흐릿함이 없다. 개인적인 경험을 통해서 풀어야 할 의문이나 어려움을 인식하거나 해결해야 할 여지도 없다. 대중소설이란 행복을 찾기 위해서 지시를 그대로 따르기만 하면 되는 요리법과 닮았다. 스스로 종속되어서 이야기가 끝날 때까지 이끌려가기만을 바라는 여성 독자들과 닮은 것이다.

(*) 주인공 엠마는 유복한 데다가 보수적인 농민의 딸로 태어나 소녀시기를 수녀원의 부속학교에서 엄격한 교육을 받으며 자라나야만 했다. 독서라고는 당시에 유행했던 낭만주의 시와 소설이 전부였다. 그래서 엠마는 결국 삶 자체가 낭만적이라는 일종의 환상 속에서 성장한

다. 작품은 결국 이상과 그에 대한 환멸로 절망에 빠지는 비극으로 마감된다.

'보바리즘'이란 현실적인 자아가 이상적인 자아를 제어하지 못하고 오히려 이상적인 자아가 현실적인 자아의 덫에 걸려서 숙명적으로 난파하고 마는 인간의 모습을 말한다.(역주)

글 · 미셸 코키야 Michelle Coquillat

1 파노라마는 1998년 작성된 것이다. 2010년에 컬렉션은 그 스펙트럼이 약간 변했다. 소위 〈섹시〉, 〈대담함〉, 〈열정〉, 〈스파이시〉 시리즈, 비정상적 심령 현상을 다룬 〈야행성〉, 환상을 다룬 〈달빛〉도 있다. 헬렌 필딩의 『브리짓 존스의 일기』의 성공에 힘입어 2000년 프랑스에 상륙한, 보다 도시적이고 접속자 수가 많은 소위 어린 소녀들의 소설도 〈레드 드레스 잉크〉에 소개됐다. 2007년 프랑스에서 할리퀸 출판사는 800여 건 이상을 발행해 천만 부 이상의 판매 실적을 올렸다. 2007년 백만 부 이상이 나간 『푸르름(Azur)』 시리즈가 가장 인기가 많았다.(출처 Harlequin.fr)

현대판 다윗과 골리앗, 『해리포터』와 『반지의 제왕』

이자벨 스마자 Isabelle Smadja

문학평론가. 저서로 『해리포터의 성공의 이유(Harry Potter, les raisons d'un succès)』(2014),
『반지의 제왕 혹은 악의 유혹(Le seigneur des anneaux ou la tentation du mal)』(2014) 등이 있다.

『해리포터』 시리즈의 해리포터와 『반지의 제왕』의 프로도는 악의 세력과 맞서 싸우기에는 너무 연약해 보인다. 하지만 이 두 영웅의 어깨에 공동체의 운명이 달려있다. 왜 우리는 현대판 다윗과 골리앗의 이야기에 열광하는 것일까?

JK 롤링의 『해리포터』 시리즈는 원래 아동서적으로 출간됐다. 하지만 출간과 동시에 부모들에게도 열광적인 환영을 받았고 그 후에도 어른들 사이에서 『해리포터』의 인기는 식을 줄 몰랐다. 『해리포터』는 전쟁의 위기에 처한 세상을 구하기 위해 악의 세력과 싸우는 소년의 이야기다.

1940년 출간된 JRR 톨킨의 『반지의 제왕』도 같은 구조를 띠고 있다. '악의 화신'인 사우론에 맞서 세상을 구해야 하는 거의 불가능한 임무가 여기서도 소년에게 주어졌다. 더 정확히 말해 키가 90cm가 안 되며 마법사 간달프의 보호가 필요한 순진한 호빗족 청년이다.

물론 구원자의 주제는 오래된 주제이다. 그리고 메시아는 태어날 때부터 자신의 남다른 운명을 깨닫고 그에 헌신하기 때문에 소년 구원자의 주제는 새로울 것이 없다. 하지만 여기에 아주 작은 차이가 있다. 매우 중요한 차이다.

예수와 모세 같은 구원자들은 어른이 된 후에 자신의 임무를 완수했다. 하지만 오늘날의 소설은 구원자가 어른이 될 때까지 기다리지 않는다. 해리포터를 비롯해 다른 소년 영웅들은 어렸을 때—아니 어리기 때문에—세상을 구해야 하는 임무를 부여받았다.[1]

〈Link〉, 2023 - 강혜정 ▶

왜일까? 어른들이 가지고 있지 않은 어떤 마법을, 어떤 자질을 아이들이 가지고 있기에 악으로부터 우리를 보호하라는 엄청난 임무를 그들에게 맡긴 걸까? 단순히 젊음이 부러워서일까? 아니면 경멸? 어떠한 관대함도 이타성도 보여주지 못한 어른들의 세계를 믿지 못하기 때문은 아닐까?

왜 소년인가? 대중은 골리앗을 물리치는 다윗을 원해

소년을 영웅으로 선택한 것은 악과의 투쟁이 개인은 말할 것도 없고 국가의 의지를 벗어난다는 어른들의 생각이 간접적으로 표현된 것이다. 어른들은 TV 화면에 범람하는 재앙의 거대한 규모 앞에서 그 어느 때보다 아이처럼 느끼고 있다. 아이들처럼 놀래고, 무서워하고, 통제당하고 있다.

그래서 보잘 것 없고, 겁이 많고, 카리스마도 없는 호빗이 막강한 힘을 가진 암흑의 군주 사우론과 싸워 이기고, 힘없는 고아 소년이 사악한 독재자 볼드모트와 용감하게 싸워 이기는 소설이 등장하게 된 것이다. 곧 우리는 현실에서 애타게 보고 싶어 하는 다윗과 골리앗의 싸움, 거인과 싸워 이기는 난쟁이를 보게 되는 것이다.

이것이 『해리포터』와 『반지의 제왕』의 엄청난 성공을 설명하는 충분한 이유일까? 아니면 다른 이유가 있는 것은 아닐까?

『반지의 제왕』은 세계 정복의 야심을 가진 무자비하고 잔혹한 사우론과 이에 대항하는 정치연합과의 대립이 주된 내용으로, 전쟁의 혼란을 겪고 있는 인물들의 배신과 비겁함, 용기와 의지가 잘 묘사되어 있다.

아직 죽지 않은 사우론의 부하 괴물들이 살고 있고 사우론의 본거지이며 악의 근원지인 모르도르는 죽음의 수용소를 연상시킨다. 톨킨은 적극적으로 부인했지만 2차대전에 대한 암시를 부정할 수 없다. 예를 들어 사우론의 공포스러운 부하 나즈굴의 이름은 '나치'와 동쪽을 연상시킨다.

『해리포터』에 나오는 2차 세계대전의 상처들

『해리포터』에서도 2차 세계대전의 상흔을 찾을 수 있다. 어린 해리포터가 고아가 된 것은 독재자 때문이었다. 독재자는 공포정치에 저항하는 용기 있는 해리의 부모를 살해하고 동시에 자신의 정적도 제거했다. 몸에 순수한 '마법사'의 피가 흐르지 않는 '오염된 피'를 증오하는 볼드모트는 권력을 잡자마자 오염된 피를 가진 자들을 말살하겠다고 약속했다.

확실하게 표현된 것은 아니지만 나치에 대한 암시인 것이 확실하다.(많은 해리포터 독자는 이를 인지하지 못했다) 볼드모트의 영적 아버지 살라자르 슬리데린의 이니셜이 SS인 것만 봐도 알 수 있다.

JK 롤링은 용기 있는 사람들 덕분에 거의 육체를 잃게 된 볼드모트가 어떻게 동물의 털로 육체를 다시 되찾게 됐는지 그리고 어떻게 자신의 주위로 추종자들을 결집시켰는지 보여준다. 4권의 마지막에는 해리포터의 수호자인 덤블도어로 대변되는 선과 볼드모트로 대변되는 악 사이에 전쟁이 임박했음이 예고된다. 선의 세력은 사형제도 거부, 압제에 대한 강한 혐오, 문화와 교육 장려 등의 민주주의와 휴머니즘 가치를 수호하기 위해 전쟁을 불사할 각오를 한다.

2차 세계대전 이후 세계는 이원론적 세계관에 갇히게 됐다. 히틀러 정권 아래서 한편에는 증오와 파괴를 상징하는 악과 다른 편에는 용기와 도덕적 가치를 우선하는 선으로 나뉘었다. 20세기 인류의 거대한 트라우마인 나치의 야만 행위에 대해 우리는 어떻게 그런 일이 가능했을까라는 의문을 멈추지 않고 있다. 폴 리쾨르는 상상력의 기본 기능을 삶을 탐구하고 이해하기 위해 빠짐없이 삶의 이곳저곳을 찔러 보는 것이라 했다.[2] 이것이 바로 『해리포터』와 『반지의 제왕』이 한 일이다. 세계를 축소시켜 우리가 이해할 수 있는 크기로 만든 것이다.

어른들이 이 두 소설을 재밌게 읽는 것은 어린 시절을 반복하거나 어린 시절과 작별을 고하려는 반응이 아니다. 위협적인 미래에 뛰어들어 통제권을 회복하고 위협을 몰아내기 위한 것이다. 이것이 클로드 레비-스트로스가 설명한 축소된 모델의 기능이다.

"크기가 작아지면 사물 전체가 덜 위험해 보인다. 사물이 양적으로 축소되면 우리 눈에 질적으로 단순해 보이기 때문이다. 미니어처 세상은 현실 전체를 보여주고, 손에 올려놓고 가늠해볼 수 있고, 한눈에 이해할 수 있다."[3]

이렇게 세상을 자신에게 복종시키고 붙잡아 경계선을 그을 수 있다는 것, 그래서 덜 두려울 수 있다는 것, 이것이 하나의 세계를 만들어 한곳에 인생을 가둬놓는 『해리포터』나 『반지의 제왕』 같은 소설이 가지고 있는 덕목이다.

『해리포터』의 경우 아직 끝나지 않았기 때문에 현실이 될 수 있는 장점이 있다. 다른 소설은 출간되면 모든 것이 끝나고 종결된다. 그래서 소설 밖 현실과는 상관이 없는 현실이 된다. 반대로 『해리포터』는 다음 편이 어떻게 될지 모르는 불확실성 때문에 현재에 강하게 뿌리를 내리고 있다. 어떻게 끝날지 모르기 때문이다.

철저하게 파괴해야 할 절대악을 찾아서

미완성과 불확실성은 실제 세계의 특성이지 픽션의 세계의 특성은 아니다. 특히 전쟁이 일어나면 볼드모트와 덤블도어 모두가 가지고 있는 힘이 믿을 만한 것인지 의문스러운 것은 우리 미래가 불확실하다는 사실과 유사하다.

우리는 우리 앞에 무엇이 기다리고 있는지 모른다. 하지만 『해리포터』와 관련해서는 최소한 한 가지는 알고 있다. 매우 중요한 것이다. 어린 소년은 승리할 것이다. 선이 악을 이길 것이다. 이것만은 확실하다. 볼드모트가 해리를 이기는 것으로 끝나는 『해리포터』 시리즈는 상상할 수조차 없다.

이것이 바로 『해리포터』 시리즈의 성공의 열쇠가 아닌가 한다. 소설이 아직 끝나지 않았다는 점, 그리고 소설이 만들어낸 기대와 의문은 허구와 실재 사이에 작은 공간을 만들어서 소설이 현실로 들어갈 수 있게 한다. 그래서 소설처럼 현실에서도 전지전능한 작가가 자신의 창조물을 잘 조종해서 어떤 악의 위협에도 불구하고 돌이킬 수 없는 재앙은 일어나지 않을 것이라는 환상을 심어준다.

독자들이 나치주의를 상기시키는 소설을 계속 선택하는 이유가 히틀러와의 전쟁 구도는 여전히 유효하다는 것을 무의식적으로 자신에게 납득시키려는 것은 아닐까?

성공한 소설과 영화는 악을 상징하는 인물을 보여주면서 우리를 안심시키고 죄책감에서 벗어나게 해주려는 것은 아닐까? 악과 파괴를 열망하는 힘이 존재한다고 믿게 해서 '문명의 충돌'(전쟁)을 예고하는 사람들이 양심의 가책을 느끼지 않도록 하려는 것은 아닐까?

이들 소설에서 염려스러운 것이 그것이다. 마치 전쟁의 가능성도 이미 확실해졌고 전투에 나갈 준비도 마쳤으니, 우리가 최종 결정을 내리기 전에 전쟁을 하는 것이 악의 세력에 맞서 도덕과 휴머니즘을 수호하는 것이라고 우리를 설득하는 마지막 단계가 있다는 것처럼 착각하게 하는 것이다.

그래서 이 소설들의 성공은 우리가 전쟁이 임박했다는 것을 받아들이고 이제 전쟁의 정당성을 찾으려 한다는 것의 첫 신호일 수 있다. 전쟁을 일으키는 것뿐 아니라 우리의 아이들을 전장에 내보내기 위해서는 철저하게 파괴해야 할 절대악을 상징하는 누군가가 필요하다. 하지만 의식 속에 분명하게 떠오르는 것이 없기 때문에 우리는 호빗 프로도와 마법사 해리에게 절대악을 찾아달라고 부탁을 했다.

전장에 나가는 임무를 왜 해리포터와 프로도 같은 아이들에게 맡겼는가라는 질문에 대한 답을 찾은 것 같다. 갑자기 전몰용사 추모비에 새겨진 글이 떠오른다. "조국을 위해 목숨을 바친 조국의 아들딸들에게", "나가자. 조국의 아들딸들이여…."

글 · 이자벨 스마자 Isabelle Smadja

1 롤링과 톨킨의 소설 이외에도 로이스 로우리의 『기억전달자(The Giver)』, 『파랑 채집가(Gathering Blue)』와 어린 소녀가 혼자서 사악한 힘의 상징인 자신의 아버지 아스리엘 경과 싸우면서 지구를 구하는 이야기인 필립 풀먼의 3부작 『황금나침반(His Dark Materials)』이 있다.

2 폴 리쾨르, 『해석의 충돌(Le Conflit des interprétations)』, Seuil, 파리, 1969년.

3 『야생의 사고(La Pensée sauvage)』, Plon, 파리, 1962년, p.38.

'형이상학 실험장', 공상과학의 미학

세르주 르망 Serge Lehman

SF 작가. 『저 높은 곳과 사람이 살 수 없는 우주공간』(2008),
『수평선으로의 귀환』(2009), 『공상 속의 여단』(2010) 등의 작품들이 있다.

정확하게 한 세기 전, 〈르스펙타퇴르〉에 작가 모리스 르나르의 '과학적 경이와 그것이 지식의 진보에 끼치는 영향에 관하여'라는 논문이 실렸다. 이 논문은 제1~2차대전 사이의 프랑스 공상과학(SF) 작가들의 주목을 받았다가 잊혀졌으나, 1990년대 초 재조명되면서 오늘날 공상과학에 대한 최초 이론으로 간주되고 있다.

SF라는 신생 장르의 미학을 분석하면서 르나르는 이렇게 말했다. "공상과학은 딱히 정의하기 힘든 이상한 한 가지 요인, 혹은 여러 가지 요인들을 의도적으로 끄집어내 경이로운 존재, 물체 혹은 사건을 보여준다. 예를 들어, 우리는 과학적 가설들을 확실한 것으로 인정할 수도 있고, 그 가설에서 결과를 추론할 수도 있다. H. G. 웰스의 『우주전쟁(The War of the Worlds)』도 화성에 우주 생명체가 산다는 전제 아래 연구를 통해 우리가 알게 된 것과 예상할 수 있는 것들에 의존해 만들어진 셈이다."[1]

SF를 무시하거나 경멸한 프랑스 문단

과학 연구의 가설로서 외계인이 존재한다는 건 얼마든지 가능한 일이다. 하지만 20세기 내내 그랬던 것은 아니다. 과학자들 사이에서 태양계 밖 행성에 생명체의 존재 가능성이 제기됐고, 이미 확보된 자료들을 토대로 외계인의 존재가 충분히 상상될 수 있었음에도 SF 작품들은

〈Eunoia〉, 2022 - 강혜정 ▶

조롱의 대상이 되거나, 과학이나 문학에서 설 자리가 없는 망상쯤으로 여겨졌다.

SF 장르의 협소한 이미지는 잘 알려져 있다. 20세기 초만 해도 SF 장르의 작품은 영국, 프랑스, 독일, 러시아, 미국 등 5개국에서 에드거 앨런 포, 쥘 베른, J. H. 로니, 아서 코넌 도일, 쿠르트 라스비츠, 허버트 조지 웰스, 콘스탄틴 치올콥스키, 에드거 라이스 버로스 등 극소수 작가들을 중심으로 제한적으로 발표됐다.

이후 영국인들은 웰스를 중심으로 '과학적 로맨스' 학파를 형성했다. 프랑스에서는 르나르가 1909년 '과학적 경이'라는 이름으로 그에 필적하는 학파를 창립했다. 그로부터 17년 뒤 미국에서 소설가 휴고 건즈백이 최초의 상업적 SF 전문지를 창간했고, 1926~29년에 걸쳐 잡지 제목이 '사이언티픽 픽션'에서 '사이언티픽션'으로 바뀌고, 이후 '사이언스 픽션'에 이르게 된다.

2차세계대전 뒤 미국에서는 대중문화의 확산과 함께 외계인을 소재로 한 '펄프 매거진'[2]들이 등장했으며, 아이작 아시모프, A. E. 반 보그트, 레이 브래드버리의 작품들(모두 1939~45년에 발행)이 번역돼 유럽에 소개되면서 유럽 학파의 그늘에서 벗어났다.[3] 휴고 건즈백은 SF계의 세계적 반열에 오르기도 했다.

실험 장르로 시작된 SF는 다양한 영역으로 확대되면서 점차 일관성을 확보했다. 하지만 SF는 작가 모리스 르나르가 부여하고 싶어 하던 문학적 위상을 얻지는 못했다. 특히 프랑스 문단은 SF를 경멸하거나 부인하는 태도를 보였다.

과학적 가설을 인정하는 SF의 능동적 원칙

SF는 사실 위주의 신문 사설과 완전히 다른 것이다. 일반적으로 SF는 그 출발부터 픽션을 넘어서서 도시공학 · 철학 · 종교 등 다양한 분야에서, 그리고 그 진위 여부와 무관하게 나타날 수 있는 모든 문화적 현상을 표현한다.

몇 가지 최근 사례만 보더라도 미래 지향적인 '그랜드 파리' 프로젝트, 유전자조작에 의한 인간복제, 1997년 화성탐사선 호이겐스호 발사, 또는 외계인 숭배 단체인 '라엘리안 운동'의 인간복제 지지 등이 바로 그러하다. SF는 이런 모든 현상들의 정당성 여부를 떠나, 이를 조금 더 발전된 형태로 확대 적용해 이 현상들에 대한 과학적 가설을 확실한 것으로 인정하면서 그에 따른 결과를 도출하는 것이다. 이런 절차야말로 SF의 능동적 원칙이다. SF에서는 상당한 지식과 사색, 그리고 작가 모리스 르나르가 "경이로움의 단계"라고 표현했던 '과학적 가설을 끝까지 밀고 나가는 능력'이 필요하다.

그러나 오늘날에는 몇몇 경우 미진한 부분이 있지만 상황이 완전히 달라졌다. SF 초창기 선구자들을 제외하고는 어느 누구도 인간을 우주에 보내려고 시도하지 않는다. 잠정적이기는 하지만, 창의적인 가설과 단순한 몽상 사이에서 역사적인 선별 작업이 이뤄진 것이다.

대중에게 SF는 비주류 버라이어티로, 때로는 '그로테스크'나 '몽상'과 동의어로 간주된다. SF가 나온 지 한 세기가 지났지만, 탐정소설이나 만화와 달리 문학사 교과서에 단 한 줄도 언급되지 않고 있다. 하지만 조금 더 일반적인 형태로 SF는 현대문화의 중요 부분에 혈액을 공급하고, 지속적인 믿음을 만들어내고, 문명의 단계에서 계획들을 만들어내며 그것들의 시행에 기여한다. 이렇게 완전히 상반된 모순을 어떻게 유기적으로 연결시킬 것인가?

과학의 이념에서 인간중심주의적 감정을 끄집어내

철학자 기 라르드로는 『철학적 픽션과 과학적 픽션』(1990)이라는 에세이에서 SF가 20세기 형이상학을 독점하고 있다고 말했다. 형이상학은 서구 사상에서 최고의 권위를 갖는 학문이다. 예전에는 과학과 철학, 종교와 예술이 교차하는 영역에 있었지만 니체와 프로이트 이후 불가해한 주제로 치부됐다.

실제로 SF는 100년 동안 공간 · 시간 · 실재의 속성에 대한 새로운 가설을 제시해야 한다는 강박관념을 가지고 불멸성의 문제에 몰두했고 거대한 실체로서의 초인을 양산해냈다. 또 어디에서나 구닥다리로 간주되는 형이상학적 문제들을 제기하는 유일한 존재였다. SF 특유의 미학을 제시하면서, 그리고 언젠가는 기술과학이 그것을 재활성화하리라는 점을 확신하면서,

구체적으로 그 역할을 수행해 왔다.

현재 SF가 다루는 문제는 포스트휴먼, 사이버 세계, 외계문화와의 접촉이다. 이것이야말로 아주 옛날의 문제를 다시 다루는 것이 아닌가? 르나르는 일찍이 1909년부터 그 점을 느끼고 있었다. "과학적 경이로 말미암아 우리는 우리의 즉각적인 평온함을 넘어서 탐험해야 할 무한한 우주공간이 있음을 발견하게 된다. 이는 과학의 이념으로부터 일상의 관습 밑에 숨은 저의와 인간 중심주의적 감정들을 무자비하리만치 낱낱이 끄집어낸다. 그것은 우리의 습관을 깨부수고 우리를 스스로를 넘어선 또 다른 관점 위로 옮겨놓는다."

라르드로의 분석이 정확하다면 왜 고급문화가 SF를 통해 발전된 극단적인 가설들에 관심을 기울이기를 거부했는지 설명해줄 수 있다. 고급문화에서 그런 가설들은 퇴보이거나 거짓 추리, 심하면 과학성이라는 허울을 뒤집어쓴 실속 없는 주제로 여겨졌던 것이다. 서구의 후기 형이상학 사상가, 후기 가톨릭 사상가들의 눈에 거의 80여 년간 SF 장르의 소중한 주제였던 외계 생명체는 천사와 악마의 귀환으로 여겨졌을 것임이 틀림없다.

결국 이 주제가 과학적으로 그 자질을 인정받고, 수많은 연구자들이 이에 대한 연구에 매진하게 된 것은 역사의 아이러니가 아닌가. '이상한 것'이 절대 이상한 것이 아니었고, 바로 이 점에서 SF는 '본의 아닌 과학'이 되는 것이다.

이런 방향 전환은 주제에서 환상적 부분을 상실하게 하고, 작가들도 흥미를 상실하는 두 가지 결과를 초래했다. 한 세기 동안 중요한 영역을 차지했던 미래 세계에 얽힌 주제 또한 마찬가지다.

그러나 SF 장르는 곧 이런 장애를 두 가지 대책으로 보완했다. 앞날이 보이지 않게 되자 과거를 공략하는 쪽으로 방향을 바꾼 것이다. 다시 말해 "만일 이러이러했다면 이런 일이 일어났을 것"이라는 점을 탐색하는 대체 이야기들을 만들어내는 것이다. 이 이야기들은 예전 황금시대의 장인들이 꿈꾸던 우주의 미래만큼이나 풍요로운, 무수히 많은 상상의 세계들을 만들어내고 있다. 2차대전 이후 안드로이드들이 지구를 지배한다는 가상의 세계를 그린 필립 K. 딕의 『높은 성의 사나이』(영화 〈블레이드 러너〉의 원작 소설)와 로버트 실버버그의 『해골의

서』가 성공한 사례다.

형이상학적 사건의 동력 …인류에게 새 모험의 가능성 열어

두 번째 대책은 더 눈부시다. 미래의 획일성을 새로운 약속의 원천으로 삼기 때문이다. 이에 대해서는 작가이자 수학자인 버너 빈지가 많은 것을 설명한다. 향후 몇십 년 동안 현재의 모든 기술들이 결집된 교차 지점에서 슈퍼 인공지능이 출현해 미래를 예측하는 모든 생각을 없앤다는 것이다. 언젠가는 죽을 운명, 개체성, 환경에 종속되는 유한한 존재 등 우리가 아는 인류의 근본 바탕이 문제시될 때, 그 이후의 세계를 예측하는 것은 헛수고다.

하지만, 이런 이유로 환멸에 의해 '미래를 죽이'는 대신 과학과 기술은 예전에 없었던 규모의 형이상학적 사건의 동력이 되고, 인류의 새로운 모험의 가능성을 열어주는 것이다. 프랑스에서는 미셸 우엘벡이 『소립자』라는 작품을 통해 이런 예언의 이미지를 보여주었다.

종말론의 부활인가 아니면 다시 한번 실현될 과학인가? 상상 속 과거의 확장과 향후 반세기에 도래할 중요한 변화의 예고 사이에서 우리 시대는 새로운 사상의 밑그림을 힘들게 그려가는 중인지도 모른다.

글 · 세르주 르망 Serge Lehman

1 모리스 르나르, 〈르스펙타퇴르〉 6호, 1909년 10월. '모리스 르나르, 소설과 환상 콩트', '부켕(Bouquin)' 시리즈, 1990년판에 다시 실림.

2 20세기 초 미국에서 발행된 싸구려 잡지들은 특히 환상적인 이야기들이나 SF를 게재했다.

3 쥘 베른의 『환상여행』 시리즈가 시작된 해인 1863년부터 미국 작품의 번역이 시작된 1950년 사이 프랑스에서 간행된 SF 작품 수는 3천 편 정도로 추정된다. 존 앙투안 노의 『에너미 포스』는 환상문학 작품 중 최초로 2003년 공쿠르상을 받았다. 최초의 SF 시리즈 역시 프랑스에서 시작됐다(레지 메삭의 하이퍼월드 시리즈). 탐정소설 영역에 걸쳐 있는 SF의 전통은 팡토마, 룰타비유, 아르센 뤼팽, 메그레 경감 등으로 이어진다. '프랑스의 잃어버린 세계', 〈르몽드 디플로마티크〉 프랑스어판, 1999년 7월호 참조.

독재 권력을 비판한 공상과학소설

이브 디 마노 Yves Di Manno

작가, 시인 겸 번역가. 『누가 헨리 무어를 죽였는가?(Qui a tué Henry Moore?)』(1977), 『자오선(Le Méridien)』(1987), 『제식(祭式)의 산(La Montagne rituelle)』(1998) 등의 작품이 있다.

서구 세력으로 한정된 정복자 인류가 거칠고 야만적인 외계 생명체에 맞서 싸운다. 이러한 단순한 시각에서 출발한 공상과학소설은 다양한 형태의 독재 권력을 효과적으로 비판하고, 한층 더 성숙한 세계를 재현하는 방향으로 점차 발전했다.

'대중적'이기를 자처하는 모든 문학처럼 공상과학소설 역시 당대의 거대한 이데올로기들 중에서 어느 한 가지를 선택했다는 사실을 반영한다. 공상과학소설의 이야기는 특정한 주장이나 견해의 배경이 되고 등장인물은 현시대의 인물을 대변하며 소설 속 미래는 현재를 재현한다. 한 시대의 두려움, 욕망, 의문들이 공상과학소설에서 표현될 때, 그 표현되는 방식은 정신세계로 명명되는 어떠한 것의 현실을 해독하는 법칙에 따른다.

그리하여 공상과학소설은 특히 국가에 사로잡혀 있는 모습을 보이는데, 처음에는 확실성을 가지고 임하다가 시간이 지남에 따라 조금 더 자세히 분석을 하게 되고 마침내 현재에 이르러서는 다분히 비판적이면서도 모호한 반박을 하는 형태로 국가에 집중된 관심을 표출한다. 우리는 세계를 지배하는 국가에 속한 작가들의 견해를 짚고 넘어가지 않을 수 없다. 그 견해가 권력을 주제로 다루고 있다면 더욱 그렇다.

이 자리를 통해 북미 공상과학소설에 담긴 모든 정치적 함의를 철저하게 정리해보자는 것은 아니지만, 작가들이 사회로부터 취한 주요 선택을 몇몇 작품으로부터 이끌어내 보고자 한다. 이 작품들이야말로 공상과학소설 독자들에게 현재를 가장 잘 재해석하여 보여주는 매개

〈Superstar〉, 2022 - 강혜정 ▶

체이기 때문이다.

공상과학소설하면 가장 먼저 떠오르는 것은 기계주의의 신화와 행성 정복의 꿈을 대중화시킨 1940~1950년대의 '스페이스 오페라(space opera)'이다. 미국은 세계대전의 승리자였던 만큼, 문학 속에서 신화화된 미국의 미래가 전쟁을 향한 충동을 끝없이 추구해나가는 형태를 띠는 것은 당연한 일이었다.

문학적 가치에 있어서는 서로 큰 격차를 보이지만 당대의 소설 대부분은 지구의 우주 지배, 그리고 지구의 패권을 잡거나 되찾기 위한 전쟁을 주제로 했다. 덧붙이자면 여기서 미래의 지구란 전적으로 미국인이라는 인종에만, 사회적으로는 미국의 과학기술에만 한정되는 모습을 보여준다. 그리고 과학기술은 자동화와 신기한 제품으로 점철된 일상이라는 기술의 사회적 승리를 보장할 뿐 아니라, 정복 사업을 잘 진행할 수 있게 해주는 역할을 한다.

이러한 과학소설들이 우리에게 보여주는 국가의 모습, 즉 우리에게 제시하는 미래에 대한 비전은 염려스럽기 그지없다. 이들이 선호하는 국가란 단일 독재국가, 즉 절대권력을 지닌 수장 혹은 고위관리로 구성된 의회가 지휘하는 '제국적 공화국'을 모델로 하고 있기 때문이다. SF 작가 에드먼드 해밀턴은 "우리는 우리 자신을 통치하는 자들에게 귀족 작위를 주며 군주제 사회에서처럼 경의를 표한다. 이는 엄청나게 멀리 떨어져 있는 행성 간의, 그리고 지구인과 행성 원주민 출신들 간의 연계를 유지하기에 최상의 시스템이다"라고 대수롭지 않은 듯 적었다.

'스페이스 오페라', 세계를 병합하고자 하는 미국의 야심

이처럼 미래의 국가는 대다수 군중과 이들을 지배하며 (종종 여러 세대에 걸쳐 대물림되는) 권력을 독점하는 소수 엘리트가 존재한다. 가장 고전적인 예는 아이작 아시모프의 그 유명한 『파운데이션(Foundation)』 시리즈[1]로, 여기서 지구는 (땅과 바다가 강철 아래로 사라진) 거대한 도시에 불과하다. 권력은 폐쇄적인 집단 내에서 영원히 대물림되며 사회의 미래는 역사가 시작되는 순간부터 이후 천 년까지 계획된다.

대부분의 공상과학소설 작품에서 권력은 늘 극단적일 정도로 소수에게 집중되어 있는데, 독자를 좀 더 효과적으로 현혹시키고자 작가들은 국가를 운영하는 일의 어려움을 호의적으로 자세히 묘사하고 한 국민으로부터 국가를 멀리 떨어뜨려 종국에는 신격화되는 주장들을 되풀이한다.

물론 개인도 이러한 국가에서 특정한 역할을 수행하지만 전형적인 영웅의 역할에 국한된다. 공상과학소설에서 거의 단골처럼 등장하는 이야기 구조를 보면 주인공은 이름 없는 아무개로 출발해 (기적적으로 익명성에서 빠져나온 다음) 권력에 접근하게 되는데, 심지어 세계의 운명을 책임지게 되는 경우도 종종 있다.

처음에 주인공은 거대한 관료제 조직의 단순한 공무원에 불과하나 결말에 가서는 매우 폐쇄적인 엘리트 권력 집단의 일원이 된다. 이는 독자가 자기 자신처럼 맨손으로 출발한 주인공에게 감정을 이입할 수 있게 하기 위함인데, 이 같은 구상의 순전히 '소설적인' 성격에 대한 이야기는 넘어가도록 하자.

이러한 이야기는 도덕적이며 교훈적이다. (우리의) 미래 사회에서 각자는 평범한 삶의 운명에서 벗어날 가능성을 (갖고 있거나) 갖게 될 것이기 때문이다. 이를 통해 모든 사람은 어느 정도의 사회적 지위까지 올라갈 수 있다는 희망을 공고히 하게 되는 것이다.

더구나 공상적 측면에서나 현실적 측면에서 미국 사회를 볼 때, 국가의 신격화로 인해 개인의 이러한 영웅화 경향이 나타나는 것은 논리적인 흐름이다.

또한 이러한 국가에 관한 내부 구상은 전후의 미국을 (그리고 개인과 사회에 관한 미국의 전형적인 신화 일부를) 매우 잘 반영하는데, 대외정책에 관한 이론들은 패권을 잡고자 하는 미국의 야심을 그대로 보여준다.

폴 앤더슨은 적들이 틀림없이 격파될 것이라는 믿음을 넌지시 들려준다. "이 변방의 부족들은 (지구) 제국을 성가시게 할 뿐이었지만, 실질적인 위협을 대변하기도 했다. 우리는 이들을 매수하기도, 서로 싸우도록 자극하기도 했으며 심지어 토벌대를 파견하기도 했다."

당대의 공상과학소설을 독파하다 보면, 외부 민족을 합병하기 위해 실행하는 가장 외교적인 전술에서부터 인명살상적인 전술까지 다양한 전술 목록을 맞닥뜨리게 된다.

우주의 패권을 두고 광활한 우주 공간에서 벌어지는 지구의 싸움을 보게 되면 예측할 수 있는 모든 종류의 인종적인 장애물을 만나게 된다. 그리고 거기서 종종 발견되는 인종주의, 백인 아닌 사람(여기서는 휴머노이드)에 대한 멸시에서 안타깝게도 우리는 각자가 너무나 잘 알고 있는 현실이 그대로 반영됐다는 사실을 알게 된다.

왜냐하면 이 작품들 속에서 머나먼 행성의 문명을 경멸하듯 소개함으로써, 이들 종족을 지구인들과는 근본적으로 다른 생명체이자 추하고 기이하며 비정상적인 것으로 그려냄으로써 자연스럽게 문화적 제국주의가 만들어지기 때문이다. 당연한 얘기이겠지만 인류가 맞닥뜨린 문화들은 인류에게 절대로 이해가능한 것이 아니다. 그나마 제일 나은 경우 이들 이종족의 문화는 엑조티즘(먼 이국의 비현실적인 아름다움이나 아이디어를 예술의 표현수단으로 삼는 것-편주)이라는 의심스러운 특혜를 받아 '신비'의 후광을 두르게 되겠지만 말이다.

그리고 동일한 구조를 꾸준히 반복하는 공상과학소설들은 꼬리에 꼬리를 물며 나아갈 것이다. 물론 다소 덜 간략하며 뉘앙스는 더 강한 책들이 나오기도 했으나, 진부한 주제를 퍼뜨리는 소설이 만연한다는 사실은 레이 브래드버리나 클리포드 D. 시맥의 철학적 공상을 통해서도 발견할 수 있다.[2]

영웅 판타지, 미국 문명의 '빈 공간' 노출

왜냐하면 이러한 '스페이스 오페라'라는 유형의 공상과학소설이 보여주는 것은 전 세계를 병합하고자 하는 미국의 야심이며 미국이 늘 고독한 영웅을 국민보다 우선시하며 그에게 역할을 부여하기 때문이다. 또한 그보다 덜 공상적인 독자들의 구미에 맞춰 미국은 자신들이 늘 승리했던 전투를, 피식민지 주민들에게 미국이 승리를 경험했던 침략을 보여주고, 그리고 미국을 위해서만 존재하는 듯 보이는 수많은 행성들을 제시했다.

그러나 미국과 전 세계의 내적인 상황이 변화함에 따라 '스페이스 오페라'는 설 자리를 잃어버린다. 1960년대 미국에서 공상과학소설은 더 이상 그토록 도식적일 수 없었던 것이다. 이에 따라 공상과학소설이라는 장르가 분해되어 여러 유파가 생겨난다.

여기서 '영웅 판타지(heroic fantasy)'라는 장르가 우리의 관심 대상은 아니지만 그것이 보여주는 과거에의 호소 정도는 살펴볼 필요가 있다. 서사시적인 느낌을 풍기고자 하는 이 장르는 과거의 모델(가장 흔한 예로는 중세시대나 동양의 고대문명)로부터 영감을 받은 사회를 묘사하지만 실제로는 그 시대를 빈약하게 반영해 보여줄 뿐이다. 반면, 이 영웅 판타지는 미국 문명이 명백히 남긴 '빈 공간', 결핍을 보여준다.

존 로날드 로웰 톨킨이라는 선구자적 영국 작가의 등장 이후로, 당시 수많은 작가들이 신화로의 회귀에 매료됐다. 이 장르 덕에 상상력의 다양한 변형이 가능해진 건 사실이다. 동양신화와 유럽서사시에 힘입어 이 유파의 작가들은 선과 악 사이에서 벌어지는 최후의 대결을 기계적으로 표현하는 것으로 회귀한다. "이는 단연 '혼돈'의 작품이다.

이 마을을 파괴한 불은 자연적인 불이 아니다. 마법사여, 당신이 아는 바와 같이 '규율'과 '혼돈'의 신들은 평소처럼 완벽한 균형을 유지하며 우리 '지상'의 일에는 직접 관여하지 않는다네.?" (마이클 무어콕의 글에서)

바로 여기서 우리는 전통의 토대와 설화가 상당 부분 결핍된 미국인들이 외국문화에서 뿌리를 찾을 수밖에 없다는 사실을 알 수 있다. 또한 불가피해 보이는 열강들의 대립에 대한 강박관념이 은폐된 형태로 다시 한번 나타나는 것처럼 느껴지는데, 결국 '영웅 판타지'도 '스페이스 오페라'와 동일한 진부함을 전제로 하기 때문이다.

전보다 한술 더 떠서, 영웅 판타지의 주인공은 자기 종족의 가치를 존중하고 보호하는 금발의 거인이며 주인공의 적은 혼돈의 도래를 알리는 야만스럽고 끔찍한 미개 부족이다. SF 작가이자 비평가였던 노먼 스핀래드는 일찍이 독일 제3제국의 권력 장악을 서사시적인 형태로 이야기하며 영웅 판타지의 결점을 비난했다.[3]

남은 것은 '정치소설'(혹은 '사변소설')이라는 다소 모호한 용어 아래 통합되어 있는 장르에 대해 알아볼 차례이다. 이 장르에는 실제로 서로 매우 다른 스타일의 작품들이 한 데 묶여 있다. 이 작품들은 제국주의적 공상과학소설의 영광을 이루어낸 경향들과는 정반대 진영에 속한 다양한 경향들을 보이지만 이 역시 모호하다는 것을 알게 될 것이다.

먼저 주인공의 개념에 대한 근본적인 재고가 이루어진다. 실제로 반신(半神) 혹은 불굴의 정복자 이미지는 점차 사라지고 추리 작가 에드거 앨런 포가 '군중 속의 사람'이라고 멋지게 명명한 존재에게 그 자리를 내어준다. 주인공은 독자라는 평범한 사람의 모습에 점차 더 가까워진다. 권력에 거부당한 주인공은 사회에 대해 비판적인 시각을 갖게 되고 이러한 일상성으로 인해 독자는 주인공과 하나가 될 수 있다.

작가 필립 K. 딕은 자신의 주인공 중 하나를 다음과 같이 소개했다. "얼룩덜룩한 줄무늬 파자마 차림의 조 칩은 부엌 식탁에 앉아 담뱃불을 붙였다. 그리고는 신문발행기에 동전 하나를 넣고 계기판을 조작했다. 숙취가 심한 나머지, 행성간 뉴스는 거들떠보지도 않은 채 결국 가십난을 골랐다." 지난 십 년간의 슈퍼맨들과는 거리가 먼 주인공이지 않은가!

SF 작가 필립 K. 딕, 국가 팽창주의를 가장 경계

이와 동시에 미래 국가에 관한 비전은 더 비판적으로 변모한다. 등장인물들은 그들이 일상적 전제 정치라고 간주하는 시스템에 맞서서 그 독재적 성격을 기꺼이 부각시키고 심지어 직접 문제를 제기하도 한다. 그리고 우리에게 가장 의미 있게 다가오는 사항은 이야기가 진행되는 시대가 우리 현재 시대에 가까워진다는 점이다. 더 이상 4000년대가 아니라, 기껏해야 2000년에서 2050년 정도의 시대에서 이야기가 진행되는 것이다. 이처럼 배경으로 하는 시대가 현재에 가까워짐으로써 우리 사회와 작가들이 예측하는 사회는 훨씬 더 유사해진다. 후자는 더 이상 우리 사회를 단순히 옮겨놓은 것이 아닌 셈인 것이다.

이러한 경향을 가장 잘 표현하는 작가는 단연코 필립 K. 딕일 것이며, 이는 딕이 국가의 팽창주의를 가장 경계하는 작가 중 하나라는 사실과 무관하지 않아 보인다. 딕의 작품 중심에 위치하는 것은 다름 아닌 정체성의 문제이다. 이 정체성의 문제는 미국 사회 일부의 새로운 열망에 따라 제기된 것인데, 즉 '현실'의 개념을 다시 문제 삼으며 다양한 형태의 권력에 대응하는 개인의 역할을 재정의하는 것이다.

예를 들어 『흘러라 내 눈물, 경관은 말했다(Flow My Tears, the Policeman Said)』[4]에서 주인공은 명백한 이유 없이 호적이 사라지고 사회에서 인정받지 못하게 된다. 때문에 이러한 사회적 실존에 대한 권리를 회복하는 것이 이야기의 주를 이룬다. "나는 존재하지 않는다. 제이슨 테버너는 존재하지 않으며, 존재한 적도 없으며 앞으로도 존재하지 않을 것이다. 경력 따위는 신경 쓰지 않는다. 나는 오직 한 가지, 살기만을 바랄 뿐이다."

여기에는 분명 카프카적인 무언가가 존재하며, 작가가 형이상학에 대한 이끌림을 강조한다고 해서 이러한 비유가 약해지지는 않는다. 그러나 딕은 무엇보다도 국가의 본성과 그것이 개인에 미치는 영향을 표현하는 부분에 있어서 빛을 발한다. 그의 작품 대부분은 권력의 주체가 시뮬라크르(simulacre), 곧 텅 빈 봉투에 불과하다는 가설을 취하고 있다. 더 나아가 이러한 의혹은 사회 전체로 확대된다. 사실상 그 어느 것도 현실이 아니며 우리를 둘러싼 모든 것은 인간을 가두고 국가가 자신의 지배를 완성하기 위한 형식적 함정일 뿐이라는 것이다.[5] 이렇듯 딕의 세계는 1960년대 미국을 관통한 의심, 때로는 희망을 완벽하게 반영한다.

이 같은 한계적인 작품 이외에도 다른 작가들 역시 권력문제를 비롯하여 사회가 개인에게 점점 더 강요하는 지배의 문제를 제기한다. 노먼 스핀래드의 『버그 잭 바론(Bug Jack Barron)』[6]에서는 언론의 권력이 가열차게 공격당한다. 이 작품은 TV가 시민들에게 강요하는 견해가 국가 권력의 가장 은밀한 은신처라는 매우 전통적인 의견을 지지한다. 작품 속에서 가장 유명한 프로그램의 진행자는 시청자들에게 이렇게 밝힌다. "그렇습니다. 친애하는 시청자 여러분, 제게 주어진 임무는 여러분에게 거짓말하는 것 뿐 이었습니다. 쓸데없는 법안을 통과시키고 허수아비 대통령을 당선시키기 위해 여러분에게 꽤나 많은 거짓말을 늘어놓았습니다."

300페이지에 달하는 이 놀라운 작품은 한 편의 소설이 이론적 연설보다 훨씬 더 설득력 있을 수 있다는 사실을 입증한다.[7] 존 브루너(John Brunner)의 『잔지바르에 서다(Stand on Zanzibar)』[8]에서는 사회적이며 정치적인 분석이 훨씬 직접적으로 다뤄지는데, 이는 아마도 당대에 미국사회 '내부'의 가장 완성도 높은 시도였을 것이다. 이 소설은 매우 현대적인 문체를 지닌 동시에 예전 도식에 대한 정확한 안티테제(Antithese)를 제시한다. 다수의 등장인물이 서로 오가고 섞이면서 사회적 모순을 천천히 거의 완벽하게 묘사해나간다. 일상적인 삶에 대해 어떠한 면으로도 전혀 이상화하고 있지 않은 대신에 함정, 놀라움, 투쟁 등으로 점철된 우연적인 것으로 묘사한다. 국가는 '돈의 권력' 그 자체라는 사실을 보여주며, 세밀하게 설명된 돈에 관한 결정은 특정 사회계층에 속한 사람들의 삶을 뒤흔들거나 세계의 특정 지역을 식민화하기 위해 이뤄진다.

한편 오늘날의 공상과학소설은 국가 내부를 더 염려하는 모습을 보여주는데, '진보'라는 사회의 구체적인 형태 중 하나를 비판한다. 하지만 이는 전 세계에 대한 미국의 영향력에 관한 이슈를 여전히 등한시하는 것이다. 이 점에 관해 프랭크 허버트의 『듄(Dune)』[9]은 눈부신 예외로 자리매김하고 있다. 고전적 장편소설이라는 외양 아래 이 작품은 사실 제3세계의 혁명적인 투쟁에 대한 훌륭한 옹호론이다. 물론 (이슬람교를 모델로 한) 종교적 현상에 관한 호의적인 서술 등 단점이 아예 없는 작품은 아니다.

그러나 이 작품은 공상과학소설에서는 매우 드문 주제인 권력과 내부 대립, 혁명, 역사의 의미에 관해 장문의 사색을 펼친다. "화폐와 인척 관계를 통제하라. 하층민이 그 나머지를 즐기도록 하라. 파디샤 황제는 그렇게 말했다. 그리고 그는 덧붙였다. 만약 너희가 이익을 바란다면, 너희가 지배해야 할 것이다. 이러한 말들에는 어느 정도의 진실이 있으나, 나는 하층민이 어디 있으며 지배당하는 자가 어디에 있느냐고 자문하고 있다."

그러나 이러한 몇 가지 예가 우리에게 헛된 희망을 주지는 않는다. 이 예들은 몇몇 작가들의 은밀한 의지를 표출한 작품인데, 이들은 모두에게 알려지지는 않았으며 언제나 놀라운 성공을 이루지는 못했기 때문이다. 1960년대에 공상과학소설은 분명 진화를 이루었으나, 그럼에도 시대역행적으로 남아 있으며 적어도 그 의도는 여전히 모호하다.

또한 공상과학소설은 신비주의에 점차 매료되는 모습을 보여주었다. (누보로망의 형식주의와 윌리엄 버로스의 테크닉에서 영감을 받은) '뉴웨이브'라 불리는 유파가 정치적 현실로부터 점점 멀어지는 탐미주의의 함정에 급격히 빠지고 있다는 사실 또한 무의미하지 않다. 이들 유파는 때때로 탁월하지만 여전히 현실에서 거리가 먼, 여전히 현실의 '경계'에 있는 신비주의를 선호하는 것이다.

공상과학소설의 초창기 시절, 이 장르에 완전히 속하지는 않은 두 권의 책이 이미 전제국가라는 주제를 그 한계까지 다룬 바 있다. 바로 『멋진 신세계』와 『1984』을 말한다. 공상과학소설이 새로운 가설을 발전시킨 시기는 주로 냉전 시대로, 더 이상 토마스 헉슬리나 조지 오웰의 것만이 아닌 그 새로운 가설에 따르면 가까운 미래에 세계는 미국과 소비에트 공화국이라는 두 개의 열강으로 나뉘며 두 개의 이데올로기로 분열된다. 일례로, 필립 K. 딕의 모든 소설은 이러한 가설을 배경에 깔고 있으며 다른 수많은 작가들 역시 이를 따랐다.

만약 1970년대에, 전 세계의 패권을 다투는 두 개의 열강이라는 아이디어가 단일 국가라는 아이디어보다 훨씬 신빙성 있어 보인다면, 이러한 분석에서는 미국적인 전형이 엿보이며 특히 미래의 제3세계를 배제하고 있다는 사실을 주지해야 한다. 이 가설에 따르면 제3세계라는 변방은 지금처럼 초강대국들에 한참 뒤처진 채 다시 식민화되어 후방에 영원히 머무를 것이다. 결국 '진보주의자'라고 평가할 수 있는 작가들에게도 아메리칸 드림은 매우 끈질기게 남아 있는 셈이다.

그런데 이렇게 말해도 되는지 모르겠으나 최악의 것이 남아 있다. 1970년대 초, 할리우드 붐과 함께 공상과학소설 작가군의 일부는 세계 종말과 인류 멸종이라는 망령에 사로잡힌 듯했다. 이는 공상과학소설 장르를 탄생시킨 기술적, 과학적 승리주의에 반하는 새로운 아이디어이다. 그러나 또한 오래전부터 서구사회를 사로잡은 이데올로기적 숙명론의 반영이기도 하다.

근래의 공상과학소설은 우리 시대 특유의 것으로 볼 수 있는 이러한 의혹과 근심으로 가득 차 있다. 스핀래드의 『정글 속의 남자(The Men in the Jungle)』[10]가 그 좋은 예로, 각자가 자신의 생존을 위해 차근차근 싸워나가야 하는 도시 정글의 공포를 그리고 있다.

이 작품은 또한 (작가를 통해) 미국적 사고방식의 변화와 지식인들이 희망을 거의 포기하는 모습을 보여준다. 『양들이 고개를 들다(The Sheep Look Up)』[11]에 나타난 존 브루너의 분석은 더 과학적이며 환경에 대한 전반적인 관심의 증대에 부합하고 있으나, 여기서도 이데올로기적 급변이라 부를 수 있는 경향이 보인다.

이러한 비관적 평가로 마무리를 한다면 부당한 일이 될 것이다. 왜냐하면 1977년의 공상과학소설은 특정한 함정과 특정한 경향에 굴복한 것처럼 보이지만 이 작가들 가운데 몇몇은 계속해서 많은 희망을 투사했기 때문이다. 심지어 어떤 이들은 그 의미와 중요성이 우리가 볼 때 훨씬 더 흥미로운 유토피아를 작품 속에서 발전시키기도 했다.

전환점이 된 『빼앗긴 자들』, 지배 이데올로기에서 벗어나

태초부터 공상과학소설은 그 안에 스며든 지배적 이데올로기로부터 벗어나는 법을 알았다. 『빼앗긴 자들(The Dispossessed)』[12]이다. 작가는 세계정치 상황에 관한 매우 엄밀한 분석으로 독자들을 초대하는데, 이 작품에 등장하는 미래는 우리가 사는 현재의 충실한 메타포이기 때문이다. 작품은 각각 미국과 소비에트 공화국을 닮은 두 개의 전제국가로 나뉜 하나의 행성을 가정한다. 그리고 이 행성 휘하에는 완전한 자급자족 체계로 살아가는 위성이 있다. 모행성(母行星)을 떠난 이주민들은 위성에 정착해 150년에 걸쳐 사회주의 사회를 이룩하는데, 이는 중국식 모델에서 영감을 얻은 것이 분명하다.

이처럼 이 이야기는 각자 중대한 문제에 직면해 있는 서로 다른 사회들에 관해 기나긴 논고를 펼치는 기회로 작용한다. 논증의 힘은 모든 관념론의 포기와 연결된다. 위성에서 건설된 '무정부' 사회는 힘들고 근면한 사회이지만 여러 어려움에도 불구하고 생존을 유지한다. 이 사회는 스스로를 되돌아보며 태만함에 맞서 싸운다.

반면 모행성의 두 세계는 자유주의 체제인데, 그곳의 삶은 훨씬 '쉽다'. 그러나 모행성의 개인들은 훨씬 은밀한 속박에 사로잡혀 있다.

"'니오'의 혁명가들, 그들은 그저 더 높은 임금을 받고자 파업을 하는 것이 아니었다. 그들은 단순한 사회주의자가 아니라 무정부주의자이다. 그들은 권력에 대항하여 파업을 했다." 그리고 더 나아가 "나의 행성, 나의 지구는 폐허일 뿐이다. 인류에 의해 소모된 행성이다. 우리는 아무것도 남지 않을 때까지 번식하고 서로 싸우고 난 뒤 죽는다."

『빼앗긴 자들』은 공상과학소설의 귀결인 동시에 일종의 전기를 마련한 작품이다. 이는 태초부터 공상과학소설이 이러한 작품들을 낳기에 이르기까지 그 안에 스며든 지배적 이데올로기로부터 벗어나는 법을 알았음을 나타낸다. 그러나 동시에 공상과학소설이라는 장르가 그 의미를 바꾸었다는 뜻이기도 하다. 공상과학소설이 다른 열망을 느낀다면 이 장르는 더 이상 '도피' 문학임을 자처할 수 없기 때문이다. 독자의 관심을 잃는 한이 있더라도, 필요하다면 지배적인 질서를 반박할 수 있어야 한다는—또한 그래야만 한다는—것이야말로 대중문학의 커다란 딜레마라고 할 수 있다. 그러니 대중문학은 다른 해결책을 찾아야 한다. 국가는 대중문학이 너무 전복적이지 않도록 경계하기 때문이다.

글 · 이브 디 마노 Yves Di Manno

1 아이작 아시모프, 『파운데이션 시리즈』, 전 5권, Gallimard, Paris, 2000~2009.
2 브래드버리의 최고 걸작이 갈리마르에서 출판됐다. ('폴리오 SF' 컬렉션) 시맥에 관해서는 특히 『정거장』(J'ai lu, Paris, 2002)과 『도시(City)』(J'ai lu, 1999)를 참조할 것이다.
3 노먼 스핀래드, 『강철의 꿈』, Gallimard, 2006.
4 필립 K. 딕, 『흘러라 내 눈물, 경관은 말했다』, Librairie des Champs-Elysée, Paris, 1975.
5 필립 K. 딕 작품의 풍요로움을 몇 줄로 요약하길 바라는 것은 아무 소용 없을 것이다. 이에 그의 주요 소설들을 소개한다. 『높은 성의 사나이』(Gallimard, 2001), 『유빅(Ubik)』(10/18, Paris, 1999), 『시뮬라크라』(10/18, 2006), 『파머 엘드리치의 세 개의 성흔』(J'ai lu, 2002)
6 노먼 스핀래드, 『버그 잭 바론』, J'ai lu, 2002.
7 이러한 의미에서, 종종 그러하듯 대중문학이 가장 시대역행적인 가치를 담고 있지 않다면, 대중문학이 맡을 수 있는 가장 중요한 역할이 무엇인지 가늠할 수 있다.
8 존 브루너, 『잔지바르에 서다』, Le Livre de poche, Paris, 1995.
9 프랭크 허버트, 『듄』(전7권), Pocket, Paris, 2005.
10 노먼 스핀래드, 『정글 속의 남자』, Presses Pocket, Paris, 1990.
11 존 브루너, 『양들이 고개를 들다』, Le Livre de poche, 1998.
12 어슐러 르 귄, 『빼앗긴 자들』, Le Livre de poche, 2006.

03 길들여지지 않은 자들의 음악

수십 년 전부터 대중음악, 다시 말해 난해하지 않고 가볍게 들을 수 있는 이 음악 장르가 사회적으로 파문을 일으키고 세간의 손가락질을 받아왔다. 재즈, 록, 랩은 차례로 사람들을 놀라게 하고 고상한 청취자들에게 충격을 안겨 주었으며 도덕적 개념을 뒤흔들어 놓았다. 파문을 일으킨 음악들은 결국 유행을 타며 중립화되고 전체 문화의 풍경에 편입되지만, 곧이어 새로운 음악이 등장하여 파문을 일으키고 또 다른 세계를 꿈꾸는 자신들의 이야기를 들려준다.

록, 제3의 신비주의 세계

에블린 피예에 Evelyne Pieiller

〈르몽드 디플로마티크〉 프랑스어판 기자. 문학과 음악 비평가.
저서로는 『대극장(Le Grand Théâtre)』(2000), 『반역자들의 예언(L'almanach des contrariés)』(2002),
『청춘을 위한 록의 역사(Une histoire du rock pour les ados)』(Edgard Garcia 공저, 2013) 등이 있다.

우주 정복은 머나먼 외계의 존재라든가 은하 전쟁과 같이 새로운 주제를 떠올리게끔 집단 상상력을 자극한다. '록커'들은 에일리언의 형상이나 외계인을 더 선호하면서 인간의 부조화를 표현하고 실패로 돌아간 화합을 추구하는 노력을 나타낸다. 지구는 망명지이며, 그 안에서 참고 견디든, 웃음 짓든, 이를 변화시키든 그건 각자의 몫이다.

앞머리에 잔뜩 힘을 주고 번쩍거리는 비닐 재질의 트렌치코트를 걸친 괴상한 차림의 기자 한 명이 지미 헨드릭스에 가까이 다가갔다.

그리고 그에게 이렇게 말했다. "〈뉴욕 타임즈〉에서 왔습니다." 이에 지미 헨드릭스는 피곤한 기색으로 미소를 지어보이며 이렇게 대답했다. "만나서 반갑소. 나는 화성에서 왔소이다."[1]

지미 헨드릭스의 이 같은 농담은 나름대로 어떤 하나의 진리를 담고 있다. 맨 처음 우주 탐사가 시작된 이후 약 15년간, 록과 그 하위 장르에서는 행성 간의 '접촉'이나 우주 '유영' 같은 것을 꿈꾸었고, 신비주의와 우스갯소리, 내적 시선의 정복과 우주에 관한 환상 사이에서 전율을 느꼈다.

하지만 이는 솔직히 그리 놀랄 일이 아닌 것이, 이중적 · 이원적 관계에 집중하는 건 서구 사회에서 신의 존재를 둘러싼 미스터리와 더불어 늘 지속시켜오던 관계 형태에 해당하기 때문이다. 그런데 록은 이를 과장한다. 전자화하고 증폭시키고 극대화하고 반어적으로 비꼰다. 그리고 '미지와의 조우' 때문에 이제 하찮은 지구인은 문제가 되거나 조롱받게 된다. '우주를

〈Superstar〉, 2023 - 강혜정 ▶

LUCKY

통해 본 인간(Cosmicomics)'[2]의 보잘 것 없음을 비웃게 되는 것이다.

요컨대 음악은 전통적으로 우주의 표현과 관련이 깊다. 무한한 우주의 세계는 종종 노래를 읊조렸고, 그 가운데 선택된 몇 곡만이 소리로써 울림을 만들어내며 지각됐을 뿐이다. 기원전 6세기에 이미 피타고라스는 부동의 지구 주위를 맴도는 별들이 완벽한 하모니 속에서 최고의 음계를 연주한다고 확신했다. 피타고라스가 생각해낸 '천구의 음악'은 오랜 기간 몽상가들의 머릿속에서 떠나질 않았다.

데이빗 보위와 '지기 스타더스트'

그로부터 한참 후에는 비물질적인 것, 천사의 형언할 수 없는 목소리가 같은 영역에서 곡조를 뽑아내고 있었다. 뮤지션으로서는 이보다 더 반가우면서도 이보다 더 까다로운 것도 없다. 영원한 어떤 것, 신의 숨결이 남기고 간 흔적이 음악 속에서 뚜렷이 존재하기 때문이다. 조화로운 천구와 천사들은 느리게 노래하며 차츰 우리의 상상력 속에서 퇴색되어 갔고, 음악은 무한으로 향하는 왕도로 남는다.

1960년대와 1970년대에는 천계에 변화가 생겼다. 이에 세계 최초의 인공위성 스푸트니크를 둘러싸고 조금씩 웅성거리는 소리가 들려왔다. 사람들은 이제 별을 무대로 한껏 상상의 나래를 펼칠 준비가 되어 있었고, 록커들은 깊은 생각의 늪으로 빠져들었다. 저 멀리 지구 너머의 세상에서 우리는 무엇을 찾게 되고 무엇을 발견할까?

영어로 'alien(에일리언)'이라 칭하는 외계인은, 프랑스어로 '미친 사람'을 뜻하는 단어 'aliéné(알리에네)'와 너무도 비슷한 이방인으로 지구의 종족들과 근본적으로 다른 존재일까, 아니면 이 외계인 역시 울적함이란 걸 알고 있을까?

1969년은 맨 처음 달에 발을 디딘 해이기도 했고, 스탠리 큐브릭 감독이 영화 〈2001: 스페이스 오디세이〉에서 새로운 변혁이 인간을 기다리고 있음을 암시하기도 한 해였다. 그해 데이빗 보위는 지구로 돌아가지 않으려는 우주비행사 톰 소령을 창조해낸 다음, '지기 스타더스트'라는 보다 화려하면서도 연약한 캐릭터로 자신을 나타냈다.

우주 먼지인 '지기'는 굽 높은 플랫폼 부츠를 신고 화려한 금박 의상을 한 채 이마에는 금색 띠를 두른 뒤 화성에서 온 거미를 대동하고 나타난다.[3] 지기는 상자 안의 '에일리언'이다. 외계인이자 록 스타이며 남녀 양성적 존재이다. 천사들은 섹시하고 요란한 모습을 보여주며, 삶은 언제나 망명이고 노래로 위안을 얻는다. 별들의 바다는 근본적으로 새로운 세계로 흘러가지 않는다. 다만 일부 경계만을 사라지게 만들도록 유인할 뿐이다.

이에 따라 정상과 비정상의 경계, 남성성과 여성성의 경계가 무너졌다. 데이빗 보위의 지기는 굉장한 성공을 거두었다. 그로부터 30년이 지난 후에도 지기는 여전히 선구적인 영웅으로서 부상당한 개선장군의 모습으로 '다름'을 만들어가는 존재로 남아 있다.

우주를 노래한 서사시는 우주 안에서 인간의 자리 그 자체에 대해서도 과감히 질문을 던진다. 무게가 느껴지지 않는 가벼움을 표방하는 히피 세력의 영향으로 이미 무기력한 신앙심은 흔들리게 됐으며, 사람들은 이제 기다란 향과 종을 들고 다니며 우주에 대한 애정을 표현하고 태양을 추종한다.

〈핑크 플로이드〉와 〈소프트 머신〉, 별에 대한 환각적 시도

우주의 떨림에 관해서는 관심의 끈을 놓지 않으려 하며, 특히 환각제를 사용한다. 1967년부터 이미 뮤지컬 〈헤어〉는 물병자리의 시대를 노래했다. 하지만 상위 인식 단계, 보다 폭넓은 정신성의 단계에 다가가는 문제가 제기되는 순간이 되어도 영적 지도자만을 앞세우며 인도풍 음악을 결합하고, 대안 문화를 통한 집단 해방의 꿈을 모호하되 집요하게 추구했다.

바라마지 않던 거인과 소인의 만남은 1970년대 '몽환적인 음악'이 등장하고 난 이후에야 비로소 구체화 됐다. 몽환적인 음악에서는 대개 정치적인 바람이 어느 정도 후퇴하는 양상이 함께 나타난다. 여기에 새로운 악기들이 끼어든다. 효과음 페달을 장착한 전자키보드 등 초기 환각 상태의 하모니와 뒤틀림을 위한 모든 게 구비됐다.

전자음은 이국적인 분위기와 자주 어우러지며 말 그대로 무아지경의 흥분 상태로 이끌어준다. 나 자신을 나로부터 탈피시키는 것이다. 영국의 록 밴드 〈핑크 플로이드〉와 〈소프트 머신〉은 이미 별에 대한 환각적 시각을 맨 처음 시도했으며, 우주 탐사가 불어 넣어준 새로운 상상의 세계는 보다 더 자유롭고 모험적인 음악의 탄생을 부추겼다. 그러나 '스페이스 록'이라는 장르는 탠저린 드림, 캔 같은 독일 그룹과 더불어 정체성을 확립했다. 인간은, 유감스럽게도 특히 서양인은 우주의 호소에 귀 기울여야 하고, 자신의 작은 자아 안에 스스로를 갇히게 만든 것으로부터 벗어나도록 노력해야 한다. 음악은 나 자신의 문을 열어젖히는 여행을 완수할 수 있도록 도움을 주며, 이를 통해 우리는 우주적 결합의 아찔한 순간으로 나아간다.

복잡하고 장황한 이 음악 장르는 샘플러와 일부 재즈 록 악곡을 결합시키며 거의 전 지구적인 성공을 거둔다. 적어도 과격한 성향이 제일 적은 곡들은 확실히 대중적 인기를 얻었다. 장 미셸 자르와 그의 〈옥시젠〉 앨범은 마트 음반 코너를 장악했고, 영화계에서도 그의 초현실적인 전자음을 애용했다. 신시사이저 레이어와 원형 파장음으로 이루어진 전자음은 곧 '발륨 록'이라는 뉴에이지 장르에 밀려났다.[4] 그러나 스페이스 오디세이는 고약한 성미의 우쭐한 경험담을 늘어놓도록 부추기기도 한다. 하드록과 그 유사 장르에서 무대에 등장하는 인명이나 비유는 종종 '코스모스키치'에 착안하는 경우가 많은데, 지나칠 정도로 모욕적인 패러디가 이뤄지기도 하나 '하늘'에 대해서는 자못 진지해지기도 했다.

스웨덴 록밴드 〈히포크리시〉에서 〈UFO〉, 〈KISS〉를 거쳐 데빈 타운젠트의 〈전지자 질토이드(Ziltoid the Omniscient)〉에 이르기까지, '에일리언'은 미숙한 중고생 내지는 어려운 길을 가고자 시도하는 존재로 그려졌다.

외계인과 행성은 음악 안에 있다

이와는 약간 혈통을 달리하는 불굴의 작품 〈록키 호러 픽쳐 쇼〉는 〈프랑켄슈타인〉을 대폭 수정하여 뮤지컬 장르로 만들어낸 것으로, 우주의 신비와 록의 조우를, 욕구가 가진 힘에 대한 우스꽝스러운 찬사로 변모시켰다. 이 작품에서 외계인은 매력적인 트렌스젠더로 나타나며, 자신의 피조물인 매혹적인 미소년을 애지중지하면서도 자신이 원래 왔던 행성으로 복귀하기 전 성을 포함한 모든 가치의 자유화를 실현할 수 있는 길로 어느 평범한 미국인 커플을 인도한다.

'프랭크 N. 퍼터'라는 이름의 이 인물은 기존의 모델들을 뒤죽박죽으로 만들어놓고, 행복한 무질서의 씨앗을 심어놓는다. 상투적인 말들은 모두 우회적으로 돌려 표현되고, 만남이 이뤄져도 삶의 복잡함은 여전히 남아있으며, 우주 공간이라고 다를 건 없다. 그리고 록 앤 롤이 남는다.[5]

이 몇 가지 사례를 통해 알 수 있듯이, 우주선과 우주비행사가 오고 가는 와중에 탄생한 록의 상상력은 한계의 물음에 직면한 당대의 풋풋한 분위기 속에서 존재하던 몇몇 주제들을 증폭시킨 것에 불과했다. 하지만 이로부터 태동한 음악과 무대는 더없이 독특했으며, 때로는 세상을 뒤흔들어놓는 파급력을 지니기도 했다. 사실 당시에는 인간이 아직 인류의 완수 과업을 마무리하지 못했다는 확신이 퍼져나가고 있었기 때문이다. 외계인과 행성들은 우리 안에 있다. 음악은 우리에게 은밀한 혁명을 기도하도록 호소한다. 그리고 '지기'는 기타를 연주한다.

글 · 에블린 피예에 Evelyne Pieiller

1 Nik Cohn과 Guy Peelaert가 인용, 〈Rock Dreams〉, Albin Michel, Paris, 2000.
2 1968년 같은 제목으로 소설집을 낸 이탈로 칼비노의 제목을 차용.
3 데이빗 보위, Space Oddity, Philips, 1969; The Rise and Fall of Ziggy Stardust and the Spiders from Mars, RCA, 1972. 니콜라스 로에그 감독의 영화 〈지구에 떨어진 사나이〉에서 인간들 사이로 '침투한' 외계인 역할을 연기하면서 보위는 다시금 이 같은 인물을 선보였다. 영화 속에서 보위가 연기한 인물은 너무나도 특이하고 톡톡 튀어서 인간들이 그를 '정상'으로 만드는 데에 주력했다. Walter Tevis의 동명 소설이 원작.
4 SF 영화에서는 이러한 형태의 음악이 굉장히 많이 사용된다. 한편 베르너 헤어조크 감독은 노르웨이 록 밴드 포폴 부흐에게 영화 〈아귀레 신의 분노〉의 음악 작업을 의뢰했다.
5 1996년, 시대가 달라졌다. 팀 버튼 감독의 영화 〈화성침공〉에서는 지구인들을 비웃는 화성인들의 공격으로부터 승리를 거둔 유일한 무기가 바로 컨트리 록 가수 로이 오비슨의 목소리였다.

하드록, 생동하는 전설

에블린 피예에 Evelyne Pieiller

〈르몽드 디플로마티크〉 프랑스어판 기자. 문학과 음악 비평가.
저서로는 『대극장(Le Grand Théâtre)』(2000), 『반역자들의 예언(L'almanach des contrariés)』(2002), 『청춘을 위한 록의 역사(Une histoire du rock pour les ados)』(Edgard Garcia 공저, 2013) 등이 있다.

불편하고 불결하며 심술궂은 음악 장르 '하드록'은 '지독하다'는 명성을 달고 있다. '록'이라는 장르에 문화적으로 친숙한 이미지를 심어준 것은 하드록이 아니었다. 이는 하드록 뮤지션들의 자부심이기도 하다. 이들은 악취미의 깃발을 드높이고, 자신들의 불량한 정신을 단호하게 주장하며, 자신들의 기분을 거슬리게 하는 사회에 맞서겠다는 주장을 굽히지 않았다.

헤비메탈의 영웅 중 하나인 테드 뉴젠트는 담담하게 이런 이야기를 했다. "내 앰프 앞에서 날아오른 비둘기 한 마리가 있었다. 나는 비둘기가 문자 그대로 완전히 해체되는 모습을 바라봤다." 전형적인…… 스토리다. 모터헤드가 지나가고 난 후 생긴 균열을 막기 위해 바타클랑 공연장이 문을 닫아야 했다는 이야기만큼이나 판에 박힌 이야기이다.

헤비든 하드록이든 메탈이든 세세한 구분은 별로 중요하지 않다. 각 장르 고유의 순수성을 고집하는 사람들만 눈감아준다면, 이들 세 장르는 모두 '과격하다'는 수식어로 정리될 수 있다. 〈비틀즈〉는 문화의 범주 안에 속해 있고 〈롤링 스톤즈〉는 대중적으로 친숙하지만, 과격한 헤비메탈 하드록 진영의 사람들 모두를 포괄해 중립적으로 표현하기는 더욱 까다롭다. 과거에는 '하드록' 뮤지션, 요즘에는 '메탈' 뮤지션이라고 칭하는 이 뮤지션들은 원칙적으로 이상적인 면모가 전혀 없다. 머리는 치렁치렁 긴 데다 몸 곳곳에 문신이 새겨져 있으며, 징이 잔뜩 박힌 가죽옷 차림에 X자 뼈다귀 위의 해골 이미지를 달고 다닌다. 맥주를 두르고 다니며, 장신구는 필수요, 피어싱은 선택이다.

〈Michael Jackson〉, 2022 - 강혜정 ▶

이들의 차림새는 놀라움 그 자체이다. 흡사 '불량배'의 외양을 하고 있는 이들은 어딜 봐도 과격하고 불량스러우며 심술궂어 보인다. 그리고 자신들의 이런 겉모습을 자랑스레 과시한다. 길들여지지 않은 야만적인 백인이 전형적인 얼굴인데, 좀 더 꼬집어 말하면 대개는 남성들이 주를 이룬다. 무대에서든 대중 앞에서든 이 분야에서 숙녀분의 모습이 보이는 경우는 극히 드물다.

하드록과 헤비메탈 분야에서 분파까지 다양한지는 모르겠지만 적어도 그 기질 만큼은 꽤 다양하게 나타난다. 가령, 기이한 훈장으로 온몸을 휘감고 라이브 무대에서 박쥐를 물어뜯어 죽이는 〈블랙 사바스〉와 〈시스템 오브 어 다운〉의 서정적인 화려함이 그렇게 즉각적으로 쉽사리 연결되지는 않는다. 마찬가지로 스칸디나비아의 메탈 역시 트러스트 밴드의 광적인 노여움과 확연히 구분된다.

전자의 경우 고딕-파시즘의 탈선적 성향으로 단순한 불쾌함 이상을 불러일으킨다면 후자는 금방이라도 붉은색 정치 선동 및 선전을 벌일 기세다. 그럼에도 모두를 아우르는 공통된 기반과 공통적인 분위기는 여전히 존재한다. 볼륨은 최대로 높이고 묵직한 중저음이 부각되며 드럼은 굉장히 웅장하다.

순수 하드록의 고전, 〈모터헤드〉

순도 높은 에너지가 쇄도하는 가운데 흡사 전격전을 벌이고 있는 양상이 나타난다. 교양이나 고상함을 부추기기보다는 이를 아예 박살 내 버리면서 원시적이고 거친 방식으로 활력을 소비하는 기세를 찾아내려 애쓴다. 그 어떤 의미에서든 회복이 (거의) 불가능하기 때문에 그저 놀랍다고밖에 할 수 없다.

이 같은 장르가 지속된 지 고작 40여년 정도밖에 되지 않는다. 그리고 이제 더 이상의 망설임은 없을 것이다. 하드록이란 장르는 한창 활동 중인 전설이 됐으며, 확산되는 과정에서 그 대표적인 표현 양상으로 말미암아 록 앤 롤의 상징이 됐다. 과도하고 공격적인 성향을 보이고 자기 모방에 가까울 정도로 '통속성'에 기댄 가벼운 연애 감정을 표방하되, 도덕적 차원에서 비난받는 것을 굳이 부추기려는 욕구에 이끌리는 록 앤 롤을 대표하는 게 바로 하드록이 된 것이다.

좀더 구체적인 사례로는 〈모터헤드〉를 들 수 있다. 보컬 레미가 이끄는 〈모터헤드〉는 35년 전부터 맹위를 떨치며 굴지의 인기를 보이고 있다. 해적 수염을 하고 경마장 마권업자 같은 구레나룻을 한 레미 킬미스터가 쓰는 가사는 유튜브에서 온통 "삐-" 소리와 함께 무음 처리되어 잘려나간다. 레미는 고르지 못한 거친 목소리로 숨을 헐떡이며 노래하고, 찢어지는 소리, 반복음, 폭발음으로 가득한 음악을 선보인다. 사람을 압도하는 과묵한 침착함도 곁들여진다.

〈모터헤드〉는 아둔한 부르주아의 코를 납작하게 만들려 시도하지 않는다. 〈모터헤드〉는 다만 전속력으로 날아든 운석 정도의 느낌에만 만족할 뿐이다. 이에 〈모터헤드〉의 음악에선 블루스와 펑크의 느낌이 발산되지만, 요란한 화장이나 굽 높은 깔창, 화려한 연막탄 따위는 필요치 않다. 상처 입은 군중, 하지만 역설적이게도 기세 넘치는 군중 이외에는 아무것도 필요하지 않다. 로드 롤러 같은 음악, 살아있음에 대한 원초적이고 생생한 환희를 담아내는 음악, 〈모터헤드〉는 '의식'이요, 순수 하드록의 고전이다.

보컬 레미의 나이가 정년퇴직 나이인 65세를 넘겼음에도 이는 별로 중요하지 않다. 사실 〈모터헤드〉의 음악이 반항하는 청소년만을 대상으로 하는 것도 아니고, 외려 〈모터헤드〉의 음악은 어른들의 정서적 동요를 불러일으키는 경향이 짙다. '삶은 빠르게 지나가고, 우리는 늙어 죽게 마련'이니, 자기 앞을 막아서는 모든 것을 잊고자 하는 어른들의 가슴에 불이 지펴지는 것이다.

하드록은 이 시대의 가장 적절한 배경음이 아닐까?

하드록이 혼란을 가중시킨다는 건 분명하다. 하드록의 모태가 된 모든 록 앤 롤과 마찬가지로 하드록도 선동적으로 혼란을 야기하는데, 결과적으로는 새로운 흐름을 만들어낸다거나 보다 '주류'의 록 음악에 영향을 미치지 못하는 이 '배드 보이즈'들의 음악이 그저 예민한 감성을 폭파시키고 고막을 터뜨리겠다는 의지 정도에 머무를 줄을 모르기 때문이다.

30여 년 전부터 하드록은 대개 아웃사이드에 머물러 있으면서 줄곧 우리와 함께 해왔으며, 주류 미디어 진영에서는 이를 전혀 달가워하지 않았으나 그렇다고 눈에 띌 만큼의 엄청난 파급력을 보인 것도 아니었다. 그럼에도 꾸준히 그 명맥을 이어오고 있다면 이는 하드록이 이 시대의 가장 적절한 배경음 중 하나이기 때문이 아닐까?

가난하지도 그렇다고 부자도 아닌 지극히 평범한 사람으로서 자신의 삶을 살아가고자 하는 어느 젊은 청년에게 제시되는 이상향을 가장 곤경에 빠뜨리기 좋은 배경음의 하나로서, 이 같은 음악과 더불어 청년은 세상이 자신에게 제시했던 게 완벽한 기만이었음을 깨닫는다.

감히 하드록의 세세한 역사까지 다룰 생각은 없지만, 하드록의 창시자 〈레드 제플린〉과 〈모터헤드〉, 〈퀸〉의 나라인 영국에서만 하더라도 실업률, 인플레이션, 무역적자가 높아지는 현상과 더불어 이 같은 음악 장르가 등장했다는 사실은 꽤 흥미롭다. 전 세계 산업 생산량에서 영국이 차지하던 비중이 1955년 20.5%였던 것에서 1977년 9%로 대폭 줄어든 것에서 알 수 있듯이 '탈산업화'가 한창 진행 중이고, '사회적 합의'의 시대도 끝이 났다.

북아일랜드는 화약고가 됐으며, 자메이카와 파키스탄 이민자 수가 늘어나고, 보수 우익 세력이 확장됐다. 단 한 가지 유일한 옵션이 있다면 고만고만한 두 정당 사이에서 정권 교체가 이뤄지는 것뿐이다. 1970년대 초에 존 레논이 말했던 것처럼 "꿈은 이제 끝"났다.

히피족과 자유주의 진영에서 내뱉었던 무수한 약속들은 모두 거짓으로 판명됐고, 불협화음의 세계는, 짓눌리고 억압된 세계는 위선적으로 미개하다. 공개적으로 보란 듯이 미개한 음악을 탄생시키고, 이 음악은 이제 무너져 내린 모델들을 뒤집어 놓는다. 오늘날 불협화음은 더욱 커가고 종말론이 어슬렁거리며 하드록은 모호함 속에서 변신을 거듭하며 지속된다. 어떤가? 당연한 귀결 아니겠는가?

글 · 에블린 피에에 Evelyne Pieiller

프랑스 인디 힙합, 슬럼을 향해 외치다

토마 블롱도 Thomas Blondeau

저널리스트. 공동저작으로 『랩 전쟁 1, 2』(2007~2008)가 있다.

프랑스 인디 힙합계는 슬럼가에 정치적 낙인이 찍히고 음반시장이 불황을 겪은 이후, 대중을 향한 길을 버리고 그들이 나고 자란 거리로 되돌아왔다. 음반을 낼 때도 소량만을 직접 제작해 배포하는 방식을 택했다. 여러 인디 힙합 가수가 골든디스크를 거머쥐기도 했지만, 슬럼가 밖에서는 여전히 무명일 뿐이다.

"우리 구역 놈들에 이 노랠 바치네 / 우리는 하얀 가루에 입을 맞추지…"

파리 외곽의 불로뉴 시 플라스오트 지역. 허름한 아파트 벽을 타고 거친 랩이 들려온다. 목소리의 주인공은 28세라는 젊은 나이에 놀랄 만한 음반 성적을 거둔 힙합 가수 '림(LIM)'. 아직 대중에게는 잘 알려지지 않았지만, 인디 힙합신에서는 이미 톱스타 역할을 톡톡히 하고 있는 유명 인사다. 최근 그와 같은 몇몇 인디 힙합 가수들의 앨범이 라디오, 텔레비전 등의 매체를 통한 소개 없이도 수만 장씩 팔려나가고 있다. LIM은 녹음 스튜디오에 앉아 앞에 놓인 믹싱 콘솔(console, 오르간 연주대를 가리키는 표현-역주)을 가리키며 말했다. "이 콘솔, 프랑스에는 네 대밖에 없는 겁니다. 이게 가장 최신형이죠."

아파트 지하 창고에 이 첨단 믹싱 콘솔을 들이기 위해 수만 유로를 투자했다는 그의 설명은 어떻게 보면 의아하기도 하다. 스타 래퍼가 됐지만 여전히 거대 아파트 단지의 한복판에서 슬럼가의 주민으로 살아가고 있고, 해변에 놓인 으리으리한 별장도, 스위스 은행의 비밀 계좌도 가지고 있지 않다. 그가 자란 곳은 불로뉴 시, 다시 말해 90년대의 힙합 스타 '모베즈랭'과 '부바'의 지척에서 성장한 셈이다.

HYE JEONG KANG

하지만 음악적 성공과 부를 모두 거둔 지금도 변함없이 블로뉴에서 살고 있으며, 사실 이곳을 떠나는 것을 단 한 번도 고려조차 해보지 않았다. 그는 그 이유를 "떠난다고 해도 제가 어디를 가겠습니까? 파리 중심지에 가서 잠깐 어슬렁거리다 보면, 내가 있어야 할 곳은 그곳이 아니라 바로 이 동네라는 사실이 분명해져요. 그래서 떠나지 않는 것이죠"라고 설명했다.

LIM의 노래엔 어떠한 과장이나 미화도 없이 일상이 그대로 실려 있다. 예를 들면, 영화 같은 거창한 이야기가 아닌 욕구불만, 경찰 뒷담화, 여자 이야기, 감옥에 간 형제들, 지중해를 건너와 불법 체류자가 된 친척들 이야기 등을 거칠면서도 날카롭게 담아내고 있다. 언뜻 보기에는 음반 판매가 되기나 할까 싶을 수도 있지만, 그가 걸터앉은 소파 뒤 벽에는 두 개의 골든디스크가 걸려 있었다.

음반 판매량 1위를 차지해도 … 여전히 무명 가수

2007년 10월, 파리 중심가에 위치한 5구, 유니버설 뮤직에서 발표한 주간 음반 판매량 집계 결과에 모든 레코드 회사들은 충격에 빠지고 말았다. 크리스토프 마에, 바네사 파라디, 마누 차오 등 쟁쟁한 대형 스타 가수들의 이름 위로 LIM의 이름이 떠올랐기 때문이다. LIM이 이름도 파격적인 레이블 '투스 일리시트'('모두 불법'의 뜻)를 통해 발매한 2집 앨범 〈델랭캉〉('범죄인'의 뜻)이 전체 음반 판매량 1위를 차지한 것이다.

사실 이 결과를 발표한 유니버설 뮤직 사무실에서도 그에 대해 아는 사람이 한 명도 없을 정도였다. 이런 충격적인 소식 덕분에, 프랑스 힙합이 힙합의 출발점이던 슬럼가로 다시 돌아가고 있다는 이야기가 회자되기 시작했다.

힙합 음반 판매량이 급격히 줄어들기 시작한 것은 1990년대 말. 이때 메이저 업계는 힙합 가수들과의 모든 계약 관계를 정리하고 래퍼들을 인디로 밀어 넣었다. 덕분에 인디에서는 아무런 음반 작업을 진행할 수 없었고, 결국은 비공식적인 루트로만 노래를 제작해야 했다.

◀ 〈Superstar〉, 2022 - 강혜정

대표적인 예가 DJ가 자신만의 비트를 만들고 다른 래퍼들을 불러와 곡을 녹음해 믹스테이프[1]나 스트리트CD[2]의 형태로 제작하는 방식이다. 최소 비용으로 소량만을 제작하는 스트리트 CD는 힙합에서 자발적으로 창조해낸 새로운 주 매체가 됐지만, 사실상 공식 음반 판매량에는 집계되지 않고 있다.

믹스테이프의 경우는 정확한 발매일조차 따로 없다. 대마초 따위를 팔아 돈이 생기면 그제야 녹음실을 빌리고, 그렇게 작업을 시작해 녹음을 마치면 그 날이 바로 발매일이 되는 것이다. 이러한 상황이니, '타임 봄브', '비트 드 불' 같이 비교적 틀이 잡힌 프로덕션과 이름 없는 소형 레이블이 공존하면서 생기는 무질서함, 점점 한계까지 치닫는 래퍼들 간의 폭력적인 랩 공격, 음반 제작과 관련된 자본 문제 등이 인디 힙합이 마주한 난관으로 떠올랐고, 이 때문에 가요계와 미디어는 인디 힙합에 완전히 등을 돌리고 말았다.

그런데 2000년 들어 '루나틱'과 '부바'가 함께 만든 〈45 시엉티피크〉가 골든디스크를 수상했고, 이로 인해 인디 힙합계의 발전에 대한 전망이 다시 밝아졌다.[3] 골든디스크라는 예상치도 못한 결과가 나타나자, 마침내 몇몇 음반 배급업자들이 인디 힙합에 손을 내민 것이다. 인디 가수들도 이들을 통해 보다 넓은 팬을 확보하고 새로운 산업적 전망을 얻을 수 있었다.

인디 힙합 레이블의 배급을 담당하고 있는 와그람 뮤직 소속 필립 가이야르는 "인디 힙합은 이미 수년 전부터 메이저 시장 밖에서도 충분히 성장할 수 있는 역량들을 갖춰 왔다"면서, "우리도 인디 레이블 중 하나인 '므나스 레코드'와 유통 계약을 맺었는데 곧바로 2만 5천장이 판매되었다. 덕분에 인디에 대한 더 큰 확신을 가질 수 있었다"라고 설명했다.

"랩으로 먹고살고, 랩 안에서 살아간다"

현재 배급업체를 통해 유통되는 인디 힙합 음반은 수십만 장에 달한다. 새로운 유통망은 래퍼 본인과 음반 제작자, 레이블에게도 큰 이익이다. 그들이 지속해온 인디 활동이 하나의 새로운 경제 동력으로 바뀌어 가면서, 음악 관련 사업 자체도 높은 수익성을 가지게 되기 때문이다. 그러나 이렇게 새로운 배급처를 통해 손쉽게 음반을 유통시킬 수 있게 됐음에도 불구하고, 인디계는 지금까지 자신들을 성장시켜온 인터넷, 소형 음반사, 벼룩시장 따위의 비공식적 시장에서도 결코 손을 떼지 않았다. 공식 앨범을 내는 틈틈이 팬들 곁을 떠나지 않으며 여전히 소문을 불러일으키고 인기를 얻고 있다.

파리 북쪽 외곽, 클리냥쿠르 지역의 벼룩시장 한복판에는 인디 힙합 레이블 '게토 파뷸루스 갱'의 노점이 있다. 이곳에서는 '이 도시에 들어서면 난 잃을 것 없지 / 이 나라 따윈 터지라고 매일 기도하지 / 국가는 부르지 않아 우린 부랑자니 / Do or Die, 사회 따윈 모르지' 같은 랩이 흘러나오고 있다.

레이블의 수장인 〈알파5.20〉은 울타리 앞에 기대선 채 "음반 불황? 그게 대체 뭡니까?"라며 조소를 던졌다. 그는 몇 년 전까지만 해도 무명 래퍼였지만, 지금은 수천 장의 앨범 판매량을 기록하며 큰 인기를 얻고 있다. "첫 믹스테이프를 내놓았던 것이 벌써 8년 전 일인데, 당시 한 방에 7천 장이 팔려나갔습니다. 그게 신호탄이었죠."

파리 외곽지역 인디 힙합계의 '대형 레코드사' 역할을 하는 이 노점 좌판에는 기존 음반사에서도 판매하고 있는 공식 음반뿐 아니라 팬들이 목을 빼며 찾아다니는 믹스테이프나 스트리트CD도 찾아볼 수 있다.

한 단골손님은 이 노점에 대해 "여기는 업데이트 일정이 쉬지 않고 돌아갑니다. 매주 주말마다 벼룩시장에 찾아와보면, 공식 신보는 물론이고 비공식 · 미발매 음반, 다른 래퍼들과 콜라보한 컴필레이션 앨범(편집 음반) 등도 늘 새롭게 나와 있거든요. 정말 끝이 없어요"라고 말했다.

LIM의 랩은 고되고 험한 슬럼가 삶에 대한 시대극

경제적 논리가 과잉생산으로 이어지면서 음반의 퀄리티를 떨어뜨리는 결과를 낳을 위험도 없지 않지만, 지금 인디에 더욱 힘을 불어넣고 있는 것도 사실 이 경제적 논리다. 〈알파5.20〉

은 "우리는 랩으로 먹고 살고 랩 안에서 살아간다"며 "이곳에 더 이상 더러운 돈은 존재하지 않는다. 직접 돈을 벌어 다시 투자하고, 그렇게 키워갈 뿐"이라고 힘주어 말했다.

한편 게토 파뷸루스 갱의 노점에서 몇 미터 떨어진 곳에는 래퍼 '라르센'의 노점이 위치해 있다. 26세의 나이에 한때 전과가 있는 그 역시 지금은 랩을 쓰며 소소하게 돈을 벌고 있다. 또 벼룩시장을 따라 올라가다보니 큰 길 위쪽에서는 힙합 듀오 〈트뤼엉 드 라 갈레르〉가 신보를 뿌리고 있었다. 〈알파5.20〉의 동업자 중 한 명은 "이 바닥에서 인디 레이블이 롱런하려면 정말 저렇게 해야 한다. 정기적으로 무료 음원이나 영상을 제공하는 것"이라고 설명했다.

이 '바닥'에서는 각종 블로그와 전문사이트들이 온라인으로 잘 연결되어 있는 덕분에 가수들이 따로 홍보를 할 필요가 없다. 대중매체에 잘 알려지지 않았더라도 슬럼가에서는 왕자 대접을 받으면서 편안하게 돌아다닐 수가 있고, 이곳에 거주하는 사람들에게는 오히려 더 친밀하게 다가갈 수 있다.

LIM은 이러한 관계가 친구 사이 수준을 넘어선 '가족'과도 같은 것이라고 말하며 다음과 같이 설명했다.

"우린 스타가 아닙니다. 우리에겐 팬이 아니라 '형제들'이 있죠. 또 그들 덕분에 우리가 하는 음악 활동도 계속 이어갈 수 있는 것이고요. 우릴 만나고 싶다면 언제든 이 거리로 오면 됩니다. 우린 늘 여기 있으니까요." 이것이 바로 프랑스 인디 힙합의 놀라운 성공에 숨겨져 있는 요소다. 자본주의적, 상업주의적 접근만으로는 이러한 성과를 결코 설명할 수 없다. 막대한 음반 판매량의 뒤에는 음악 그 이상의 무언가가 있었다.

다시 불로뉴 시 플라스오트로 돌아가보자. LIM의 스튜디오에서는 그의 신곡이 스피커를 통해 흘러나오고 있었다.

'넘버원이 나의 삶을 바꾸진 않았지 / 난 여전히 더러운 밤을 보내곤 해 / 내 권총을 닦아둬 너무 지루하니까 / 곧은 길은 비켜서 스타는 너무 지겨워'와 같은 가사를 보건대, 3년 전 그가 첫 번째 골든디스크를 수상한 후에도 그의 삶은 조금도 바뀌지 않았다는 것을 알 수 있다. 그는 알제리를 상징하는 녹색 트레이닝복을 걸쳐 입은 채 "제 삶도, 제 생각도 전혀 바뀌지 않았습니다. 물론 제 음악도 그대로죠. 그러니까 사람들도 제 음악을 다시 찾아주는 것이겠죠"라고 설명했다.

골든디스크를 수상하면서 받은 상금으로 그는 그의 레이블 '투스 일리시트'의 상황을 정리하고, 지하 창고 하나를 구해 녹음 스튜디오를 꾸몄다. 그게 전부였다. 그는 이 스튜디오에 대해서도 "이곳은 거리의 모든 이들을 위한 곳입니다. 골든디스크는 우리 모두의 것이죠. 저 혼자 앞장선다고 해도 그게 특별히 자랑거리가 되지는 않습니다"라고 강조했다.

그는 자신의 음악을 통해 스스로의 삶과 주변인의 일상을 담아낸다. 그의 랩은 마권발매기 털이, 마약 거래, 그리고 이어지는 감옥살이 등 고되고 험한 슬럼가 삶에 대한 시대극을 보여주고 이 거리의 일상을 있는 그대로 반영하고 있어, 힙합이 쉽게 빠지는 함정인 과대망상과는 거리가 아주 멀다. 그의 랩을 통해 막 감옥에서 출소한 친구, 약간의 대마초에 몸을 파는 매춘부, 무능한 정치인, 경찰에 대한 불만, 반감과 증오, 그리고 아주 약간의 희망에 대한 이야기를 만날 수 있다. 결국 힙합이라는 매개체를 통해 '슬럼'이 '슬럼'을 향해 외치고 있다고 볼 수 있다. 너무나도 '이곳만의' 삶이어서 밖에서는 이해받을 수 없는 그런 일상에 대한 랩이 울려 퍼지고 있는 것이다.

일간지 〈르몽드〉는 한 기사를 통해 LIM의 동료 랩퍼 '라르센'을 '동네 래퍼'라고 칭하며 집중 조명했다. LIM은 이 호칭이 너무 편협한 명칭이라며 거부했지만, "우리에게는 선거인 카드도 없습니다. 이곳엔 우리만의 정치가 있고, 우리는 우리만의 방식으로 삶을 살고 있습니다. 우리가 이곳을 떠나지 않는 이유는 바로 그런 우리만의 삶이라는 사실을 잊지 마십시오"라는 말을 덧붙였다.

'팬'이 아닌 '형제들'이…"우린 늘 이곳에 있다"

1990년대 당시, 프랑스 힙합의 선구자들이 힙합계의 문을 열며 추구했던 것은 대화의 장이었다. 힙합 전문 잡지 〈랩 맥그(Rap Mag)〉의 전 편집장 뱅상 베르트는 "'아사생', 'NTM' 같은 그 시대 랩퍼들은 자신들이 하위 계층이 아니며, 말을 능수능란하게 잘 할 수 있고, 사회 활동에도 참여할 수 있는 존재라는 사실을 증명하고 싶어 했다"라고 분석했다. 그러나 90년대 말에 이르러 슬럼가 이주민들에 대해 그들이 거주하는 곳이나 종교적 신념 등이 모두 정책적으로 낙인찍히기 시작했고, 엎친 데 덮친 격으로 음반시장은 포화상태에 이르렀다. 결국 힙합 시장에 대한 그들의 희망은 물거품이 되고 말았다. 힙합은 다시 거리로 돌아왔고, 랩은 슬럼가를 떠나지 못한 채 합법과 불법의 경계에서 근근이 살아가는 불량 청년들의 일상의 모습을 묘사하는 거친 표현들로 서서히 채워져 갔다.

인디 힙합은 도시의 목소리가 아니라, 슬럼가의 고독한 노랫소리

프랑스 힙합 1세대 그룹인 〈NTM〉의 멤버 '쿨 셴'도 이러한 변화의 물결은 피할 수가 없었다. 그는 "아무리 아름다운 문장을 쓰려고 애쓰더라도, 힙합이 가진 '거친 음악'의 이미지에 점차 굴복하게 된다"면서 "결국 마지막에 이르러서는 스스로를 '망할 놈'이라고 부르면서 슬럼에 그냥 그대로 남게 된다"라고 설명했다.

즉, 인디 힙합은 더 이상 1세대 래퍼들이 주장했던 '도시의 목소리'가 아니라, 슬럼가의 사람들에게, 조금 더 넓게 본다 해도 다른 슬럼가에 거주하는 '형제들'에게 까지만 전해지는 고독한 노랫소리가 된 셈이다. 늘 멸시받았던 슬럼가가 시선을 사회 중심에서 외곽을 향해 돌리면서 반대로 사회를 깔보기 시작했고, 이제는 그 수준이 일종의 지역적 자폐화에 가까워지고 있다.

90년대에는 '그들 vs 우리'라는 논리가 있었지만, 오늘날엔 이것이 '우리 vs 우리'라는 논리로 바뀌며 사회에 대한 무관심으로 표출되고 있다. 국기, 학교, 직장, 나아가 음반회사 마저도 그들에게는 전부 '망할 놈'이 되어버린 것이다.

"물론 우리 쪽 음반들이 히트를 친 이후 메이저 쪽에서 먼저 연락이 오기도 했습니다. 그런데 뭐, 아무 필요 없어요. 계약 따위 알 게 뭐랍니까. 여기 이곳에선, 우리끼리 우리의 일을 합니다. 그게 다예요"라고 말하는 LIM의 눈빛에서는 일종의 자부심이 느껴졌다.

이 '우리'라는 말이 꼭 과거 실패한 이주민 통합정책에 던지는 도전장처럼 들렸다. 80년대 당시 흑인 및 아랍계 이주민에게도 나이트클럽 입장을 허가하자며 대단한 선의로 뭉친 바 있던 여론에 던지는 도전장 말이다. 사실 그들이 들어가고 싶었던 곳은 나이트클럽 따위가 아닌, 국립행정학교 같은 곳이었다.

결국 그들은 소외된 자의 신분으로 돌아가 다시 그들만의 깃발을 들고, 슬럼가의 경제와 네트워크를 구축하며, 거의 자급자족에 가까운 가치체계를 형성했다. 슬럼가의 음악은 점점 더 폐쇄적으로 변했고, 노래 가사도 은어가 난무해 외부인은 어렴풋이 겨우 알아들을 수 있는 수준으로 변해갔다. 그러면서 사회적 · 심리적 상황을 오롯이 대변하는 음악은, 거칠고 폭력적인 그들의 모습을 담아내는 것 이상의 의미를 지닌 하나의 사회적 상징으로 볼 수 있다.

여러 래퍼의 음악을 통해 강력하게 드러나는 이러한 폐쇄적인 태도는 사실 젊은 세대만의 전유물이 아니다. 최근 있었던 지방선거에서 외곽지역의 기권율이 70% 수준에 육박했던 것만 보더라도 이미 이곳에는 폐쇄성과 '바깥 세계'의 정치에 대한 무관심이 팽배해 있다는 것을 여실히 알 수 있다.[4] 이제는 우리가 이대로 멀어져 가는 그들을 보고만 있을 것인지 자문해 볼 때가 아닐까.

글 · 토마 블롱도 Thomas Blondeau

1 믹스테이프에 들어가는 컴필레이션 곡들은 종종 저작권 위반의 경계선에 아슬아슬하게 걸쳐 있다. ('거리가 뒤흔든 디스크 레이블들'(Des maisons de disques bousculées par la rue), 〈르몽드 디플로마티크〉 프랑스어판 2008년 1월호)

2 수작업으로 제작하는 음반을 일컫는다.

3 당시의 골든디스크 수상 기준은 10만장 이상 판매였지만, 이후 음반시장 전체의 불황으로 인해 판매량 기준이 2009년에는 7만 5천장, 최근에는 5만장으로 하향 조정됐다.

4 파리 교외 지역인 클리쉬-수-부아에서는 2차 선거 투표율이 31.3% 수준에 그쳤다. (〈르몽드〉 2010년 3월 25일)

"모차르트, 무능한 작곡가"

위대한 피아니스트 글렌 굴드, '최후의 청교도'

역사상 가장 위대한 피아니스트 중의 한 명인 캐나다 출신 글렌 굴드(Glenn Gould, 1932~1982)가 모차르트를 주제로 1976년 감독 겸 제작자인 브뤼노 몽생종(Bruno Monsaingeon)과 인터뷰했다.

브뤼노 몽생종(이하 M) : 글렌 씨, 무엇보다도 우선 나는 여기서 당신에게 상당수 사안에 대해 명확히 밝힐 수 있는 기회를 드리고 싶습니다. 당신이 정말 당신에게 전가된 모차르트에 대한 모든 모욕적인 판단을 발설했습니까? 당신이 그의 음악을 좋아하지 않는다는 말이 사실입니까? 정말 당신은 그가 너무 빨리 죽은 것이 아니라 너무 늦게 죽은 '무능한' 작곡가라고 생각합니까?

글렌 굴드(이하 G) : 그러니까 브뤼노 씨, 회자되는 모든 말은, 그 말들에 약간의 뉘앙스를 부여한다는 조건 하에서, 우리에게 훌륭한 대담거리가 될 만큼 상당히 정확합니다. 내가 싫어하는 모든 모차르트 작품은 그의 생애 마지막 몇 년 동안 만들어진 것들입니다. '마술피리(Flûte enchantée)'와 'G 마이너 교향곡(Symphonie en sol mineur)' 같은 작품들이 이에 해당합니다.

M : 모두 걸작들이군요!

G : 당신이 원한다면 그렇게 말할 수 있습니다. 반면 그가 20세에서 25세에 작곡한 많은 작품들이 있는데, 나는 그 작품들에 대해서는 그렇게 큰 논박 없이 묵인할 수 있습니다. '후궁으로부터의 유괴(L'Enlèvement au sérail)'와 같은 장르의 작품들에 대해 나는 아무런 관심도 없지만, 기본 음악으로는 전혀 문제가 안 됩니다.

M : 그에게 감사해하는군요!

G : 천만에요. 그러나 그가 청소년이었을 때 작곡한 상당수 음악 작품들에 대해서는 내가 많은 애정을 갖고 있다는 사실을 덧붙여 말해야 할 것 같습니다. 결과적으로, 모차르트가 '무능한 작곡가'가 '되어버렸다'고 말하는 것이 나에게는 더 정확한 표현인 것 같습니다. 당연히 그가 너무 늙어서 죽었다고 내가 말한 사실이 그의 때 이른 죽음에 대한 인정머리 없는 반응으로 이해되어서는 안 될 것입니다. 이 말은 "만약 그가 70세

까지 살았다면 그가 이룰 수 있었을 것에 대해 생각해 보세요"라는 종류의 모든 가정을 거부할 뿐입니다.
M : 당신은 항상 모차르트에 대해 똑같은 태도를 취했습니까? 하여튼 당신이 피아노를 배웠을 때, 사람들이 당신에게 그의 작품들을 공부하고 연주하게 강요하지 않았습니까?

G : 그의 작품들을 공부하라고 강요했다고요? 확실합니다. 그러나 그 시절 내가 경험했던 것은 일종의 경악이었습니다. 내가 아는 건전한 정신을 가졌던 다른 성인들과 나의 교수들이 왜 그의 몇 개 작품을 서구 음악의 보물로 간주했는지 나는 이해할 수 없었습니다. 가끔 그리고 나만의 즐거움을 위해 그의 작품들을 연주하는 것이 상당히 좋았던 것은 사실입니다. 여러 음계와 아르페지오에 맞춰 자신의 손가락을 빠르게 움직이면, 클레멘티(Clementi), 스카를라티(Scarlatti) 혹은 생상스(Saint-Saëns) 같은 작곡가들의 작품을 연주하면서 얻게 되는 촉각의 즐거움을 당신이 얻을 것입니다.

M : 내가 아무 소리도 안 들은 것으로 하지요. 그러나 당신이 어린애였을지라도 모차르트에 대한 당신의 견해가 일반적으로 공유되지 않는다는 사실을 당신이 틀림없이 알았을 것 같은데, 그렇습니까?

G : 아닙니다. 처음에는 몰랐습니다. 대략 13살까지는 모든 사람들이 나와 같은 방식으로 모든 사물을 쳐다본다고 확신했던 것 같습니다. 예를 들어 구름 낀 회색 하늘에 대한 나의 열정을 누군가가 공유하지 않을 수 있다는 생각을 나는 전혀 하지 못했던 것 같습니다. 태양을 더 좋아하는 사람들이 실질적으로 존재한다는 사실을 알게 된 것은 충격이었습니다. 지금도 그것은 이해되지 않는 어떤 것입니다. 하여튼 그것은 다른 이야기입니다.

바벨탑처럼 혼란스러운 아프리카 랩의 물결

장크리스토프 세르방 Jean-Christophe Servant

언론인.

세실 로베르와의 공저 『남아프리카공화국: 저항의 세기(Afrique du Sud: Un sècle de résistance)』(라탈랑테, 낭트, 2008)가 있다.

랩은 2000년대 초에 아프리카대륙에서 가지를 치며 번식했다. 세네갈, 말리, 콩고, 코트디부아르, 남아프리카공화국의 젊은이들은 랩에서 그들의 반항과 욕구불만의 배출구를 발견하고, 그들 나름의 랩을 창조하며 미국에까지 음악적 명성을 구가하고 있다.

"이 음악은 사회적으로 서로 다른 영역에 속한 젊은이들을 음악적 주제 주위로 끌어모으는, 다시 말해 그들의 인종적 차이를 지워버리는 능력을 가지고 있다. 랩은 말하는 거리다. 우리의 국가지도자들은 그 어느 때보다도 더 랩을 듣는 편이 좋을 것이다."

세네갈 최초의 랩 기획음반인 〈다합(Da Hop)〉[1]을 만들어내기 위해 모여든 래퍼들은 이렇게 자신들의 생각을 펼쳐 보였다. 아프리카 인구의 반을 차지하는 15~25세의 아프리카 청년들이 랩에 열광하고 있다. 1990년대 초만 해도 아프리카 부르주아지들의 단순한 흉내에 그쳤던 랩은 이제 '진정한 라이프 스타일'이 됐다. '사르셀의 브라자빌인'이라 불리는 파시(Passi, 콩고 브라자빌 출신의 프랑스 래퍼)를 리더로 하는 콩고 그룹 〈비소 나 비소(Bisso Na Bisso)〉가 아프리카 전역에서 거둔 성공은 그들의 전복적인 노래 제목 〈지도자의 입장에서(Dans la peau d'un chef)〉와 마찬가지로 이런 현상을 잘 보여준다.

자이르 출신의 코피 올로미드(Koffi Olomide, 아프리카 가수로는 처음으로 2000년 2월 공연에서 팔레 옴니스포르 드 파리-베르시 체육관이 관객으로 가득 찼다)부터 코트디부아르의 메이웨이까지, 자신들의 인기를 높일 작정으로 래퍼들과 듀엣으로 노래한 아프리카 스타들은

〈Superstar〉, 2022 - 강혜정 ▶

더 이상 셀 수도 없을 정도다. 수많은 랩 그룹이 포진해있는 세네갈 수도 다카르는 미국에서조차 랩의 신도시로 간주된다. 그러나 이제 다카르는 탄자니아의 다르에스살람 같은 새로운 중심지와 경쟁을 벌이는 상황에 놓여 있다. 2000년 4월 압둘라예 와데 대통령 선출을 그들의 승리로 생각하는 세네갈이 '소피'(Sopi, 월로프어로 '변화'라는 뜻)에 푹 빠져 있는 것과는 달리, 탄자니아의 수도 도도마에는 랩과 수백 개의 그룹을 위한 녹음스튜디오 두 곳이 있다.

아프리카 전통음악이 훌륭한 창작 원천이 될 수 있어

아프리카 도시 음악 관련 인터넷사이트[2]를 개설한 27세의 토마 제스튀젠은 "모델과 소재가 부족해도 현지 젊은이들은 즉시 마음에 들어했다"라고 설명했다. "랩이 처음에는 최신 미국음반을 구매할 능력이 있는 사람들에게 한정되어 있었던 것이 사실이다. 그 이후 랩은 모든 사회계층이 접근할 수 있는 것이 됐다. 특히 아프리카 음악전통이 탁월한 창작 원천이 될 수 있다는 사실을 점점 더 많은 연주자들이 보여주고 있다."

처음에는 랩이 최신 미국 음반을 구매할 능력이 있는 사람들에게 한정되어 있던 것이 사실이다. 그 이후 랩은 모든 사회계층이 접근할 수 있는 것이 됐다. 록과 라틴 음악(1960년대), 펑크, 소울, 레게(1970~80년대)의 레퍼토리에서 빌려오고, 라볼 프랑스-아프리카 정상회담(1990)과 아파르트헤이트의 뒤를 이은 세대가 발명해낸 이 새로운 퓨전 장르는 미국 흑인음악과 아프리카 리듬을 새로이 혼합한 것으로, 잃어버린 시간을 되찾으려는 시도이기도 하다.

1995년 〈포지티브 블랙 소울(Positive Black Soul)〉 그룹의 앨범 다카루아(Dakarois)가 시장에 나온 이후 사실 아프리카음악 옵서버들은 불만스러워했다. 유럽 프로듀서들의 손을 거쳐 '백인화'되지 않은 경우, 아프리카대륙의 랩은 서구음악을 아프리카 버전으로 소화해 낸 편곡의 성격이 짙었다. 하지만 이 극단적 모방은 격렬하면서도 모호한 상태로 새로운 것을 만들어 낼 여지를 주었고, 결국 뿌리와 근대성을 결합한 새로운 트렌드가 이루어졌다. 아프리카대륙이 끝에서 저 끝까지 '바벨탑처럼 혼란스러운'(스와힐리어에서부터 아샨티어, 폰어, 호사어,

바밀레케어, 하오우사어, 그리고 프랑스어, 엉터리 영어[broken English] 또는 포르투갈어를 거쳐 월로프어에 이르기까지) 물결이 전통음악과 전자음향이 뒤섞인 랩 위로 흘러간다.

신세대 아티스트들이 북반구 프로덕션 쪽에 귀를 기울이고 있기는 하지만 그들이 만들어내는 텍스트는 자기 나라의 현실에 굳게 뿌리내리고 있다. 빈곤, 실업뿐 아니라 환경, 인종분쟁, 부패, 에이즈는 단골로 등장하는 해악들이다. 거기에 새로운 단어와 문장, 춤 스텝과 표현들을 접합해 시민사회의 눈부신 발전 속에서 느낀 분노를 표출한다. 그리고 그것들은 빠른 속도로 거리에 전파된다. 탄자니아의 잔지바르 섬 행정당국이 2000년 10월 29일 총선 전날 라디오에서 랩 그룹의 음악을 방송하지 못하게 할 정도였다. 그룹 〈레이지(Rage)〉의 말리인들의 표현대로, 음악은 젊은이들의 갈망과 요구를 담아낸다. "이곳에는 '미국'처럼 집단거주지나 게토가 없는 게 사실이다. 서로 쏘아대지는 않는다. 하지만 부패, 뒷거래, 방임, 빈곤은 분명히 있다. 가장 가난한 사람들을 돌봐줄 사회시스템도 없다. 배불리 먹는 사람들은 언제나 똑같다. 국고를 갉아먹는 흰개미들. 그리고 학교는 정말 가슴 아프다. 6~7년 전부터 청소년들은 더 이상 학교에 가지 않는다. 10년, 15년 후에 누가 이 나라를 이끌어갈지 의문이다."

마찬가지로 랩의 영향을 받아 춤과 독설을 혼합하는 음악인 코트디부아르의 '주글루' 세대도 비슷한 시각을 공유한다. '알루쿠'(alloukou, 코트디부아르의 중서부 '베테[Bété]'족 축제의 리듬과 춤-역주)에게서 영감을 얻고, 신시사이저로 베테 리듬을 만들어내는, '반쯤 분노하고 반은 즐거워하는' 아티스트들이 구사하는 주굴루 음악은 아비장 외곽(2000년 10월 17일 세네갈 대통령선거에 항의하던 수십 명이 학살된 요푸공, 아잠, 아보보 등이 손꼽힌다)에서 탄생해 1990년대 앙리 코난 베디에 전 대통령에 반대하는 학생시위 때에 유명해졌다.

5년 후, 주글루 음악과 유명한 코트디부아르 레게(알파 블론디, 티켄자파콜리)에 힘입어 로베르 구에이 장군이 이끄는 폭도들은 '야만인 코난'을 대통령직에서 축출했다. 어쨌든 주글루 그룹인 〈레 살로파르(Les Salopards)〉의 리더 숨 빌(Soum Bill)은, "카키색 히스테리에 휘말리지 말아야 한다. 모든 사람들이 군인들에게 환호를 보냈지만 우리는 계속 불평등을 말해야 한다. 아비장의 불안과 싸운다는 구실로 군인들은 모든 국민들을 차별 없이 악착같이 따라다

닌다. 우리들 주변에 도둑과 강도가 있다면 국민을 비난해야 할 것이 아니라 시스템을 비난해야 한다"라고 호소했다.

아파르트헤이트 이후의 남아프리카공화국 역시 소외된 사회계층으로부터 다양한 음악 경향들이 탄생했다. 5년 만에 남아공은 음악산업에서 세계 22위에 올랐고, 이 분야에서는 2만 명이 일하고 있다. 요하네스버그의 흑인구역에서 생겨난 크와이토(남아프리카 댄스음악)는 '서구' 음악(시카고의 하우스, 런던의 정글, 자메이카의 레게)의 놀라운 '검보(gombo)'(4)에다 외설적인 내용부터 사회적 내용까지 담고 있는 가사를 흥겹게 혼합한 음악이다.

크와이토와 주글루, "미국 랩에 대한 진정한 아프리카식 대안"

크와이토는 8년 만에 이론의 여지없이 남아공 젊은이들의 밴드음악이 됐다. 크와이토는 에이즈반대 캠페인에서 경화기매매 반대에 이르기까지 모든 광고에 리듬을 붙인다. 그리고 그 스타들은 가장 가난한 사람들의 아이콘이다. 크와이토 음악의 선두그룹인 〈봉고 마핀(Bongo Maffin)〉의 뮤지션 탄디스와는 "이것은 시대의 에너지를 근간으로 한 음악이자 아파르트헤이트 이후 자유와 흥분을 표현하는 젊은이들의 음악"이라며 "모든 것이 그들에게는 새로운 것으로 보이기 때문"이라고 설명했다.

그렇다고 해서 크와이토가 자신의 첫 번째 임무를 잊어버린 것은 아니다. 요하네스버그의 〈YFM라디오〉의 스타 DJ 프레쉬는 "크와이토는 게토의 음악이다. 우리는 거리에서 살고, 거리를 걸으며, 좋은 것과 안 좋은 것을 알고 있다. 우리가 새로운 남아프리카공화국에 빠져 있기는 하지만, 결코 권력에 충성하지는 않을 것이다"라고 말했다. '알루쿠'로부터 영감을 얻은 베테 리듬의 코트디부다르 주글루는 아비장 외곽 출신의 '반쯤 분노하고 반은 즐거워하는' 아티스트들이 구사하는 음악이다.

소웨토의 빈민구역에서 태어난 크와이토가 확대 보급되면서 아티스트들 사이에서 한판대결을 하는 일이 벌어지거나, 초치(tsotsi, 흑인 소년범)가 프로듀서로 변신하거나, 성급한 계약이 이뤄지거나, 대마초 향기가 퍼지는 공간에서 위험한 콘서트를 벌이는 등, 진부한 '뮤직 비즈니스'가 자리를 잡기도 하고 있다.

시장수입은 좋은 편이라고 해야 할 것이다. 크와이토의 막강한 영향력 덕택에(스타 아티스트들의 앨범은 1500만부까지 팔린다), 현재 남아공사람들이 구매하는 음악의 3분의 1 이상이 현지에서 만든 음악이다. 새로운 도시음악을 전문적으로 다루는 남아공 웹진 〈레이지(Rage)〉[5]는 크와이토와 주글루를 "미국 랩에 대한 진정한 아프리카식 대안"으로 평가했다.

서아프리카 음유시인들의 시대는 끝났다. 민영 라디오(코트디부아르의 〈라디오 노스탈지〉, 세네갈의 〈7〉, 남아공의 〈YFM〉, 탄자니아의 〈우후루 FM〉)[6]와 새로운 채널(〈MCM 아프리카〉와 〈LC2〉)이 급성장하면서 아프리카 시민사회의 새로운 대변인인 래퍼들은 그들의 성공에 기여했던 대중들과 해결해야 할 문제가 생겼다.

음반 불법복제와 흔히 불안정한 근로조건(예술가 노조가 거의 없고, 영어권 아프리카를 제외하면 작사가 · 작곡가 · 음악편집자협회(Sacem)가 현지에 있는 경우는 극히 드물다)에도 불구하고, 유행은 이제 막 시작했을 뿐이다. 아프리카 음악의 '세계화'를 비판하는 사람들에 대해 제스튀젠은 이렇게 반박했다. "아프리카 래퍼들에게 이런 퓨전은 그들의 문화가 21세기에 적응할 수 있다는 것을 보여주는 명백한 증거다. 게다가 그들의 비판에 대한 보편적 토대를 제공한다."

글 · 장크리스토프 세르방 Jean-Christophe Servant

1 다합(다카르 힙합의 준말)은 2000년 4월에 출시된 조졸리 · 데라벨(유순두르의 레이블)의 특별기획음반이다.
2 Africanhiphop.com 사이트 인용.
3 티에모코 쿨리발리, '스스로를 모색하는 코트디부아르의 정계', 〈르몽드디플로마티크〉 프랑스어판 2000년 10월호.
4 혼합, 소스(서아프리카 요리).
5 www.rage.co.za, www.africaserver.nl/rumba-kali
6 자크 송생, '자유를 박탈당한 라디오', 〈마니에르 드 부아르〉 프랑스어판 51호, 2000년 5월호, p. 46 참조.

‘정돈 된’ 재즈라는 난제

보리스 비앙 Boris Vian

프랑스의 작가, 시인, 가수, 재즈 연주자. 시나리오 작가, 번역가, 배우, 화가로도 활동하는 등 매우 다채로운 이력을 지녔다. 무정부주의에 입각해 정치 활동을 하기도 했다. 그는 사후에서야 평가를 받게 되는데, 특히 68년 세대들이 그의 작품에 나타나는 ‘사춘기적 꿈’을 주목했다. 그의 작품 전집은 2003년에 페이야르(Fayard) 출판사에서 전 15권으로 출간됐다.

1947~1958년, 보리스 비앙은 잡지 〈재즈 핫(Jazz Hot)〉에 시평을 연재했다. 당시 재즈는 역설적인 시기를 맞고 있었다. 한편에서는 ‘진보주의자들’의 관심을 사며 파리의 생제르맹데프레를 지적 모더니티의 상징으로 만든 유행과 연결됐지만, 다른 한편에서는 ‘고상한 음악’을 하는 이들의 거만한 호의를 견뎌야 했다.

이런 때 비앙은 보들레르가 원했던, “편파적이고, 열정적이며, 정치적인” 비평가의 역할을 수행했다. 거침없고 박식한 시평들을 통해 비앙은 음악적 난청과 자족적인 편견이라는 적들에 대항해 싸움을 전개했다. 그 자신 10년 간 클럽 ‘르 타부’에서 재즈를 연주한 뮤지션이기도 했다.

불규칙적인 시평을 다시 시작하는 시점에 나는 독자 여러분에게 무대 위의 재즈에 대해 말씀드리고자 한다. 그동안 마음속 깊이 고민해온 주제다. 재즈는 오래전 처음 등장했을 때 사방이 거울로 장식된 퇴폐적 공간에서 연주되던 음악이었다. 그 후에는 카바레, 선술집, 선원들을 위한 댄스홀 등 손님들이 주로 춤을 추는 곳에서 연주됐다.

그런데 재즈는 속물을 위한 카바레를 거쳐 당당히 정식 무대 위, 즉 오케스트라석보다 1.5미터 높은 곳까지 오르게 된다. 그리고 영화 〈뉴올리언스〉가 재치 있게(!) 보여주었듯이 재즈 공연은 이 시대에 가장 ‘예술적인’ 행사 중 하나로 자리 잡기에 이르렀다.

우리는 여기서 다시금 편곡된 재즈라는 미묘한 문제, 지나친 편곡의 위험과 너무 편곡이 안

〈Superstar〉, 2022 - 김혜정 ▶

된 채 무대 위에서 공연되는 재즈의 불충분함이라는 문제와 마주친다.

지나친 편곡은 영감(inspiration)의 음악이어야 할 재즈를 조금씩 평범한 연주 음악, 즉 클래식 음악의 일부로 편입시켜버린다.

그리고 편곡되지 않은 채 무대 위에서 공연되는 재즈는 확실히 불충분하다. 순수한 영감 속에 몸을 맡기지 않으면 안 되는데, 만약 영감이 부족하다면 당연히 별 감흥을 느낄 수 없다. 결국 재즈는 전문가들만의 것이 되어버린다.

내가 언젠가 말한 바 있듯이, 적당히 만족할 만한 해결책으로 부분적인 편곡을 생각해 볼 수 있다. 우디 허먼의 헤드 어레인지먼트(head arrangement: 여러 번 리허설을 한 후 악보 없이 연주하는 것-역주) 등이 한 예가 될 수 있다. 하지만 이미 지적했듯이, 이 방식의 가장 큰 단점은 연주자가 안이한 태도에 빠질 수 있다는 것이다.

하지만 진짜 재밌는 일은 따로 있다.

몇 년 전부터 비평가들은 어떤 식으로든 재즈를 심각한 주제로 만들지 못해 안달이다. 그리고 조금씩 그 목표에 다가가고 있다. 미국에서 콘서트용 재즈는 전례 없는 성공을 거두고 있다. 스탄 켄튼, 디지 길레스피, 라이오넬 햄튼 등은 미국 전역의 콘서트홀에서 연일 관객 동원 기록을 경신했다.

프랑스에서는 재즈 카바레가 눈에 띄게 줄어들고, 콘서트가 갈수록 인기를 얻고 있다. 이 "거친 음악"이 대접을 받고 있는 것이다!

비평가들은 만족의 미소를 짓는다. 하지만 콘서트가 거듭될수록 진정한 재즈를 들을 기회는 그만큼 줄어드는 셈이다. 바로 그 비평가들이 요구하는 그 진정한 재즈 말이다.

이런 걸 두고 유식한 말로 악순환이라고 한다.

글 · 보리스 비앙 Boris Vian

출처: 보리스 비앙(Boris Vian), 『재즈에 대하여(Croniques de jazz)』(Le Livre de poche, 파리, 1998)

사라져 버린 테크노 음악의 매력

실뱅 데스밀 Sylvain Desmille

다큐멘터리 영화작가 및 제작자.
문화비평가와 사진작가로도 활동하고 있고, 1999년의 『라루스백과사전』에서 '테크노' 항목을 쓸 만큼 이 분야에 조예가 깊다.

1989년. 황폐해진 미국 자동차 산업공단 디트로이트[1]에서 벌어진 즉흥 축제에서 디스크자키들이 새로운 형태의 음악을 보급시켰다. 이 음악은 음향샘플, 전자음, 리듬박스 같은 것들을 컴퓨터에 혼합한 것이다. 박자가 '비트 퍼 미닛'(bpm, 분당 박동)으로 계산되고, 소리가 상당히 날카롭고, 음성이 부재하는 것이 악기도 악보도 없는 테크노 음악의 특징이다. 테크노 음악은 현대음악의 흐름에도, 가사와 멜로디가 잘 조화된 음악 범주에도 속하지 않는다.

테크노 음악은 주변부로 밀려났다. 그리고 그곳에 자리를 잡고 뿌리를 내렸다. 초창기 DJ들은 재즈, 록, 특히 디스코 같이 오래된 집단 기억의 영향 아래 작업했다. 머리를 쑤시는 듯한 기계음이 멈추자, 사람들은 공허가 디트로이트를 점령한 느낌을 받았다. 그때 실업의 대가를 치르고 인간이 노동의 사슬에서 해방된 것을 기념하기 위해 매우 리드미컬한 반복형 구조의 리듬 원칙이 만들어졌다. 하지만 결국 사람들은 축제에 기계를 사용했고 시퀀스의 합리적 도식을 뒤흔들어 버렸다.

테크노 음악에 열광하는 사람들은 인터넷으로 소통하고, 테크노 음악축제에서 만나고, 열기를 발산하고, 어울렸다가 헤어졌다.

미친 듯 질주할 때, 사랑을 고백할 때, 육체를 뒤섞을 때 심장박동이 쿵쿵거리듯 반복적으로 울리기 때문에 당시 사람들이 '소음'이라 부르던 테크노 음악은 알렉산드리아의 등대처럼 불나방들을 끌어들였다.

젊은이들은 테크노 음악축제에 참여하기 위해 국경을 넘었다. 정치권력과 중심부의 관점에

서 보면, 이 음악축제는 사악한 마녀들의 집회와 똑같았다. 하나의 공동체에 귀속되어 있다는 감정을 느끼며, 환희와 몰아지경 사이에서, 젊은이들은 오직 '열광'만을 았고, 폐쇄된 공장을 둘러싸고 황무지를 점령하게 만드는 것이 무엇인지를 어느 누구도 이해하려 들지 않았다.

경찰과 미디어 입장에서 이런 사태는 불을 보듯 뻔한 일이어서, 수천 명의 젊은이가 한 지점에 모이는 것은 엑스타시[2] 같은 마약을 소비하기 위한 것으로 간주했다. '테크노'는 그 어떤 규칙도 따르지 않는 것 같다. 이들은 인터넷과 광고전단지를 통해 자신들만의 네트워크를 형성한다.

축제를 예고하는 광고전단지에는 경찰의 방해를 막기 위해 장소를 표시하지 않는다. 테크노와 랩은 로마제국을 건설한 두 형제처럼 서로 적대적이다. 이들의 혈관에는 같은 피가 흐르지만, 형태, 수단, 목적은 근본적으로 대립된다. 랩이 권력과 돈의 상징인 중심부에 대항해 교외(郊外) 지역을 선택하며 대립 전략을 선호하는 반면, 테크노는 자신의 근거지 선언을 거부한다. 역으로 테크노는 전복 · 암시 · 전환의 기술을 배양한다. '레이버'(테크노 음악에 열광하는 사람)들은 싸우기보다 자리 바꾸기를 선호한다. 유목민인 그들은 인터넷으로 소통하고, 테크노 음악축제에서 만나, 몰입하고, 열기를 발산하고, 어울렸다가 헤어진다.

적어도 1990년대의 레이버들은 그랬다. DJ는 몇 시간 동안이나 자신이 선택한 땅으로 대중을 이끌어 간다. '믹스(mix)'가 파상적으로 펼쳐진다. 때로 사람들은 거기에 휩쓸리기도 하고 때로 격랑에 소스라치게 놀라기도 한다. 똑같은 음반을 다른 DJ의 손에 넘기면, 그것은 또 다른 여행이 된다. DJ는 팔을 뻗쳐 내키는 대로 물결을 탄다. 그러면 흩어진 꿈의 파편들이 다시 밀려온다.

테크노 음악의 공간은 중심이 곳곳에 있으면서 주변부가 어디에도 존재하지 않는 무한히 넓은 원이다. 미국과 유럽에서, 최초의 테크노 음악축제들은 버려진 공장, 숲속 혹은 국경에서 개최됐다. 국경에서 개최되는 것은 마약을 쉽게 운반하기 위해서가 아니라 통행을 용이하게 하고 궁극적으로 통행 절차를 폐기하기 위해서였다. 축제 장소로 가는 긴 여정은 통과의례 놀

◀ 〈Michael Jackson〉, 2022 - 강혜정

이이고, 이를 통해 자신을 잊는 상태와 신들린 상태에 이르게 된다. 이때 테크노 음악은 세상의 토템으로 간주되고, 이에 의거하여 일상의 혼란과 대비되는 (잠재적) 질서가 생겨난다.

신들린 상태에서 생겨나는 잠재적 질서

1989년 디트로이트는 버려진 공장과 실업노동자들이 넘쳐나는 황량한 곳이었다. 그래서 데릭 메이, 칼 그레이그, 제프 밀스, 리치 하우틴 같은 DJ들이 바로 디트로이트에서 테크노 음악을 만들었다. 당시에 그것은 시카고 클럽에서 개발된 하우스 음악의 변종에 불과했다. 테크노 음악이 하나의 온전한 음악 흐름을 형성하게 된 것은 구대륙으로 전달되면서다. 테크노는 사회적 · 군사적 · 정치적 위기가 발생한 모든 곳에서 발전하게 됐다. 유럽에서 테크노 음악은 걸프전과 더불어, 혹은 사라예보에서 뿌리를 내렸다. 아시아에서는 경제시스템이 붕괴되면서 테크노 음악이 발전했다. 오늘날 방콕, 프놈펜, 도쿄는 테크노 리듬에 맞추어 춤을 춘다.

테크노 음악이 경제상황에 대한 반응이 아니었다는 사실에 주목할 필요가 있다. 테크노 음악은 아무것도 제안하지 않는다. 단지 격리된 인큐베이터일 뿐이고, 거리두기를 제안할 뿐이다. 반면에 테크노 음악이 전개되는 방식은 사회 조직체의 변화와 관련이 있다. 테크노 음악은 버려진 공장에서 울려 퍼지고, 버려진 공장을 마지막으로 축복한다. 외부에서 보면 마치 버려진 공장에서 작업이 다시 시작되는 것으로 생각할 수도 있다.

테크노 음악은 산업사회에서 테크놀로지 사회로의 이행을 비난한다. 여러 지역과 여러 문화권에서 테크노 음악을 통해 산업세계에 대한 애도를 표한다. 프랑스 북부와 벨기에는 이런 운동의 보루가 되고 있다. 테크노 음악은 여러 주요 도시에서 에이즈에 걸린 게이들의 음악이다. 또한 테크노 음악은 (며칠 동안 춤을 추는 것과 같은) 육체적 저항과 (전투적인 축제 분위기의 리듬과 같은) 정신적 저항을 폭발시킨다.

테크노 음악은 버려진 공장에서 울려 퍼지고, 버려진 공장을 마지막으로 축복한다. 외부에서 보면 마치 버려진 공장에서 작업이 다시 시작되는 것으로 생각할 정도다.

그런데 테크노 음악의 사도(使徒)들은 중심부로 가는 길에 접어들었고, 미디어의 관심을 끌었으며, 자신들이 받은 대접을 비난했으며, 여러 정부 부처의 문을 두드렸다. 테크노 음악은 베를린에서 100만 명 이상이 가두행진을 벌인 '러브 퍼레이드'와 더불어 시동을 걸었다.

이것은 또한 테크노 음악의 종말을 의미하기도 했다. 독립 테크노 프로듀서들이 메이저 기업에 팔려나간 것이다. 성공을 예상한 메이저 기업들이 이 '독특한 음악의 흐름'에 주목하기 시작했기 때문이다. 테크노 음악 파티들이 취소되자 이를 견디지 못한 레이버들은 클럽으로 향했다.

'새로운 음악'의 수익성을 확신한 디스코텍 사장들에게는 엄청난 행운이었다. 미디어들이 테크노 음악을 20세기 말의 새로운 문화운동으로 언급하기 시작하면서, 록 음악도 유사한 음악으로, 심지어 같은 계통[3]으로 간주했다. 그런데 이것이 바로 약점이 돼버렸다. 과연 우리는 그것이 문화운동이라고 말할 수 있을까?

사람들이 일반적으로 '테크노'라고 부르는 것에는 수많은 변종과 하위그룹이 포함된다. 리듬이나 음질, 또는 음색에 따라서 분류된다. 자아를 잊는 상태, 분위기, 날카로움, 하드코어는 테크노 음악의 일부다. 또한 국가별로 분류되기도 하는데 이 경우, 프랑스 테크노, 이탈리아 테크노, 시카고 테크노, 베를린 테크노 등으로 분류된다. 주변 상황들을 고려하고 그것을 '믹스'해 결합시키면서 보편적 음악을 만들어내는 것이 원래 테크노 음악의 강력한 힘 중의 하나다.

이런 의미에서 테크노 음악이 모자이크식의 유럽에서 발전한 것은 우연이 아니다. DJ는 창조자로 간주되지 않았지만 고상한 의미의 '디스크 체인저'로, 다시 말해 감정 체인저, 국경 체인저로 간주됐다. 오늘날 DJ는 합법적 지위를 요구하고 온전한 예술가로 자신의 존재를 부각시키며 쇼 비즈니스 세계에 등장한다.

테크노 음악은 미디어의 특권적인 음악 장르로 자리 잡았다. 테크노 음악은 역동적이어서 구매를 부추기고, 정치적으로 중립이어서 논란거리가 되지 않는다. 동시에 테크노의 하위그룹들이 서로 첨예하게 대립하고 있는데, 순수주의 때문이라기보다는 최고의 판매 대상이 되고

자하는 욕심 때문이다. 모든 장르를 혼합했던 테크노 음악가들은 연령에 따라 계층화된 테마 파티에 자리를 양보했다.

파티는 DJ들이 정해진 시간에 맞춰 차례로 등장하는 수많은 무대로 나뉘어 있다. 동시에 등장하는 것이 아니라 차례로 등장하기 때문에 모든 DJ가 어쩔 수 없이 같은 톤으로 연주할 수밖에 없게 된다. 결국 예전에 6시간 혹은 12시간에 걸친 음악여행이 그들에게 허용해주었던 자유를 박탈당한 것이다.

테크노 음악은 반복적인 시퀀스의 결합을 통해 놀라움을 선사했지만, 이제 그 강한 인상은 정형화되어 버렸고, 음악적 파동이 표준화됐으며, 제작 시스템도 진부해졌다. 테크노 음악 파티 참석자를 미지의 세계에 빠뜨리고, 무아지경의 경지에 이르게 했던 테크노 음악의 최면과도 같은 특성은 가공된 형상이미지에 자리를 내주었다.

테크노 음악은 대중화되면서 고유의 아름다운 민주주의를 상실했고, 랭보가 〈계시〉에서 '가장 냉소적인 매춘'이라고 선언했던 것이 되어가고 있다. 그럼에도 프랑스에서는 몇몇 고집센 테크노 음악가들이 원래의 정신을 지켜나가려고 노력한다. 무료 입장의 '자유로운 파티', 와일드한 광란의 축제를 추구하는 것이다.

최초의 테크노 음악잡지인 〈BPM〉이 폐간됐지만 프낙(Fnac, 프랑스의 대형 유통업체)은 수요와 공급에 대처하기 위해 새 코너들을 열었다. 모든 독립 테크노 음악가들은 초심으로 돌아가거나 굴복하거나 사라질 것이다.

테크노는 우리 세대의 음성 언어

미국인들은 결코 하나의 운동을 일으키려고 노력한 것이 아니라, 그저 음악을 하려고 노력했다. 미국에서 테크노 음악은 여전히 주변적인 하위문화로 남아있다. 테크노 음악이 1990년대에 런던에 상륙했을 때, 문화운동으로 자리매김하려고 노력했다. 이런 현상은 지극히 영국적인 현상이다. 가사 없는 음악인 테크노는 결코 '메시지를 전달'하거나 이데올로기에 빠질 생각이 없었다. 그래서 테크노는, 음악에서 그랬던 것처럼, '뉴에이지' 향연의 잔류물에 얼마간의 불교 색채를 가미하고, 여기에 1970년대의 사상들을 뒤섞어서 전진해 나갔다. 이런 식으로 행동함으로써 테크노 지지자들은 고전적 방식의 정신 조절기술을 옹호했다.

테크노 문학은 존재하지 않는다. 한 권의 소설이 테크노에 대해 말하고 있지만, 관례적인 스타일로 말하고 있을 뿐이다. 테크노 문체는 아예 존재하지 않는다. 그나마 가장 테크노적인 작가는 여전히 마르셀 프루스트일 것이다. 프루스트는 『잃어버린 시간을 찾아서』에서 시퀀스, 단절, 반복구조, 문장의 여백을 보여줄 뿐 아니라, 마치 화자가 중심부와 주변부에 동시에 존재하는 것처럼 장소를 옮기고 거리감을 느끼게 하는 면모를 보여주기 때문이다.

단어라는 것들은 테크노 지지자들에게 소리, 이미지, 사고의 표면일 뿐이다. 그들에게는 삽화와 광고가 바로 단어에 해당한다. 테크노는 텔레비전 뉴스처럼 현재의 파도 위에서 서핑을 하지, 자신을 미래에 투사하지 않는다. 다시 말해 테크노는 전초(avant-poste, 무리의 선두에 위치하는 것)이며, 전위(avant-garde, 무리의 선두에서 이끌어가는 것)가 아니다. 바로 여기에 테크노와 테크놀로지 사이의 애매성이 존재한다. 새로운 매체를 모두 사용한다 해도, 사상이나 스타일이 만들어지는 것은 아니다.

테크노는 자신의 방식을 개발해 낸다. 우선 종족 문화의 표명에 필요한 매개물을 의복으로 개발해 내기도 한다. 1990년대에 '스트리트 웨어' 테크노는 노동자 유니폼을 착용했다. 시니피앙과 시니피에의 결합을 단절하고, 노동의 푸른색을 축제의 의복으로 만드는 방식인데, 이것은 도발과 전복의 노력 뿐 아니라 유머도 드러낸다.

몇몇 테크노 전시회의 빈약성은 가히 충격적이다. 사람들이 되는 대로, 이쪽에는 일부 개념미술 설비를, 저쪽에는 비디오를, 조금 더 먼 곳에는 만화 삽화를 배치하는 식이다. 사람들은 보고, 듣고, 때로 감정을 경험한다. 그런데 이미지들이 무의미하고 공허하게 계속 이어진다. 부재에 정당성을 두는 운동은 환상에 불과하다.

다시 말해 테크노 문화는 존재하지 않는다. 테크노 잡지와 테크노 라디오에서 사람들은 어떤 사회적 기획도 찾아내지 못한다. 원래의 영감은 지하 감옥에 유배돼있는 것 같다. 테크노는 현재 하나의 음악 운동일 뿐이고, 우리 사회를 이해하기 위해 질문해야 할 하나의 기호이고, 삽화이고, 암시적 표현이며, 이미지일 뿐이다.

글 · 실뱅 데스밀 Sylvain Desmille

1 알랑 포프라르(Allan Popelard), 폴 바니에(Paul Vannier), '디트로이트, 작아지는 아프리카계 미국 도시,' 〈르몽드 디플로마티크〉 프랑스어판, 2010년 1월호.
2 엑스타시의 주요성분인 MDMA는 암페타민계의 합성물이다. 이 합성물은 식욕감퇴제로 머크사가 1914년 개발했다. 이 합성물의 1차 효과는 억제완화, 자존감, 정신각성 작용이지만, 울렁증, 두통, 불안, 공포, 독성, 고위험 의존성 등과 같은 육체적 · 정신적 부작용이 생길 수 있다. 그런데 이 제품은 주로 '사회적으로 잘 적응한 젊은 성인들'이 소비한다.
3 〈아트 프레스〉, 파리, 1996년 3월.

라이, 알제리 젊은이들의 억눌렸던 노래

라바 무주안 Rabah Mezouane

〈비브랑시옹〉, 〈노바〉의 음악 평론가.
파리 아랍세계연구소(IMA) 기획자로 활동하고 있다.

축제와 위반의 도시 오랑에서 탄생한 라이는 알제리 젊은이들의 억압된 생명력의 표현이었다. 라이는 1990년대 초 지중해를 넘어 세계적인 음악으로 발돋움했지만, 프랑스에서 극우파가 득세하고, 알제리에서 '피의 10년'이 이어지면서 다시금 어려운 시절을 맞게 됐다.

서쪽으로는 아이두르 산이 우뚝 솟아있고, 한쪽은 아름다운 만, 다른 한쪽은 오래전에 물이 마른 후 건물로 뒤덮인 건곡에 걸치고 있는 도시, 오랑. 알제리에서 가장 유럽적인 도시로도 유명하다. 이곳에는 이 도시의 수호성인 시디 엘우아리를 기리기 위해 1793년 세워진 신전과, 18세기에 1492년 스페인에서 추방당한 이들을 기리기 위해 세워진 파샤 모스크가 있다.

시디 엘우아리는 자주 라이의 찬양 대상이 되기도 했다. 그럼에도 이 도시가 유럽적이라는 사실에는 변함이 없다. 과거 베르베르어로 '이프리'('동굴'이라는 뜻)로 불리던 이 도시를 903년 안달루시아 선원들이 '와흐란'(베르베르어로 '사자들'을 의미)이라는 이름으로 세웠다는 사실을 확인한다 해도 마찬가지다.

곳곳에는 기독교 유적들이 눈에 띈다. 17세기 초반 이곳에 진출해 두 세기를 머물렀던 스페인 사람들이 남긴 유산이다. 생루이 교회, 사크레쾨르 성당, 성모 예배당 등이 대표적이다. 오랑은 히스패닉, 안달루시아, 터키, 아랍-베르베르, 프랑스 문화의 영향을 곳곳에서 느낄 수 있는 도시다. 오랑의 코스모폴리타니즘은 축제 속에서 빛을 발한다.

오랜 옛날부터 오랑은 잠들지 않는 도시로 유명했다. 아름다운 항구의 풍경을 감상하며 ALN 대로(구 해변도로)를 산책하는 이들은 때로 베르뒤르 극장을 방문하기도 한다. 지금은 셰브 아스니라는 이름으로 불린다. 라이 러브 운동을 주도하다가 1994년 9월 29일 살해당한 가수의 이름을 딴 것이다.

어떤 이들은 식사를 한 후 곳곳에 눈에 띄는 댄스 클럽 중 한 곳에 들어가 느긋한 시간을 즐기기도 한다. 그 중 '르 플로리다'와 '르 도팽'이 가장 유명하다. 오랑 역시 폭력의 악순환 속에 휩쓸린 적이 있지만, 최근 몇 년간 댄스클럽의 수는 꾸준히 증가했다. 칼레드, 셰브 마미, 파들라, 사흐라위의 데뷔 무대가 됐던 카바레들은 라이의 고향이자 재능 있는 가수들을 배출하는 요람이 되고 있다.

늘 타지 사람들로부터 손가락질을 받거나 크고 작은 소문에 시달려온 오랑 사람들은 여자를 꾀려고 찾아오는 알제와 콘스탄틴 관광객들을 비웃는다. 이곳에서는 클럽에서 여성들의 환심을 사기 위해 최신 휴대폰과 돈 다발을 흔들며 으스대는 졸부들을 '촌뜨기'라고 부른다. 그 중에는 해변도로를 서성이는 여장 남자들을 찾아오는 이들도 있다.

게이 라이 가수 셰브 압두가 노래한 풍경이다. 과거 루이 암스트롱과 조세핀 베커의 공연도 있었고 1966년 자니 할리데이가 카지노 극장에서 콘서트를 열기도 했던 라이의 고향은 언제라도 싼값에 즐길 수 있는 만남의 장소였다. 라이는 국제적인 음악 장르로 인기를 얻기 전에는 무엇보다 삶의 한 방식이었다. 1920년 오라니 평원에서 탄생했다고 추측되는 라이는 1940~50년대 셰이카트들(아랍권 족장을 뜻하는 셰이크의 여성복수)의 출현으로 급속도로 인기가 상승했다.

그 중 지금은 고인이 된 리미티(1923~2006)가 대표적이다. 환락가, 삼류 카바레, 출장 파티를 돌아다니며 예리하고 짓궂은 가사로 청중을 사로잡던 여성들이다. 이 장르는 1960~1970년대 블라위 우아리, 아흐메드 와흐비, 메사우드 벨무, 부텔자, 아흐메드 사베르 등의 가수들에 의해 조금 더 현대적인 모습으로 변모했다.

1980년대에 이르러 라이는 가히 폭발적인 인기를 끌며 전성기를 구가했다. '셰브'('젊은이'라는 뜻)라고 불리는 한 무리의 가수들이 알제리 음악의 판도를 뒤바꾸어 놓았다. 대중적 표현 형식을 폄하하고 억압하는 역할을 해오던 전통적 문화 귀족들의 권력이 흔들리기 시작했다. 그들은 베이스 기타, 신시사이저, 드럼머신 등을 도입하여 악기 구성을 혁신하고 전통적인 멜로디에 생명력을 불어넣었다.

그들은 다채로운 가락을 만들어내기 위해 민속음악 형식을 접목하는 것도 마다하지 않았다. 대부분 와인과 위스키의 달콤한 맛, 여성의 육감적인 몸매를 찬양하거나, 성적인 고뇌에 대해 노래했다. 수십만 개의 카세트테이프로 유통된 그들의 노래는 "살아라, 그리고 살도록 내버려두라"고 외쳤다. 열악한 환경 속에서 제작된 이 노래들은 수적으로는 다수지만 사회적으로 발언권이 없었던 대부분의 젊은이들 사이에서 엄청난 반향을 불러일으켰다.

그들은 무력감에 사로잡힌 채, 쇼비니즘이 판치는 스포츠 경기장, 애국적 레토릭만 반복하는 미디어, 술집, 모스크, 거의 부재하는 대중문화 사이를 오가며 살아오던 터였다. 라이의 성공이 어찌나 대단했던지(알제 청년축제에서의 공연, 오랑에서 최초의 라이 페스티발 개최 등) 알제리 정부는 1985년 라이의 '정상화'(일종의 '방부처리')를 촉구하며 국가적인 관리에 나설 정도였다.

그 후 1년도 채 안 되어 라이는 보비니와 라빌레트에서 개최된 페스티벌을 통해 프랑스에 상륙했다. 거장과 신예를 막론하고 유명한 가수들이 대거 참여한 공연이었다. 관객은 대부분 향수에 사로잡힌 이민자들이었다. 그러나 라이는 한동안 프랑스에서 큰 반향을 불러일으키지는 못했다. 몇몇 미디어의 조명(혹은 사회학적 관심)을 받은 정도였다.

1990년은 라이가 성숙기에 접어든 원년이다. 카세트테이프가 서서히 자취를 감추고 CD로 된 앨범이 유행하기 시작하던 때다. 셰브 마미는 라이 가수로서는 처음으로 미국에서 〈렛 미 라이〉라는 제목의 음반을 냈다. 프로듀서는 로스앤젤레스의 힐튼 로젠탈이었다.

마침내 독립적인 장르로 인정받은 라이

이 앨범은 아랍계 이민자들에게 호응을 얻으면서 큰 성공을 거뒀다. 셰브 마미의 히트곡 〈아울루〉는 심지어 이스라엘 최고 인기 가수에 의해 다시 불리기도 했다. 이때 많은 변화가 시작됐다. 라이 본연의 멜로디를 잃지 않으면서도 섬세한 편곡과 전문성을 갖춘 곡들이 속속 등장했다.

1992년 알제리는 폭력의 악순환 속으로 빠져 들어갔다. 프랑스에서는 칼레드가 발표한 돈 바스 편곡의 〈디디〉가 히트를 쳤다. 칼레드는 마그레브(아프리카 서북부) 출신 가수로서는 최초로 톱50에 들었으며, 다른 지역에서도 인기몰이에 앞장섰다. 인도와 스리랑카에서는 타밀어 버전이 나왔고, 에티오피아, 일본, 이집트, 걸프만 국가들에까지 알려졌다. 프랑스와 그밖의 지역에서 〈디디〉가 인기를 누리는 동안에도 알제리인들의 관심은 라이 러브 운동의 창시자이자 지중해 가수 훌리오 이글레시아스에게도 영감을 준 셰브 아스니에 쏠려 있었다.

어쨌든 라이는 블루스, 록과 어깨를 나란히 하는 독립적인 장르로 인정받게 됐다. 프랑스 베르시 종합경기장에서 펼쳐진 대규모 공연이 그 증거였다. 1998년 9월 26일 칼레드, 라시드 타하, 포델 등이 출연하는 콘서트 '1, 2, 3 솔레이'에는 1

〈Soaring soar〉, 2022 - 강혜정 ▶

만 6천 명의 관객이 몰려들었다. 물론 뒤늦은 마케팅의 효과로 볼 수도 있지만, 어쨌든 알제리 음악이 이토록 융숭한 대접을 받은 것은 처음이었다. 언론은 앞다투어 감동에 찬 어조로 상징적 가치를 지니는 이 공연에 대한 소식을 전했다.

그해 7월 어느날 지단이 프랑스 월드컵에서 승리의 헤딩골을 선사했을 때 쏟아졌던 환호처럼 알제리 음악의 성공은 이민자들에 대한 호의적인 관심을 끌어냈을까? 꼭 그렇지는 않다. 국민전선 당원들마저 쿠스쿠스와 메르게즈(강한 향신료가 들어간 가는 소시지)를 즐길 만큼 마그레브 문화가 프랑스 사회 깊숙이 자리 잡았다고 해서 음악 역시 그러하리라고 속단할 수는 없다. 식민지 시절 알제리 음악의 멜로디는 기껏해야 변방의 민속음악 정도로 치부됐다.

더 심하게는 무어인 카페나 환락가에서 새어나오는 시끌벅적한 소음쯤으로 폄하됐다. 1917년 알제리 오레스의 유명 가수 아이사 엘제르무니가 당시에는 영화관이던 올랭피아의 무대에 올라 총알받이로 내몰리는 동포들을 위해 위문공연을 한 적이 있다. 1930년대에는 영화 〈망향〉의 음악적 속편 격으로 〈누가 내 양탄자를 탐내는가〉 등의 노래가 유행했다. 1950년대에는 봅 아잠 같은 이국적인 가수들이 엇비슷한 환상적 클리셰로 관객들에게 웃음을 선사했다.

(〈내게 쿠스쿠스를 만들어줘〉, 〈자기야〉 등) 1960년대 들어 알제리 음악은 혁명적으로 변화한다. 망명과 고통을 노래하는 곡들이 굵직한 음반사들에서 LP판으로 제작됐다. 하지만 마그레브 최초로 골든 디스크를 달성하고 〈영주권〉 등의 히트곡을 낸 슬리만 아젬 같은 가수들의 노래조차 마그레브 카페 문턱을 넘기는 힘들었다. 그의 노래는 훗날 그룹 '바르베스 국립오페라'와 아클리 야이아텐에 의해 리메이크 됐고, 스페인 그룹 '라디오 타리파'나 다만 엘아리아시 등의 가수에 의해 다시 불리기도 했다. 라시드 타하는 엘아리아시의 노래 〈야 라야〉를 불러 재기에 성공하기도 했다.

1970년대에는 한때 알제리 음악의 르네상스가 도래하고 있다는 기대감이 커지기도 했다. 1968년 5월 혁명의 여파로 프랑수아 베랑제나 막심 르포레스티에 같은 프랑스의 음유시인들은 알제리 가수들과 형제애를 과시하기도 했다. 히트곡 〈아 바바 이누바〉로 〈RTL〉과 〈유럽1〉

차트에 이름을 올린 이디르나 자멜 알람 등과 같은 가수들은 프랑스의 좌파 단체들과 연대하여 공연을 열기도 했다.

1982년 레이 엘우아리의 〈트렁크 대여섯 개〉가 전반적인 무관심 속에 이민자 밀집 지역에서 인기를 끄는 동안, 아랍 출신으로서의 정체성을 강조하는 라시드 타하의 〈카르트 드 세주르〉('체류증'이라는 의미)라는 이름의 록그룹이 이민자 사회의 경계를 넘어서려고 시도했다. 그러나 청중의 반응을 염려한 라디오, 텔레비전, 거대 상점들의 편견의 벽을 깨지는 못했다.

이민 문제에 (역겨울 만큼) 강박적 반응을 보이는 프랑스에서, 〈유럽1〉의 알랭 마느발과 〈TF1〉의 '대답할 권리'라는 프로그램 진행자 미셸 폴라크만이 그에게 출연 기회를 주었을 뿐이다. 극단적인 반이민 정서가 확산되자 '뵈르'(마그레브 젊은이들을 부르는 속어로, 프랑스의 푸조-시트로엥 세대 자녀들이 무분별하게 부른 명칭)들은 평등을 위한 행진을 벌였다. 덕분에 그룹 '카르트 드 세주르'는 샤를 트레네의 〈부드러운 프랑스〉를 리메이크한 곡으로 잠시나마 톱50에 들기도 했다.

이번엔 알제리 체제 하에서 이른바 '자유주의적' 소수가 즐기던 역설적 매력을 지닌 라이가 상륙했다. 이미 일부 신문과 잡지가 오랑 스타일에 대한 소문을 잔뜩 부풀려놓은 상태였다. 하지만 프랑스인의 호기심을 자극할 만한 주제들, 가령 알코올이나 성적 메시지 따위에만 주목했다. 이 노래들은 일부 마니아층의 관심을 끌었을 뿐 마그레브계 청년들로부터 큰 호응을 얻지는 못했다. 〈라디오 노바〉를 제외하고는 대부분 이민자 라디오 채널을 통해 전파를 탔을 뿐이다.

1988년 알제리에서 민중봉기가 일어나자 미디어들은 알제리의 보수주의에 저항하는 효과적인 무기로서 라이에 주목하면서도, 이상하리만치 공연을 내보내는 것을 꺼려했다. 1992년 메이저 음반사에서 나온 칼레드의 〈디디〉가 큰 성공을 거두면서 라이를 세계적으로 널리 알리는 계기가 됐다. 그런데도 〈NRJ〉와 같은 주요 라디오나 텔레비전 황금시간대 프로그램에서는 톱50의 높은 순위까지 오른 이 가수를 문전박대했다. 음반사 바르클레는 이 노래가 전파를 탈 수 있게 몇 초 분량의 광고시간을 구입해야 했다.

결국 싸움에 지친 라이는 맥빠진 '기타 장르' 코너로 물러나버렸다. 알제리 뿐 아니라 마그레브 전역에서 명성을 떨친 셰브 빌랄은 다음과 같이 우려를 표했다. "칼레드의 예에서 보듯 라이가 이름만 남을까봐 두렵다. 프랑스에서 라이 음악을 하는 이들은 이 장르를 샹송처럼 만들고 싶어 한다. 프랑스 청중들이 라이를 본래 만들어진 대로, 본래의 느낌대로 감상했으면 좋겠다." 그의 우려는 현실이 됐다.

'파라볼라' 세대의 작품, 라이의 변화로 이어져

프랑스에서 라이는 다시금 이민자들의 음악이 됐으며, 라이의 역사에 획을 그은 가수들은 메이저 음반사와 한 작업이 실패하면서 음악 평론보다 가십 기사에 더 자주 등장하는 신세로 전락했다. 룩셈부르크에 거주하는 칼레드는 세금 포탈 혐의와 숨겨진 아들 문제로 골치 아픈 시기를 보냈다. 그는 라이의 전통적인 스타일을 되살린 곡 〈자유〉로 재기를 시도했지만 큰 반향을 일으키지는 못했다. 셰브 마미는 임신 중인 전 애인을 감금하고 낙태를 강요한 혐의로 감옥 신세를 지기도 했다.

니콜라 사르코지를 지지한다고 비난받았던 포델은 야심찬 신곡 〈블레드 메모리〉로 재기를 꿈꾸었다. 결국, 이디르, 라시드 타하, 그룹 '바르베스 국립 오케스트라', 아마지그 카테브 등, 정통 라이 가수가 아니라 라이를 힙합이나 알엔비 등과 접목시킨 가수들이 알제리 대중음악을 대표하게 됐다. 그래도 오랑의 카바레, 결혼식 피로연, 증기탕, 오랑과 알제, 우자, 튀니스 심지어 파리와 마르세유의 바 같은 곳에서 여전히 라이를 들을 수 있다는 것은 참으로 다행스러운 일이다. 라이 가수들은 알제리의 전통적인 멜로디에서부터 텔레비전에서 흔히 접하는 알앤비, 펑크, 힙합까지 다양한 장르를 접목시켜 독특한 리듬을 창조하고 있다.

라이의 이런 변화는 '파라볼라 세대'의 작품 때문이다. 그들은 어렸을 때부터 〈M6〉, 〈MCM〉, 〈MTV〉 등을 통해 리미티, 아스니 같은 가수들의 노래를 듣고 큰 세대다. 모두 알제리가 폭력의 악순환에 빠져있을 때 데뷔한 이들이다. 칼레드와 같은 기성 가수들과 달리 그들이 감미로우면서 절망에 가득 찬 언어로 현실 속 비극을 노래하는 것도 이런 이유 때문이다. 그들은 '선배들'로부터 물려받은 목소리와 억양을 간직하면서도 알제리 젊은이들의 삶을 갉아먹는 불편한 현실을 날것 그대로 묘사한다.

글 · 라바 무주안 Rabah Mezouane

1 알랑 포프라르(Allan Popelard), 폴 바니에(Paul Vannier), '디트로이트, 작아지는 아프리카계 미국 도시,' 〈르몽드 디플로마티크〉 프랑스어판, 2010년 1월호.
2 엑스타시의 주요성분인 MDMA는 암페타민계의 합성물이다. 이 합성물은 식욕감퇴제로 머크사가 1914년 개발했다. 이 합성물의 1차 효과는 억제완화, 자존감, 정신각성 작용이지만, 울렁증, 두통, 불안, 공포, 독성, 고위험 의존성 등과 같은 육체적 · 정신적 부작용이 생길 수 있다. 그런데 이 제품은 주로 '사회적으로 잘 적응한 젊은 성인들'이 소비한다.
3 〈아트 프레스〉, 파리, 1996년 3월.

04 그럼에도 예술은 계속된다

예술은 결코 순치되지 않는다.
현실에 길들여지는 '예술'을 예술이라고 할 수 있을까?
평론가와 관객의 냉대, 국가 권력의 핍박 등
온갖 현실의 어려움에도 불구하고, 자신의 '도발적인'
작업을 계속 이어 나가는 이들이야말로 우리 시대의
진정한 예술가라고 할 수 있다.

05 HYE
KANG

예술가, 그 '사치'스러운 직업

파스칼 부아지즈 Pascal Bouaziz

가수이자 『멘델슨. 전집(1995~2021)』(Médiapop, Mulhouse, 2021)의 저자.

평론가들과 열성적인 팬들로부터 찬사를 받는 한편, 라디오나 TV에 전혀 출연하지 않는 예술가들. 그들의 직업생활은 어떨까? 전문가들만의 호평을 받는다는 것은 어떤 사적인, 혹은 사회정치적인 현상일까? '수준 높다'라는 인정을 받고 있는 한 가수의 속내를 들어본다.

제 이름은 파스칼 부아지즈입니다. 가수이고, 49세랍니다. 제 이야기를 할게요. 제가 이야기할 자격이 있는 유일한 주제입니다. 저는 스스로를 가리켜 '가수'라고 했습니다만, 다른 일도 해왔습니다. 30년 전부터 부업으로 많은 일을 했습니다. 순전히 가수로만 산다는 것은 어려운 일이랍니다. 이는 음악가들 대다수에게 무척 곤혹스러운 일입니다.

몇 년 전부터 극단에 속해 전일제 예술가로 사는 사치를 다시 누리고 있습니다. 공연 비정규직 노동자로서요. 젊었을 때 잠깐씩 해본 적이 있는 일입니다. 가난을 지고 살았지요. 빚, 그리고 보잘 것 없는 생활비. 심지어 몇 푼도 없이 지내는 시간이 이어졌습니다. 병든 몸을 선호하는 기생충처럼, 은행은 터무니없이 수수료를 빼갔습니다. 현금지급기에 출금 카드를 넣을 때마다 불안감이 밀려왔습니다. 가수라는 건 곤혹스러운 직업입니다.[1] 최근 저는 온전히 예술 작업으로만 노동시간을 채울 수 있었습니다. 다른 음악가 대부분에게는 엄청난 시간이지요. 그러자 그때부터 공연 노동자 구직 센터에서 월 실업급여 1,290유로(한화로 약 173만원)를 지급했습니다. 생활비로는 충분하지 않은 액수입니다. 파리에서, 그것도 아이들과 생활하는 이에게는 말입니다. 하지만 저는 불평하지 않습니다. 그나마 유일하면서도 훌륭한 제도니까요.

25년 전부터 전 '멘델슨'이라는 그룹에 속해 있습니다. 눈이 밝은 평론가 일부는 호평을 하고 환영하는 그룹이지만, 다른 이들에게는(아마 그들은 전혀 다른 분야에서 눈이 밝겠지만)

▲ 〈치아가 들어있는 동전지갑〉, 2010 - 낸시 파우츠

완전히 무명인 그룹입니다. 멘델슨은 한 줌의 행복한 소수에게 열렬한 지지를 받고 있고, 그들은 프랑스 전역에 흩어진 수백 명에 불과하지만, 때로는 감동할 만큼 저도 끈기 있게 저희 그룹의 행보를 따라갑니다. 멘델슨은 라디오 출연이 드뭅니다. 콘서트도 몇 번 하지 않습니다. 일정을 잡기 어렵거든요. 왜냐고요?

콘서트 기획자들이 지나치게 소심해서일까요? 관객이 너무 적어서일까요? 저희가 버는 돈에 비해 비용이 너무 많이 들어서일까요? 이 질문에 대한 답을 가장 잘 알고 있으면서도, 이 질문에 가장 답하기 힘든 사람이 바로 저일 겁니다. 물에 빠진 당사자가 자기 익사에 대한 해법을 찾을 수 있는 최후의 인물인 것처럼요. 그리고 아마도 제가 내세울 추측들은 엄청난 자만과 독선을 드러낼 겁니다. 제 말을 믿는다면, 이 세상 전체가 틀렸고, 저만이 옳다는 소리가 되니까요. 멘델슨이 이른바 록, 이따금 시끄러운 소리를 내고 적어도 저희 눈에는 무척 중요한 가사를 프랑스어로 노래하는 진정한 록그룹이라는 것 하나는 사실입니다.

공연장을 차지하고 라디오와 잡지 지면을 독점하는 우리 세대 팝음악 가수들의 상당수가 록음악이나 전위음악보다 아동용 음악(점잖은 표현으로)을 많이 다룹니다. "달에게 부탁해요", "바람을 타고 너와 함께", "사랑해, 사랑을 나의 행성에 심겠어" 등은 아동/청소년 전집에 나왔을 법한 표현이잖아요. 이런 노래를 부른 가수들은 아마도 무척 점잖겠지만, 그 노랫말은 뭐랄까… 우아하게 말해서… 점잖아요. 그래요, 우리 같은 반항아들의 의도와는 몇 광년 떨어져 있어요. 프랑스는 아마 영원히 예예족(1960년대 춤과 노래를 즐기는 청년들을 지칭하는 단어)의 나라일 겁니다. 빈곤한 노랫말에 어떻게 해석해도 자유주의의 미소가 담긴 광고 같은 노래가 유행하겠지요. 저처럼 의심을 품은 가수가, 한 줄 가사에 몇 년이고 목매는 작곡가가 조니 할리데이를 국가적 보물로 찬양하는 프랑스에서 생활하고 생존하려면 부조리의 연속입니다.

프랑스에서 음악은 하나의 독립된 세계입니다. 연극, 영화, 문학에서 까다롭고 날카롭고 씁

쓸하고, 암울한 작품들로 충분한 수의 관객을 만나는 것(영화감독 쥘리앵 고슬랭, 영화인 브뤼노 뒤몽, 최근 작고한 『라인』의 저자 조제프 퐁튀스 등)에 큰 결심이 필요한 것처럼 음악에서는 상투적인 문구와 허약한 노랫말, '듣기 좋은' 노래를 요구받는 듯합니다. 모리스 슈발리에의 '번영(욥 라 붐)'의 유산을 물려받아야 하는 마트 전용 노래처럼요. 무엇보다 심기를 불편하게 하거나 눈살을 찌푸리게 하면 안 됩니다. 그렇기에, 멘델슨은 프랑스 공연장 기획자들이 반기지 않는 것입니다. 그들은 관객들이 어떻게 생각할지 걱정합니다. 가난한 사람들은 이런 공연에 뭉클해질 수 있겠지요. 신중한 공연 기획자들은 관객들이 엉덩이를 흔들고 '머리를 비우기'만을 원한다고 가정합니다. 우리가 3~4년에 한 번씩 앨범을 출시하면서 이 앨범을 대중에게 선보이는 콘서트를 15일 이상 잡는 일은 이례적인 일입니다. 그렇지만 이런 진기한 일이 지속되려면, 4년에 15일이 아니라 1년에 43일은 공연을 해야 합니다. 멘델슨이 콘서트를 열 수 있는 소중한 기회를 잡으려면 제가 순수임금 100유로를 받아야 하는데, 이는 80유로 언저리에 있는 법정 최저임금을 약간 넘는 거죠. "콘서트를 열면 돈을 얼마나 벌어요?"라고 12세 아들이 물었습니다. 저는 흔쾌히 대답하려고 했지만 어려운 질문이었습니다. 콘서트에서 노래를 한 곡 부르면, 다음해에 SACEM[2], SPEDIDAM,[3] ADAMI[4] 등의 단체에서 저작권료 몇 센트를 지급받습니다. 또한, 콘서트 당일은 실업급여 지급일 수에서 제외되는 것까지 계산하면 콘서트 회당 순수임금은 약 60유로(한화로 약 8만원)에 불과합니다.

저희가 '일'을 한 것으로 인정받으려면, 다음의 모든 과정을 수행해야 합니다. 우선 공연 전날 트럭을 빌립니다. 그리고 공연 당일 그룹 구성원 6명이, 전날 빌린 트럭에 올라타 공연장까지 수백 킬로미터를 운전해서 갑니다. 공연장에 도착하면, 오후에 있을 공연용 장비를 트럭에서 내려 무대에 설치합니다. 그리고 예행연습을 하며 콘서트 시간을 기다립니다. 몇십 명의 관객 앞에서 약 한 시간 반 공연을 합니다. 그리고는 장비를 정리하고 현지 숙소에 묵었다가, 다음날 수백 킬로미터를 운전해 돌아옵니다. 그리고 장비를 각자의 집에 내린 후 빌린 트럭을 반납합니다. 이 모든 과정을 무사히 끝내야 비로소 '일'이 끝납니다. 이 모든 일에 대한 임금은 약 60유로에 불과합니다. 저는 불평하지는 않습니다. 제 삶을 다른 삶과 바꿀 생각은 전혀 없으니까요. 하지만 49세가 된 지금 생각해보면, 프랑스에서 가수를 한다는 것이 계속할 만한 일인지, 권장할 만한 직업인지 회의가 들기도 합니다. 비정규직 노동자로 산다는 것은, 참 곤혹스러운 일입니다.

지방공연때 마다 적자, 예술가의 곤혹스런 현실

그래도 멘델슨은 운이 좋은 그룹입니다. 지난 25년 동안 갖은 어려움을 헤치고 살아남았습니다. 멘델슨은 자기 음반을 만들 제작사와 그 음반을 매장에 배포할 배급사, 세상에 음반 출시를 알려줄 언론 담당자, 관객과 연결하는 데 투자할 당위성을 공연 기획자들에게 설득할 기획 담당자도 있습니다. 최근에 멘델슨이 이번 겨울에 콘서트를 열, 꽤 알려진 공연장에서 공연 기획 예산안을 보내줬습니다. 공연장에서는 입장권 150장을 판매하길 바랐습니다.

공연장이 꾸려지고 간이매점과 표 판매처가 설치되고 보안 시설을 세우고 멘델슨 출연료(약 2,500유로인데 여기서 음악가들 급여, 트럭 임대료, 기름값, 마찬가지로 최저임금 수준인 기획 담당자 급여 등이 나가죠)를 비롯해 기타 모든 비용을 고려하면, 그러니까 모든 요소를 고려하면 공연장의 예산은, 입장권 150장을 판다고 했을 때, 적어도 3,000유로가 적자더군요. 장부에 3,000유로가 구멍이 나는 겁니다. 제가 무대에 올라가는 순간 손해가 발생하는 거지요. 매번 제가 적어도 3,000유로를, 사회에 손해를 입히는 겁니다.

여하튼 공공병원이나 공립학교를 짓는 등 보편적인 공공 서비스를 위해, 또 본질적으로 공공 서비스에 해당되는 문화를 위해 손해를 감수하는 나라에 산다는 것은 자랑스러운 일입니다. 하지만 멘델슨이 콘서트를 여는 데 드는 실제 비용을 알게 된다는 것은, 선의를 보이는 일부 공연장의 취약한 재정구조를, 그리고 지난 정부의 예의 주시를 받으며 우리 공연을 위해 재정적 위험을 감수한 많은 단체의 현실적 어려움을 직시하게 되는 일입니다.저는 구름 위에 앉아 세상을 내려다보며, "나는 예술가"라며 현실을 인식하지 않아도 될 특권이 있는 듯 행동하는 예술가들을 경멸합니다. 물론 역으로 적자인 공연을 기획하는 것도 수준 높은 문화정책을 유지하려고 지급되는 지원금을 받는 공연장 대부분의 임무이기도 합니다. 그리고 우리 멘델슨은 '수준 높은 문화적 상품'으로 인정받고 있습니다. 그럼에도, 이런 상황에서 멘델슨이 무대에서 마이크를 잡으려면 그 일의 예술적 정당성을 분명히 확신해야 합니다.

저는 가수입니다. 눈이 밝은 평론가들은 제가 '수준 높다'고 공식적으로 인정했습니다. 사회 입장에서 저는 깊은 구멍입니다. 죄책감을 느끼지 않기 힘듭니다. '양'을 맞추지 못한 채 '질'만 추구한다는 것은 참으로 곤혹스러운 일입니다. 저는 불평하지 않습니다. 오히려 반대입니다. 하지만 제가 틀렸습니다. 불평이 트렌드니까요. 전염병이 휩쓴 지난 2년간 소중한 관객을 빼앗긴 자신들의 비참한 운명에 불평하는 예술가들의 비참한 사연을 라디오에서 계속 들은 적이 있습니다. 그들은 자신들도 피해자라며 신음하고 속내를 털어놓고 눈물을 흘렸습니다. 파리의 숙소에서, 솔로뉴에 있는 정원에서 눈물을 흘리는 모습을 촬영했습니다.

어떤 라디오 방송은 매일 아침 그들의 이야기를 들려줬습니다. 생방송으로 자기들의 불행을, 그리고 용기를 이야기했습니다. 주로 용기에 관해 이야기했습니다. 포기해서는 안 된다고요. 인이 박히게 들은, 계속해야 한다는 의지에 대해 이야기했습니다. 눈물이 나더군요. 아닌 게 아니라 저는 지나치게 울어서 라디오를 껐습니다. 그들은 표면적으로 저와 같은 직업적 운명을 갖고 있었지만, 마치 다른 행성에 있는 것 같았습니다. 신중함과 절제심이 발명되지 않은 어딘가에서 사는 것 같았습니다. 하지만 저는 판단하지 않겠습니다. 판단할 수 없어요.

예술가라는 것은, 정말 곤혹스러운 직업입니다.

글 · 파스칼 부아지즈 Pascal Bouazize

1 올리비아 로젠탈과 그녀의 저서 『On n'est pas là pour disparaître 우리는 사라지려고 있는 게 아니에요』(Gallimard, 'Verticales' 총서, Paris, 2007)의 중독성 강한 후렴에 대한 오마주.

2 SACEM, Société des Auteurs, Compositeurs et Éditeurs de Musique; 작사자, 작곡가, 음반 제작자 협회(프랑스 음악저작권협회)

3 SPEDIDAM, Société de PErception et de DIstribution des Droits des Artistes-Interprètes(de la Musique); 예능 실연가 저작권료 징수 및 분배 협회

4 ADAMI, Administration des Droits des Artistes et Musiciens Interprètes, 예술가와 예능 실연가 저작권료 관리를 위한 시민협회, SPEDIDAM의 자회사.

러시아 예술가에 대한 정당성 없는 보이콧

에블린 피예에 Evelyne Pieiller

〈르몽드 디플로마티크〉 프랑스어판 기자.
문학과 음악 비평가. 저서로는 『Le Grand Théâtre』(2000), 『L'almanach des contrariés』(2002),
『Une histoire du rock pour les ados』(Edgard Garcia 공저, 2013) 등이 있다.

'연대'라는 이름으로 우크라이나 예술가에 대한 환영이 제안되거나 요구된다. 러시아 예술가에 대한 퇴출과 이에 대한 철회의 조건을 정당화하는 것도 바로 이 '연대'다. 하지만 문화 보이콧은 그 외에도 다른 많은 쟁점을 안고 있다.

"예술에는 국적이 없지만, 예술가에게는 국적이 있다"

제1차 세계대전 발발 초기, '동물의 사육제'(1886)를 작곡한 프랑스 음악가 카미유 생상스의 입장은 단호했다. 죽은 자든 산 자든, 지금 전장에 있는 보병이든 지난 세기를 빛낸 장군이든, 적은 적일 뿐이다.[1] 예술을 가장한 중립은 존재하지 않는다. 생상스는 문화 보이콧의 선구자 중 한 명으로 음악계를 뒤흔든 논쟁에 참여했다. 독일 작곡가 작품 연주 찬반을 둘러싼 논쟁이다. 예술 분야도 '신성한 단결'에 동참해야 한다는 주장이 제기됐다. '신성한 단결'은 레몽 푸앵카레 프랑스 대통령이 1914년 8월 4일 연설에서 "침략자를 향한 공동의 분노와 공동의 애국심으로" 모든 국민이 하나로 뭉치길 독려하며 사용한 표현이다. 국가는 공식적으로 관여하지 않았다. 논쟁은 음악계에 국한됐다. 이 전까지만 해도 아무 문제없이 무대에 올려 퍼지던 '독일' 작곡가들의 독일어 오페라는 실제로 무대에서 추방당했다. 반면 베토벤과 슈만의 작품이 재빨리 무대를 채웠다. 강경노선 지지자들이 '두 개의 독일' 이론을 수용해 퇴출 기준을 다소 완화했기 때문이다. 바흐, 모차르트처럼 '인간적이고 무고한' 게르만어권 작곡가와, 프랑스 음악가 알베르 베르텔랭의 표현처럼 "과대망상증에 무분별한 교만이 합쳐진 지배와 억압 욕구를 표출하는 독일 문화(Kultur, 독일어로 문화)에 심취한 게르만어권 작곡가를 구별하는 것으로 충분했다. 독일 문화의 극단적인 상징으로 여겨진 리하르트 바그너의 경우, (프랑스의 동맹국인 영국에서는 계속 연주됐지만) 당연하게도 오랫동안 프랑스 무대에서 퇴출당했다. 하지만 이런, 애국심을 앞세운 보이콧은 결국 프랑스에서는 제한적인 성공 밖에 거두지 못했다.

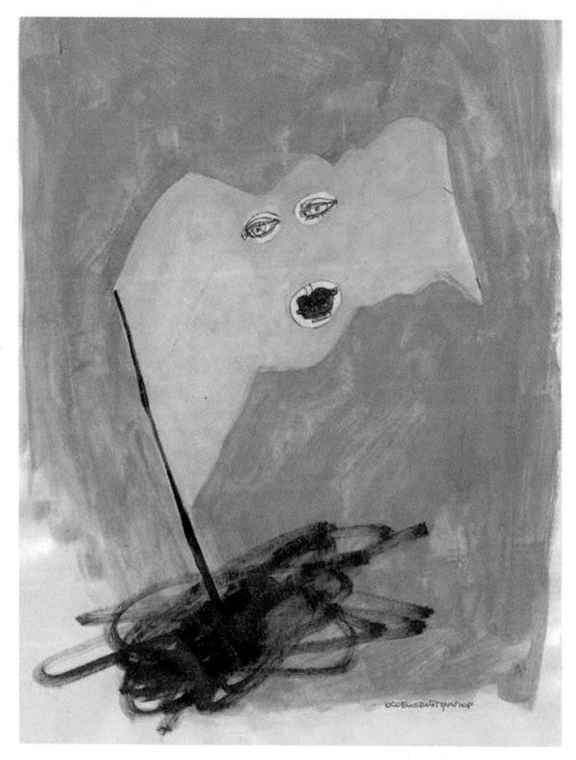

▲ 〈키이우의 하루〉, 2013~2014 - 블라다 랄코

이로부터 50년 후, 전혀 다른 맥락에서 전혀 다른 가치를 대변하는 새로운 방식의 보이콧이 재등장했다. 1968년, 유엔(UN)은 모든 국가, 기구 그리고 유엔 산하 기관 및 조직에 "남아프리카공화국 인종차별 정권과의" 모든 교육, 스포츠, 문화 교류 중단을 요구했다. 유엔은 "가장 넓은 의미의 문화는 본질적으로 교류와 문화를 자양분으로 삼는다." 그런데 아파르트헤이트(apartheid)는 "이러한 교류를 부정한다"라고 명시했다. 많은 예술가들이 남아프리카공화국 초청 연주를 거부했고 이 사실을 공개적으로 알렸다. 문화 보이콧이 정치적 변화를 이끌어내려면, 언론에 보도돼 심리적 영향을 미쳐야 하기 때문이다.

같은 취지로 2005년 시작된 BDS운동(보이콧 · Boycott, 투자철회 · Divestment, 제재 · Sanctions의 약자)은 이 반(反) 연성권력(Soft power)을 수단으로 삼아 팔레스타인의 대(對)이스라엘 투쟁에 대한 인식제고 운동을 펼치고 있다. 여기서 분명히 짚고 넘어갈 점이 있다. 보이콧이 겨냥하는 대상은 언제나 개인이 아닌 집단이라는 것이다.

러시아의 우크라이나 침공 이후 서방 세계는 산 자이든, 죽은 자이든 가리지 않고 모든 러시아 예술가를(이 점에서는 생상스가 선구자다) 대대적으로 떠들썩하게 보이콧하기 시작했다. 베를린 라디오 심포니 오케스트라는 피오트르 차이코프스키의 슬라브 행진곡을 우크라이나 국가로 대체 연주했다. 바르샤바에서는 폴란드 국립극장이 모데스트 무소륵스키의 오페라 '보리스 고두노프' 제작을 포기했다. 이와 동시에 러시아 순회공연들이 취소됐으며 러시아 예술가들은 각종 무대와 유로비전(Eurovision), 칸 영화제, 유력 피아노 콩쿠르 등의 국제 경연에서 배제됐다.

용납할 수 없는 침묵의 대가

그렇다. "예술은 국적이 없지만 예술가는 국적이 있다."

본질주의가 맹위를 떨친다. 정치가들이 무대에 등장하면 본질주의는 변화한다. 올바른 진영에 대한 지지를 증명하라는 요구가 본질주의를 빠르게 대체한다. 즉시 전쟁 반대 선언부터 해야 한다. 블라디미르 푸틴과 친밀한 관계를 맺고 있는 것으로 알려진 유명 지휘자 발레리 게르기예프는 푸틴의 우크라이나 침공에 대한 입장표명을 요구받았다.

그런데 독일 뮌헨 시청 관계자들의 표현에 따르면 그는 "용납할 수 없는 침묵"(〈Radio Classique〉, 3월 11일)을 지켰다. 뮌헨 시장은 게르기예프를 뮌헨 필하모닉 오케스트라에서 해임했다. 게르기예프는 뒤이어 빈, 로테르담, 카네기홀 그리고 에든버러, 베르비에, 프라하 페스티벌뿐만 아니라 필하모니 드 파리, 샹젤리제 극장에서도 퇴출당했다.

모스크바 볼쇼이 극장과 프랑스 툴루즈 국립오케스트라의 음악 감독을 동시에 맡고 있던 투간 소키예프는 툴루즈 시장으로부터 "입장을 분명히 밝혀 달라"는 요청을 받았다. 툴루즈 시장은 "전쟁 상황 앞에 그가 침묵을 지킨다는 것은 상상할 수 없는 일"이라고 개탄했다. 소키예프는 결국 두 곳의 음악 감독직을 모두 사임했다. 이후 그는 모든 분쟁에 반대한다는 입장을 밝혔다.(〈르몽드〉, 3월 7일자) 프랑스 문화부 장관은 최근 발언에서 러시아 예술가 보이콧을 승인하고 논란을 확대시켰다. "푸틴 정권지지 입장을 분명히 밝힌 예술가"의 공연은 취소

하거나 "장기간" 연기해야 한다."(〈라 데페슈(La Dépêche)〉, 3월 10일자)

놀랍게도, 보이콧은 모호하게 뒤섞이며 정당화되기 시작했다. 국적으로 적을 식별하기도 하고, 특정 정권 지지자들을 가려내고 이들의 공연을 "장기간" 취소하는 방식도 있다. 이 모든 것은 '우크라이나 국민과 연대'의 이름으로 행해진다. 이 문구는 분노와 각종 보이콧으로 뭉친 유럽 전역에서 강박증처럼 유행하고 있다. 새로운 유형의 '신성한 단결'을 거론하지 않을 수 없다. 하지만 푸틴 반대 선언을 하지 않은 러시아 예술가를 배척하는 것은, 어떤 '연대'의 증거인가? 바로 이 지점에서 연대의 '신성함'이 개입한다. 지금의 '신성함'은 과거처럼 조국을 수호하는 것이 아니라 더 크고 더 넓은 또 다른 조국인 유럽연합(EU)을 구성하고 푸틴 정권을 적으로 간주하는 가치를 수호하는데 있다. 이 중 핵심 가치는 바로 푸틴이 조롱하는 민주주의다. 푸틴에 반대 입장을 증명하지 않는 러시아 예술가를 받아들이면 유럽의 연대가 약화된다. 유럽의 가치를 침해하는 푸틴의 공범에게 호의를 베푸는 셈이 될 수 있기 때문이다. 무죄로 밝혀진 이들은 제재를 받지 않을 것이다. 제1차 세계대전 당시의 유행한 '두 개의 독일'이라는 표현처럼 이제 두 개의 러시아가 존재한다. 우크라이나 영화감독 세르게이 로즈니차는 이를 "소련인 대(對) 반(反)소련인"으로 묘사했다. 러시아 영화감독들은 전쟁에 맞서고 있다고 강조했던 로즈니차 감독은 유럽영화아카데미(EFA)에 보낸 공개서한에서 EFA가 전쟁 규탄에 너무 소극적이라고 비난하며 EFA 탈퇴를 선언했다.[2]

현재 가장 지배적인 방식의 보이콧은 민주주의 지지자와 독재 지지자의 구분이다. 적과 공동의 선을 정의하는 문화 보이콧은 영혼이 결여된 채로 EU가 추구하는 '유럽의 정체성'과 연대하고 동시에 이 정체성을 강화한다.

글 · 에블린 피예에 Evelyne Pieiller

1 Esteban Buch, 'Les Allemands et le Boches, la musique allemande à Paris pendant la Première Guerre mondiale, 독일인과 독일군인, 제1차 세계대전 당시 파리에서의 독일 음악', 〈Le Mouvement social〉, n° 208, 2004년 3월. 뒤의 인용문도 이 기사에서 발췌한 것임.

2 Sergueï Loznitsa, 'Lettre ouverte à l'Académie européenne du cinéma, 유럽영화아카데미에 보내는 공개서한', 〈Screen Daily〉, 2022년 2월 28일.

그럼에도 불구하고 우리는 쓴다

김지연

미술비평가 겸 문화비평가. 홍익대 예술학과와 경북대 로스쿨을 졸업했으며,
미술전문지 『그래비티 이펙트』의 미술비평공모에 입상했다. 미디어아트 전시 〈뮤즈〉 시리즈를 기획했고, 책 『마리나의 눈』,
『보통의 감상』을 썼다. 예술과 도시에 깃든 사람의 마음, 서로 엮이고 변화하며 미래로 나아가는 과정에 무한한 관심을 가진다.

한 작가에게 특이한 업무 제안이 들어온다. 매일 출판사에 출근해 작가 미상의 소설 원고를 읽고 대표에게 소감을 들려주는 일이었다. 처음에는 내용이 들쑥날쑥했지만, 작가가 소감을 들려주고 이를 수정하는 과정을 거치면서 점차 다듬어진 원고가 나오게 됐다. 하지만 작가는 일하면서 점점 이상한 점을 발견한다. 소감을 전달하면 불과 30분 만에 수정원고가 나오는 데다가, 어느 날 한꺼번에 전달된 100편의 소설은 모두 같은 문장에서 시작해 변형된 구조의 이야기들이었다. 출판사 대표는 여전히 이 소설을 누가 썼는지 알려주지 않았지만, 작가는 도저히 이것이 사람의 작품이라고 믿을 수 없었다.

이 이야기는 최근 발간된 박금산 작가의 장편소설 『AI가 쓴 소설』의 내용이다. AI(인공지능)가 소설을 쓰는 것은 이제 SF 장르에 나올법한 상상이 아니라 우리 곁의 현실이다. 2008년 러시아에서 세계 최초로 AI가 쓴 소설집이 나왔고, 2016년에는 AI가 쓴 단편소설이 일본 문학상 예심을 통과하며 세상을 놀라게 한 일이 있었다. 그리고 8월 25일, 국내에서도 AI가 쓴 장편소설 『지금부터의 세계』가 출간된다.

소설뿐만이 아니다. 2016년에는 AI 작가 '벤자민'이 시나리오를 쓴 단편영화 〈선스프링(Sunspring)〉이 공개됐으며, 마이크로소프트가 2015년 중국에서 선보인 AI '샤오빙'은 직접 지은 시를 모아 세계 최초의 인공지능 시집을 출간했다. 〈햇살은 유리창을 잃고〉라는 제목도 '샤오빙'이 직접 지었다고 한다. 〈선스프링〉의 경우 개연성 없는 전개로 혹평을 받은 바 있지만, '샤오빙'의 시는 꽤 그럴듯하다. 안개 낀 강가를 찍은 사진을 보고 "날개들이 바위와 물을

▲ 영화 〈그녀〉 스틸컷

꼭 안고/적막 속에서/인적 없는 곳을 거니노라니/땅이 부드럽게 변하네"라는 구절을 즉석에서 읊을 정도다.[1]

『AI가 쓴 소설』 속의 주인공도 AI로 의심되는 작가가 거침없이 만들어내는 무궁무진한 이야기의 변형을 보면서 '나보다 나아, 이 스토리는 내 상상 바깥에 있어!'라며 두려움 섞인 경탄을 내뱉는다. 인간 아닌 존재가 만든 결과물이 너무 뛰어나 놀라우면서도 그 가능성이 어디까지인지 알 수 없어 두렵다. AI의 발달은 우리가 예상하는 것보다 빠르고, 그 앞에서 느끼는 무력감은 때때로 등골을 서늘하게 한다.

이야기가 필요한 이유

이런 AI의 약진을 보면, 우리는 더 이상 이야기를 만들고 글을 쓸 필요가 없어 보인다. 4차 산업혁명으로 사라질 직업의 순위를 꼽는 기사가 종종 보이는데, 단순 업무에 비해 소멸 확률은 좀 낮은 편이지만 작가도 순위권에 등장하곤 한다.

하지만 한편으로는 여전히 쓰는 사람들이, 심지어 쓰면서 미래를 바라보는 사람들이 있다.

조만간 글쓰기가 구시대의 유물처럼 취급될지도 모른다는 위기감이 들면서도, 동시에 각종 SNS와 브런치, 부크크와 같은 자가출판 플랫폼, 다양한 독립출판 페어 등 그 어느 때보다 자기 이야기를 쓸 수 있는 환경이 다양해진 시대다. AI가 인간처럼 이야기를 만들어낼 줄 아는 이 시대에 여전히 글을 쓰는 이유, 그리고 글이 우리에게 필요한 이유는 무엇일까.

문학 편집자 리사 크론(Lisa Cron)은 책 『끌리는 이야기는 어떻게 쓰는가』에서 우리가 이야기를 만들고 공유하는 이유는 생존 때문이라고 말한다. 신이 아닌 인간은 인생의 출발지점과 도착지점을 모두 알 수 없다. 현재라는 시간에 갇혀 있을 뿐이다. 그래서 인간은 마치 신과 같이 인간의 과거, 현재, 미래의 시점을 전부 조망하기 위해 이야기를 쓰고, 자신의 인생에서 살아남기 위한 정보를 수집하려고 이야기를 읽는다는 것이다. '자신의 현재'라는 감옥에서 벗어나 타인의 인생을 바라보고 경험해보지 못한 생존 기술을 터득하기에 이야기는 매우 적합한 방법이다.

그러니 우리에게는 과거에도 앞으로도 이야기가 필요하다. 하지만 AI가 무서운 속도로 학습해 인간의 삶을 조망하는 이야기를 써낼 수 있게 된다면 어떻게 될까. 『AI가 쓴 소설』에서 출판사 대표는 '서사의 자급자족 시대'가 올 거라고 말한다. 지금은 작가들이 서사를 만들어 공유하고 독자들은 이를 중심으로 움직이지만, AI 프로그램으로 서사를 만들어낼 수 있게 된다면 독자들은 원하는 이야기를 직접 만들어서 읽게 될 것이라고 말이다. 이른바 '셀프 독자'들이다. 하지만 그의 의견에 따르면 어떤 시대에든 작가는 계속해서 필요하다. AI가 건네는 수많은 선택지 사이에서 방황하는 독자를 위해 서사를 큐레이션하는 작가도 생길 것이고, 많은 작가들은 창작의 도구로서 AI를 활용할 것이다.

앞서 언급한 국내 최초의 AI 장편소설 『지금부터의 세계』는 후자에 속한다. 수학과 컴퓨터 공학 전문가이자 소설가이기도 한 김태연 '소설감독'이 AI 작가 '비람풍'의 뒤에 있다. 그는 주제와 소재, 배경과 캐릭터를 설정하고 스토리보드를 만들었다. 그리고 이를 입력받은 '비람풍'은 딥러닝을 통해 소설을 써내려갔다. 마치 『AI가 쓴 소설』 속의 작가가 소감을 전달한 것처럼, '비람풍'이 만들어낸 결과가 김태연 소설감독의 마음에 들지 않으면 명령어를 조정해 내용을 수정하도록 했다. 그러니까 마치 한 편의 영화를 제작하듯 감독의 지시하에 스태프인 AI가 소설을 만들어가는 것이다. 김태연 소설감독은 앞으로 AI 소설이 더욱 발전할 것이며, '소설가'는 '소설감독'이라는 직업으로 점차 바뀌게 될 것이라고 말했다.[2] 단편영화 〈선스프링〉의 시나리오를 쓴 AI '벤자민'을 만든 AI 연구자와 영화감독 역시, 인간을 대체하기 위해서가 아니라 인간의 창작을 돕기 위해 AI 작가를 개발한 것이라고 했다. AI는 창작자에게 있어 '시력을 높여주는 안경'같은 존재라고 말이다.[3]

글쓰기의 종류는 여러 가지지만 서사 창작에 있어서 AI가 일정 부분을 대체할 가능성이 높다. 그리고 '소설가'나 '시나리오 작가'라는 직업에서는 이전과 달리 문장력보다는 주제와 플롯, 캐릭터 설정, 연출력이 중요해질 것이다. 일의 범위와 직업의 의미가 변형되는 특이점이다. 즉, AI가 인간을 대체하고 일부 직업이 소멸할 것이라고는 하지만, 현재 기준에서 해당 업무라고 인식하는 범위가 대체된다는 것이고, 또다시 그것을 넘어서 인간만이 해낼 수 있는 영역이 있다. 그러니 AI로 대체 가능한 존재에 머물지 않고, 오히려 이것을 영리한 도구로 이용해 일의 방향을 어떤 식으로 바꿀 것인지에 대한 상상력이 필요하다.

쓰는 행위의 완결성

그런데 이야기를 만드는 일에서 '쓰는 행위'가 AI로 대체할 수 있는 노동에 불과하다면 '쓰는 행위'는 사라질까? 이야기를 창작하려는 욕구를 AI 작가를 도구로 이용해 충족하고, '셀프 독자'들이 원하는 서사를 자급자족하는 시대가 온다고 하더라도 우리는 계속해서 쓰는 행위를 지속하게 될 것인지 의문이 남는다.

사실 쓴다는 것은 타인에게 서사를 공유하기 위해서이기도 하지만, 자기 자신을 향한 행위이기도 하다. 이의 대표적인 경우가 일기다. 개인이 사적인 일상과 감정을 기록하는 일기는 사회문화적으로 대단한 기록은 아니다. 하지만 일상을 돌아보고 감정을 정리하며 알게 되는 진짜 자기 자신, 그리고 그것을 쓰면서 얻게 되는 내면의 힘이 있다. 이는 삶을 지속하고 변화시키는 단단한 주춧돌이 된다. 그래서 일기를 쓰는 사람들은 자신의 존재를 자기 안에서 증명하고 더 깊이 뿌리내리기 위해 계속해서 쓴다. 평론가 알프레드 카진(Alfred Kazin)이 말한 "누군가는 자신을 위한 집을 종이 위와 시간 속, 그리고 다른 사람들의 마음 안에 짓고자 글을 쓴다"는 문장은 그런 뜻일 테다.[4]

10년 일기장을 무려 두 권째 쓰다가 그 일기로 책을 만든 윤혜은 작가의 『일기 쓰고 앉아 있네, 혜은』, 그리고 자신의 일기로 메일링 서비스를 하고 있는 문보영 시인의 『일기시대』는 그런 일기 쓰기를 예찬하는 책들이다. 두 작가는 내밀하고 사적인 기록을 용감하게 공유한다. 우리는 타인의 일기에서, 그들이 매일 쓰는 행위를 통해 흩어진 일상을 바느질해서 꿰매고 스스로를 다독이며 내일로 향해가는 과정을 엿본다. 『일기 쓰고 앉아 있네, 혜은』의 부제는 '쓰다 보면 괜찮아지는 하루에 관하여'다.

이쯤 되면 시인 키츠(John Keats)가 '밤새도록 격정을 불사르며 쓴 시를 새벽에 불태워도 좋다'라고 한 말이 이해된다. 시를 쓰는 과정에서 정리되고 표현된 감정에 중점을 둔다면 시라는 결과물은 있어도 그만, 없어도 그만인 것이다. 이는 예술 표현론과 같은 이야기인데, 이를 주장한 철학자 콜링우드(Robin Collingwood)에 따르면 '예술은 감정의 표현'이다. 우리는 살면서 느끼는 강한 감정을 명확히 표현할 수 없어 답답한 상태에 놓이는데, 예술 작품 창작은 바로 이 답답한 상태를 제거하기 위해서 감정을 정리하며 표현해가는 과정이다. 그러니 개인이 스스로를 탐구하고 이를 표현하는 일이 중요하고, 타인에게 이해시키거나 설득시키는 것은 나중의 문제라는 것이다. 콜링우드의 예술관에서 예술은 관람자가 즐기는 엔터테인먼트가 아니라 창작자에게 속한 행위다.

예술의 표현론, 형식론 등을 따지지 않더라도, 쓰는 행위에 쾌감이 있다는 사실은 부정할 수 없다. AI가 재미있는 서사를 만들어내더라도 우리는 쓰는 일을 지속할 것이다. 게다가 엔터테인먼트의 영역은 AI가 해결할 수 있어도 인간의 통찰이 필요한 부분, 특히 '어떤 사람'의 관점이 필요한 경우에 쓰기는 대단히 중요한 의미를 지닌다.

코로나19로 봉쇄된 중국 우한 지역에서 일기를 쓰기 시작한 페미니스트가 있었다. 생필품을 사기 위한 간단한 외출조차 제한되는 상황 속에서 그는 사람들과 채팅을 통해 서로의 상황을 나눴고, 하루 일과와 감정을 일기로 기록했다. 국내에도 출간된 번역서 『우리는 밤마다 수다를 떨었고, 나는 매일 일기를 썼다』다. 뉴스에 등장하는 거대한 서사에 가려 보이지 않던 개인의 서사가 돋보일 때, 우리는 존재조차 몰랐던 타인을 인식하고 이해하며 연결된 느낌을 받는다. 그 사이에서 무력감을 딛고 희망을 발견한다. 『안네의 일기』가 그러했듯이 말이다. 그럴 때 개인의 사소한 쓰기 행위는 타인을 변화시키는 사회적인 힘을 가질 수 있다. 글 뒤에 사람이 있을 때 그 글은 유일무이한 기록이 된다. AI로는 대체할 수 없는 것이다.

가까운 미래의 사회를 다룬 영화 〈그녀〉에서 주인공의 직업은 손편지 대필 작가다. 누군가에게 마음을 전하고 싶은 사람들을 대신해 손편지를 쓰는 일인데, 이 손편지 회사는 수백 명의 대필 작가를 고용할 만큼 성업 중이다. 모든 것이 자동화돼 편리한 시대, 마음을 전달할 다양한 매체가 있는 시대임에도 불구하고 손편지가 유효한 이유는, 텍스트 자체가 중요한 것이 아니라 그 안에 담긴 사람의 목소리가 그립기 때문이다. 우리는 글자 뒤에서 사람을 보려 한다.

글자를 통해 세상에 나오는 사람의 목소리는 텍스트의 범위를 넘어선 의미를 지닌다. 그런 식으로 개인의 개별 서사가 드러날 때 세상의 디테일은 더욱 선명해진다. 여덟 명의 여성 작가가 자연스러운 내 몸으로 살아가는 이야기를 쓴 책 『몸의 말들』에서, 발문을 쓴 여성학자 정희진은 "이 책은 앞으로 열 권 정도가 더 나와야 한다. 인구수만큼의 몸 이론이 나올 것이다."라고 말한다. 사람의 이야기는 그만큼 서로 다르고, 우리는 서로를 이해하기 위해 쓰고 읽는 행위가 필요하다.

그런 의미에서 최근 다양한 구술사 프로젝트와 독립출판의 약진은 고무적이다. 1940~1970년대 한국 여성의 이름에 얽힌 차별의 역사를 조망한 이시마 작가의 책 『이름생존자』는 상심, 절자, 해남, 보배, 월희 등의 이름을 가진 여성들을 인터뷰한다. 그중에는 글을 쓸 줄 모르는 이도 있었지만, 작가와 이 책을 통해 자신의 이야기를 세상에 내보일 수 있었다. 그렇게 우리의 세상은 한 뼘 더 선명해졌다. 나의 목소리를 내는 것을 넘어, 이렇게 타인의 목소리를 대신 내주며 그의 삶에 힘을 실어줄 때 쓰는 행위는 더 큰 의미를 지닌다.

프랑스 시인 크리스티앙 보뱅은, 글을 쓰기 위해 필요한 것은 가난한 삶뿐이라며, "우리는 오로지 부재 속에서만 제대로 볼 수 있고 결핍 속에서만 제대로 말할 수 있다"고 했다.[5] 그가 말한 가난이 경제적 가난만은 아닐 것이다. 자기 자신과 타인, 그리고 세상의 결핍을 발견하는 능력을 가진 사람일수록 좋은 글을 쓸 수 있다. 그 결핍을 세상에 드러내어 마침내 채우기 위해 글을 쓴다. 보뱅의 책 『작은 파티 드레스』의 한 구절을 인용하고 싶다.

"돈이 있는 사람들의 흰 손이 있고, 몽상하는 사람들의 섬세한 손이 있다. 그런데 다른 한편에는 손이라고는 아예 없는 사람들, 황금도 잉크도 박탈당한 사람들이 존재한다. 사실 그런 사람들이 있기에 글을 쓰는 것이다. 오직 그 때문이다. 그것이 아니라면, 요컨대 타자를 지향하는 글이 아니라면 흥미로운 글일 수 없다. 글쓰기는 분열된 세상과 끝장을 보기 위한 것이며, 계급체제에 등을 돌림으로써 건드릴 수 없는 것들을 건드리기 위한 것이다. 그 사람들은 결코 읽지 않을 한 권의 책을 바로 그들에게 바치기 위해서다."[6]

우리는 여전히 쓰고 있고 또 써야 한다. 눈에 보이는 것을 그대로 재현하는 사진이라는 매체가 등장하면서 회화는 더 이상 재현의 의무를 지니지 않게 됐지만, 인간은 사진에서 만족하지 않았다. 회화는 재현을 버리고 다른 방향으로 나아가 보이지 않는 것들을 보이게 만들기 위해 애쓰기 시작했다. 아직 미래를 확언할 수 없지만 아마 글의 미래도 그렇지 않을까. AI가 해낼 수 있는 것들을 우리가 하지 않아도 된다면, 우리가 쓰는 글은 다른 차원의 무언가를 추구할 것이다. 그리고 그것은 조금 더 우리 자신의 내부와 우리의 시선, 우리가 구해야 하는 것들을 향해 있을 테다.

글 · 김지연

1 한겨레, 2018.8.16. '인공지능, 그림을 보고 시를 읊다', https://www.hani.co.kr/arti/science/technology/857808.html
2 한겨레, 2021.8.6. 'AI가 쓴 소설, 읽을 준비 되셨나요?', https://www.hani.co.kr/arti/culture/book/1006669.html
3 김지연, 『보통의 감상』, 선드리프레스, 2020, p.182.
4 줄리언 반스 외, 『그럼에도 작가로 살겠다면』, 다른, 2017, p.196.
5, 6 크리스티앙 보뱅, 『작은 파티 드레스』, 1984북스, 2021, p.91, p.16.

돌려줄 수 없는, 친구의 잘려나간 팔

옌롄커 閻連科

중국 소설가. 작품으로는 『인민을 위해 복무하라』(2005), 『딩씨 마을의 꿈』(2006), 『사서』(2011), 『풍아송』(2008) 등이 있다. 루쉰 문학상, 프란츠카프카 문학상, 이호철 통일로 문학상 등을 수상했다. 옌롄커는 오늘날 중국의 현대문학 작가들 가운데 가장 상상력이 풍부한 소설가 중 하나로 손꼽힌다. 그의 작품은 때로 금서로 지정되기도 하고, 때로는 무리 없이 배포가 되기도 하는데, 현실 참여적이고 인간적인 성향의 옌롄커는 자국의 현실에서 소재를 취하여 이를 잘 일어날 것 같지 않은 상황 속에서 위트 있게 풀어낸다. 단편 「잊혀진 팔(Le bras oublié)」은 그가 〈르몽드 디플로마티크〉 프랑스어판을 위해 쓴 작품이다.

I

인찌는 이제 막 맥주를 사러 간 참이었다. 다시 그가 돌아왔을 땐 손에 들고 있던 병들이 소리 없이 터져버린 것처럼 확실하게 세상이 무너져 내렸다. 강가를 따라 나 있는 길모퉁이에 위치한 가게는 세 칸 규모의 하얀 가건물로, 담배와 음료, 사탕, 과자, 그리고 꽤 먹음직한 술안주 몇 가지를 팔고 있었다. 가게에는 주방 살림 도구와 주인집 가족들의 잠자리도 한 귀퉁이를 차지하고 있었다. 인찌에게 일자리를 찾아준 고마운 친구인 진방의 설명에 의하면 발 아래로 흐르는 저 맑고 깨끗한 물은 국가 지도부를 포함하여 모든 베이징 사람들이 마시는 물이라고 했다.

손에는 맥주병을 든 채, 인찌는 하류 쪽 강변에서 잠시 도심의 경치를 감상했다. 마천루 숲의 유리창이 너무도 번쩍거려 눈이 부실 지경이었다. 마치 들불이라도 번진 듯했다. 그리고 일이 터진 건 바로 그가 이 불꽃들을 가만히 바라보고 있던 그 순간이었다. 때는 3월이었고, 둑방의 버드나무들은 화사하고 감미롭게 살랑거렸다. 청아한 녹색의 가녀린 나뭇잎은 햇빛의 후광으로 둘러싸였다. 차를 타고 짝을 지어 나들이 온 시민들은 물가에 자리를 잡고 앉아있었다. 특히 열 일고여덟 살쯤의 한 고등학생 소녀가 있었는데, 나이가 사십은 족히 되어 보이는 한 남자의 무릎 위에 올라앉아 그에게 키스를 퍼붓고 있었다. 애교 많은 딸이 자기 아버지한

테 퍼부을 법한 그런 입맞춤이었다. 그렇다. 계절은 바야흐로 봄이었다. 사람들은 밀어를 속삭이고 서로 연애를 하는 계절이었다. 잔혹한 겨울이 지나가고 도시는 긴 잠에서 깨어나 따사로운 빛을 발산하고 있었다. 소생의 욕구가 솟아나는 계절이었다.

장난치는 연인을 곁눈질로 바라보면서 인찌는 베이징의 높은 빌딩들을 우러러 보았다. 그리고 바로 그 때, 그의 발밑에서 둔탁한 소리와 함께 땅이 흔들렸다. 그는 즉각 주위를 돌아봤다. 평온하게 흘러가던 물결이 약간 흔들림을 보였다. 마치 들고 가던 대야에서 물이 찰랑거리는 모습과도 비슷했다. 둑방 위에선 포옹을 하던 연인들이 잠시 자세를 풀고 어리둥절한 표정으로 바라봤다. 이어 별일 아니겠거니 하고 안심한 두 사람은 다시 하던 일을 계속했다. 순간 멈추었던 손은 다시 제 위치로 원상 복귀하여 상대방을 쓰다듬었다.

세상은 다시 예전 그대로의 모습으로 돌아갔다.

교외의 풍경에서는 그 무엇도 달라지지 않았다.

두 사람이 쪽쪽거리며 키스를 퍼붓는 소리를 듣고 있자니 한 손으로 풍선을 꼬집을 때 나는 소리가 떠올랐다. 그는 어딘가가 근질거렸고, 온몸이 군데군데 따끔거렸다. 하지만 어쨌든 무언가 사고가 일어났다는 느낌이 마치 담벼락 틈새로 한줄기 바람이 파고들 듯 그의 몸을 관통했다. 그는 재빠르게 고개를 돌렸다. 그의 시선은 저 멀리 수백 미터 떨어진 공사 현장을 향하고 있었다. 그리고 얼마 전 완성된 건물 위로 연기가 피어오르는 게 보였다. 희뿌연 노란색 먼지도 일어났다. 일순간, 연기덩어리가 아직 흩어지지 않은 채 공기 중에 멈춘 상태로 있었고, 일순간, 그의 마음이 동요됐다. 하지만 이어 그는 평정을 되찾았다. 별 일이야 있겠어. 그저 벽돌 무더기 하나가 무너진 것뿐이겠지.

가서 상황을 봐야 했지만, 어차피 이미 벌어진 일이었다.

그는 서두르지 않고 느긋하게 밀밭을 지나갔고, 철책 구멍 하나로 빠져나갔다. 몇 미터 더 들어가고 난 후, 인찌는 발걸음을 멈추고 넋이 나간 사람처럼 멍하니 서 있었다. 고작 '벽돌 무더기 하나'쯤 무너진 게 아니었다. 공사를 위해 설치한 비계가 무너지고, 두 개 층의 건물 벽이 무너져 내린 것이었다. 현장은 텅 비어있었고, 다만 바닥에 피가 흥건히 고여 있을 뿐이었다. 아직 온기가 느껴지는 피비린내가 공기를 적시고 있었다. 부상자를 실어 나르던 트럭이 남문 쪽으로 향해갔다. 사람들은 트럭 뒤를 쫓아 뛰어갔고, 이들이 차에 기어 올라가려고 하면 다른 사람들이 즉시 이들을 밀어냈다. 쫓아가던 사람들은 떠나가던 사람들에게 욕설을 퍼부었다. 트럭보다 더 큰 목소리로 소리쳐도 아무 소용없었으며, 저들의 목소리는 트럭 엔진 소리에 파묻혔다. 인찌의 머릿속에서는 무언가 부아가 치밀었고, 피가 솟구치는 듯했다. 너무 놀라 잠시 온 몸이 굳어있던 인찌는 다시 정신을 차리고 전속력을 다해 사고 현장으로 달려갔다. 핏빛으로 물든 시멘트 포대와 벽돌 등 무너진 건물의 잔해들이 한 무더기 높게 쌓여있는 그 아래로 팔 하나가 놓여있었다. 사람들이 미처 수습해가지 못한 팔 한 쪽이었다. 엉망이 된 바닥 위로, 더 이상 피가 공급되지 않는 손 하나가 잘려져 나간 채 떨어져있던 것이었다. 그런데 반쯤 파묻힌 손목에서는 아직 맥박이 뛰고 있었다. 손가락도 천천히, 그러나 있는 힘을 다해 오므려지고 있었다. 손가락은 그를 향해 손짓하는 듯했다. 마치 마지막 남은 혼신의 힘을 다하여 그에게 신호를 보내오는 것 같았다.

손이 아직 살아있는 것을 본 인찌는, 더욱이 그 손이 움직이는 것을 본 인찌는 두 다리에 힘이 풀려 주저앉고 말았으며, 손에 들고 있던 맥주병도 스르륵 그의 손을 빠져나갔다. 병이 깨지면서 안에 들어있던 맥주가 핏물이 고인 웅덩이로 흘러들어갔다. 마치 레드 카펫 위로 꽃들이 피어나는 것처럼 그렇게 진홍색 거품이 꽃잎 모양으로 피어올랐고, 그 옆에서 인찌는 온몸이 마비된 채 우두커니 앉아있었다. 맥주가 섞인 핏물이 그의 발끝에 도달하고 난 이후에야 비로소 그의 뇌가 서서히 다시 가동되기 시작했다. 이어 그는 남문으로 미친 듯이 내달렸다. 트럭을 몰고 가던 사람들에게 팔 하나를 빼먹었다고 알리기 위해서였다. 차는 남문을 통과했고, 그곳에는 오직 정적만이 감돌았다. 한없이 조용한 오후의 적막감이었다.

II

그날 밤, 인찌는 좀처럼 잠이 들지 않았다.

건물 잔해 아래 깔린 채 잊혀버린 팔 한 쪽과, 마치 그를 부르는 듯 움직이던 그 손가락들이 계속해서 눈에 아른거렸다. 그건 누구의 손이었을까? 그곳에 그렇게 손이 버려져 있다는 것은 곧 손의 주인이 이제 불구가 되었음을 뜻했다. 이 사람의 팔이 떨어져나가게 된 그 난리통 속에서 만일 제때에 그 팔이 발견됐더라면……? 아니다. 아무도 이 팔을 보지 못했다. 거기에 이 팔이 있다는 사실은 아무도 눈치 채지 못했었다. 피범벅이 된 팔 한쪽이 계속해서 그의 머리를 짓눌렀다. 더욱이 중지에는 반지가 하나 끼워져 있었던 것 같았다. 인찌는 문득 진방의 손에도 그렇게 반지가 끼워져 있었다는 사실을 떠올렸다. 도금된 구리 반지였다. 날이 저물자 병원으로 이송된 부상자들에 대한 소식이 들려왔다. 그런데 그중 한 명이 호송차에 피가 넘쳐날 만큼 출혈이 심해 매우 위독한 상태라고 했다. 들것이 온통 붉게 물들었고, 응급실 바닥은 핏물에 잠길 정도였다고 했다.

인부들이 짓고 있던 건물에는 한 관공서의 직원들이 입주할 예정이었다. 가건물에서 머물던 이들은 임시 공동 시설로 내몰리는 신세가 됐다. 진방도 부상자 중 한 명이었기 때문에 인찌의 옆자리는 비어있는 상태였다. 왠지는 모르겠지만 그 옆에 있던 동료 하나는 인찌 곁으로 다가오지 않았다. 외려 다가오길 꺼려하는 것 같았다. 인찌는 다른 사람들과 등을 진 채, 반대방향으로 돌아누워 있었다. 그는 들판 한복판에서도 잘 수 있을 사람이었지만, 어쩐지 잠을 이룰 수가 없었다. 잘려져 나간 그 팔이, 잊혀버린 그 팔이, 그 팔에 달려있던 손과 그 손가락의 반지가 그의 정신을 뒤흔들어 놓았다. 패션 감각이 남다르던 진방은 여름이든 겨울이든 이 도금된 실반지를 보란 듯이 끼고 다녔기 때문이다. 트럭이 떠나버린 걸 확인하고 난 후 인찌는 신문지를 구하러 다녔고, 그걸로 이 팔을 덮으면서 반지 하나를 본 것 같은 느낌이 들었다. 인찌는 이를 확실히 확인해봐야 했다. 자리에서 일어난 인찌는 현장으로 다시 가서 과감히 라이터를 켜고 반지를 확인했다. 그리고 그가 신문지 아래의 그 팔에서 반지를 발견했다. 그렇다. 반지가 있었다. 중지에 구리 반지가 끼워져 있었던 것이다. 인찌는 심장이 얼어붙는 듯했다. 충격에 사로잡힌 인찌는 벽돌 무더기 한 가운데로 주저앉을 뻔했다.

이제 모든 게 확실했다. 팔의 주인은 진방이었던 것이다.

하지만 한 가지는 분명했다. 이제 다시는 그의 팔에 매달릴 수 없을 거라는 점이었다. 지면에서 올라오는 한기가 그의 발바닥을 파고들어 두 다리를 타고 올라온 뒤 그의 가슴에까지 이르렀다. 이는 실로 거센 돌풍처럼 그를 덮쳤고, 그의 목과 머리끝까지 타고 올라갔다. 피부에서는 콕콕 찌르는 듯한 따끔따끔함이 느껴졌다.

그는 두려운 게 아니었다. 그가 느낀 건 한기였다.

그의 앞에는 버려진 진방의 팔이 놓여있었다.

순간 넋이 나가있던 인찌는 깨끗한 종이 포대를 찾으러 다시 돌아왔다. 보통은 시멘트를 넣어두던 것이었다. 인찌는 이 안에 진방의 팔을 넣은 뒤, 멀리 떨어진 작은 숲에 잘 가져다놓고, 나뭇가지로 정성스레 그 위를 덮었다. 그 시간, 공사장은 공동묘지만큼이나 고요했다. 돌아오는 길에 그는 어찌해야 할지 몰랐다. 기분이 언짢았기 때문이 아니라 진방의 팔을 수습하는 과정에서 어떤 동작 한 번을 할 때마다 번번이 다른 곳을 바라보며 팔을 쭉 펴서 했었기 때문이다. 마치 어린 시절, 한겨울에 고드름을 들고 길을 건너던 그때의 모습과도 비슷했다. 다시 숙소로 돌아온 뒤에도 인찌는 여전히 잠을 이루지 못했다. 진방이 이제 불구라는 사실을 머릿속에서 지울 수 없었기 때문이다. 이제 진방의 옷소매는 텅 빈 상태가 될 것이었다. 영원히 그렇게 빈 소매로 펄럭거릴 터였다.

전날, 아직은 몸이 말을 듣던 그때, 인찌는 사람들에게 팔의 존재를 알리기 위해 소리를 지르며 트럭 뒤를 따라 뛰어갔었다. 하지만 트럭은 너무 멀리 있었고, 입구에 있던 사람들은 그를 마치 미친 놈 보듯 했다. 인찌는 사람들이 말없이 식당으로 향하길 기다린 뒤, 반장에게 가서 이렇게 얘기했다. "팔을 병원에 보내야 할 것 같은데……." 그러자 옆에 있던 다른 동료 하나가 그를 힐끔 보며 말했다. "가서 저녁이나 먹게나." 이제 와서 그 팔을 병원에 보내는 건 부질없는 일이었다. 이미 다 죽은 팔이었고, 이젠 아무 쓸모도 없게 돼버렸기 때문이다.

하지만 어쨌든 그 팔은 진방의 것이었다. 인찌는 밤새 고민에 시달렸다. 이 생각에 몰두하느라 그는 결국 눈을 붙이지 못했다. 아침에 자리에서 일어났을 때에는 어깨 위에 돌덩이를 올려놓은 듯 머리가 무거웠다. 반장은 식사를 하러 가자고 이야기하며, 이제는 다시 작업을 재개해야 한다고 주의를 주고 밖으로 나갔다. 잠시 후 그는 다시 돌아와서 인찌를 한쪽으로 끌고 갔다.

"그 팔, 자네가 수습했나?"

인찌는 기대에 가득 찬 얼굴로 고개를 끄덕였다.

"잘 됐군. 그것 때문에 다른 사람들이 불편해하면 안 되지."

일꾼들은 식사를 했다. 그리고 다시 현장으로 돌아갔다. 저들은 마치 모든 것을 다 잊어버린 듯했다. 저들에게는 마치 아무 일도 일어나지 않은 것 같았다. 삽으로 모래를 몇 번 퍼 날

라 혈흔을 사라지게 한 것으로 만족한 사람들은 곧이어 서로 앞다퉈 현장을 발로 다듬었다. 그러는 사이 또 다른 일꾼들은 시멘트를 나르고 비계를 다시 쌓아올렸다. 권양기가 삐걱거리는 소리는 그의 귀에 이를 가는 소리처럼 들렸다. 하지만 그도 다시 창고의 벽돌을 수레에 담아 공사장까지 실어 날랐다. 한 번 갈 때마다 다섯 포대씩 날랐고, 이는 책 500권을 싣고 수백 미터를 밀고 나가는 것이나 다름없었다. 모래로 혈흔을 덮어둔 곳을 지나갈 때면 그는 옆으로 비껴갔다.

그런데 계속 왔다 갔다 하다 보니 문제의 장소에는 사람들의 발자국이 잔뜩 찍혔고, 간혹 몇 센티미터씩 움푹 파인 곳도 있었다. 더욱 가관이었던 것은 내용물을 취합하는 과정에서 혈흔이 묻은 모래를 주워 담는 경우도 있었고, 심지어 그 모래가 콘크리트 믹서에 합쳐져 벽에 발려지기도 했다. 인쩌는 주의를 주려고 했지만, 웬일인지 그냥 이를 두고 보고만 있었다. 그가 무슨 말을 하든 받아들여질 것 같지가 않았다.

이유는 간단했다. 인쩌가 무시되고 있었기 때문이다.

다행히도 진방의 팔만큼은 전날 밤 나무숲에 잘 숨겨둔 상태였다. 어린 묘목일 뿐이었지만, 팔처럼 줄기가 달린 어린 포플러 나무들이 흰색과 녹색으로 반짝거렸고, 여기에선 기분 좋은 봄의 향기가 뿜어져 나오고 있었다. 그 앞을 지날 때마다 인쩌는 슬쩍슬쩍 그곳을 쳐다봤다. 나뭇가지 아래 있던 빳빳한 종이 포대는 사람 피부의 회적색 빛깔을 띠고 있었다. 몇 번을 실어 나르고, 또 다시 몇 번의 작업을 이어간 끝에, 이윽고 점심때가 가까워졌다. 그리고 전날 병원에 갔었던 반장이 그에게 다가와 나지막이 얘기했다.

"진방이 죽었네. 피를 너무 많이 흘렸어."

인쩌는 그 자리에 우두커니 서 있었다. 잎이 무성한 가지더미 쪽에서 시선을 뗄 수가 없었다. 머릿속은 백지장처럼 하얘졌고, 오로지 검푸르스름해진 팔 하나밖에는 떠오르지 않았다. 멍해진 인쩌는 한참동안 허공을 뚫어지게 바라보다가 이어 다시 숙소로 향했다. 그곳에서 -

아마도 그보다 먼저 이 사실을 알았을- 다른 사람들은 이미 진방의 짐을 풀어헤치고 있었다. 진방의 짐 가방은 외국 글자가 프린트된 최신형 가죽 가방이었다. 그의 멋들어진 정장도 어딘가로 사라졌다. 그가 공사장을 벗어나 아이쇼핑을 하러 가거나 가족들을 만나러 갈 때마다 챙겨 입던 옷이었다. 그밖에 반질반질 광을 낸 구두도 없어졌다. 또 다른 게 뭐가 있었는지는 짐작조차 되지 않았다. 돈이 좀 있었으려나? 어쨌든 진방의 침상에는 다 낡아빠진 옷가지와 바지들, 양말만이 나뒹굴며 그가 있던 자리를 쓰레기더미로 만들어버렸다. 사람들은 마치 아무 일도 없었다는 듯 들어와서 밥그릇을 챙겨가지고는 다시 숙소 밖으로 나가 식당으로 향했다.

인찌는 진방의 침상 앞에서 한동안 우두커니 서 있었다. 문틈으로 들어와 그의 어깨와 머리를 비추던 정오의 햇살은 정확히 진방이 잠을 잘 때 발을 두고 있던 곳에 그의 그림자를 드리워주었다. 인찌는 다시금 넋이 나간 모습이었다. 이어 모두가 숙소에서 빠져나간 뒤, 그는 고개를 돌려 식당 쪽을 바라봤다. 밥그릇에 부딪히는 숟가락 소리가 음악같이 들렸다.

III

"병원에 가서 마지막으로 그 친구 얼굴을 보고 싶네."

"영안실에서 그 친구랑 하룻밤만 보내도록 해주게!"

"친구가 화장하는 걸 꼭 봐야 하네. 우리는 한동네에서 자랐단 말일세. 나를 여기로 오게 한 건 바로 그 친구였어. 그저께 이 친구가 나를 맥주 사러 보내지 않았다면 아마 무너진 건물더미에 깔린 건 바로 내가 됐을 걸세. 내 팔이 빠졌을 거라고!"

하지만 왠지 모르게 일이 너무도 빠르게 진행됐다. 공사장을 따라 나 있는 고속도로 위에서 차들이 지나가듯 그렇게 재빠르게 진행됐다. 사흘 후, 진방의 시신은 화장이 되었고, 유골은 허난성에 사는 그의 가족에게로 보내졌다. 그런데 화장하던 날, 그러니까 어제, 인찌는 반장에게 가서 팔이 하나 남아있다고 얘기했다. 다른 동료가 그를 이상하다는 눈으로 쳐다보자 인찌는 고집을 부렸다. "정말로 그 친구 팔이라니까! 화장을 할 거면 전부 다 해야 하지 않겠나." 그러자 뚫어지게 그를 보던 사람들의 눈빛이 달라졌다. 그는 이 눈빛에서 적의를 느꼈다. 마치 그에게 '이 바보 같은 게, 그에게 얼마나 많은 선처가 베풀어졌는지 모르나보군'이라고 말하는 것 같았다. 그리고 바로 그 때, 비계발판에서, 그의 주위로 당혹스러울 정도의 침묵이 맴도는 가운데, 그는 결정을 내렸다.

쉬운 선택은 아니었다. 비밀 회담이라도 열어야 했을 때만큼이나 부담은 컸다. 그는 일절 입을 열지 않았으며, 묵묵히 일만 하고 밥만 먹었다. 숲 앞을 지날 때에도 그쪽으로는 눈길도 주지 않았다. 오로지 아무도 신경을 쓰지 않고 있을 때에만 흘낏 그쪽으로 시선을 향하는 위험을 감수할 뿐이었다. 봄에는 대자연이 매우 빠른 속도로 달라진다. 사흘 전만 해도 곧게 뻗은 하얀 묘목으로 여리고 섬세한 잔가지 몇 개밖에 없던 어린 나무는 창백한 옥빛을 띤 채 군데군데 연한 노란색의 작은 싹이 올라오고 있을 뿐이었다. 그런데 지금은 짙은 초록색에 가지는 온통 이파리와 꽃차례로 덮여 있었고, 따사로운 햇살을 한껏 쪼이고 있었다. 팔을 가리기 위해 부러뜨려놓았던 묘목들도 온통 새싹으로 뒤덮여 있었다.

그의 마음속도 봄이었다. 인찌의 단호한 결심이 싹을 틔우며 꽃을 피워가고 있었던 것이다. 그는 더 이상 과거의 건물 붕괴 사건이나 잊혀버린 팔에 대해 곱씹어보지 않았다. 마치 아무 일도 없었던 것처럼 그는 벽돌을 실어 나르고 전력을 다해 모래를 쌓아 올렸으며, 비계 위에서도 제법 열심히 작업했다. 심지어 자신은 그저 단순하고 행복한 작은 새일 뿐이라는 인상을 주기 위해 콧노래도 부를 수 있게 됐다. 반장은 인찌가 열심인 모습을 메모해두었고, 이따금씩 그와 마주칠 때면 어깨를 툭툭 쳐주는 친근감도 보였다. 하루 일과가 끝나면 다정하게 그의 머리를 쓰다듬어줄 때도 있었다. 이틀 후, 의도적으로 반장을 찾아 나섰을 때에도 인찌는 우연히 마주친 척, 아무런 내색 없이 그저 웃음만 지으며 그를 지나쳤다가, 마치 무언가가 갑자기 생각이 난 듯 발걸음을 되돌리며 이렇게 물었다.

"읍내에 가서 옷을 한 벌 살까 하는데, 돈 좀 당겨줄 수 있나?"

“100위안 정도면 되겠지?”

“200위안은 안 될까? 유행에 맞는 걸로 좀 좋은 걸 하나 장만하고 싶어서 말일세.”

주머니 가득 돈을 채운 인찌는 한밤중에 자리를 떴다. 다른 동료들은 모두 깊은 잠에 빠져 있었고, 인찌는 짐을 챙겨 작은 숲으로 쏜살같이 내달렸다. 그리고 진방의 팔을 커다란 비닐봉지 안에 집어넣어 둘둘 말았다. 팔을 넣으면서 흙과 종이도 모두 함께 넣었다. 이어 여러 장의 비닐봉지 안에 다시 이를 넣은 뒤 단단히 동여맸다. 그리고 이를 다시 자기 짐 깊숙한 곳에 집어넣었다. 이어 좌우를 잠시 살핀 그는 재빨리 자리를 떴다. 식수가 흐른다는 수로를 따라 도심까지 걸어갔다. 짐을 싸기 전, 나뭇가지들 사이에서 팔을 끄집어낼 때 그는 팔의 상태를 살펴볼 생각이었다. 하지만 그 위로 몸을 숙이는 순간, 그는 냄새 때문에 멈칫했다. 아마도 부패한 팔에서 나는 냄새였을 것이다. 아니면 이를 싸고 있던 종이가 썩어서 나는 냄새이든가, 혹은 겨울의 마른 풀들에 춘야의 습기가 스며들어가면서 나는 냄새일지도 몰랐다. 어쨌든 그는 자신에게 놀라움을 안겨주었던 고름덩어리를 신선한 공기 속으로 끄집어낸 뒤, 서둘러 이를 포장했다.

IV

이틀 후, 수중의 돈은 모두 여행 경비로 나가고 없었으나, 그래도 인찌는 허난성 서부에 위치한 진방의 집에 도착했다. 자신이 들고 있던 것을 검표원에게 들키게 될까봐 기차도 타지 않고 버스를 세 번이나 갈아타면서 그곳에 도착한 터였다.

인찌가 마을에 도착한 시각은 딱 열두 시 정오였다. 태양은 황금빛으로 뜨겁게 빛나고 있었고, 그 열기가 너무 뜨거워 산이고 들이고 집이고 모두 죄다 익어버릴 것만 같았다. 베이징보다 남쪽에 위치한 허난성은 이미 완연한 봄이었다. 회화나무와 느릅나무, 살구나무, 복숭아나무 등이 너나할 것 없이 활짝 피어 거리를 온통 저마다의 꽃향기로 가득 채웠다. 인찌가 이제 막 그 길에 접어들어 꽃향기에 사로잡혔던 그 때, 사람들이 웅성거리는 소리가 들려왔다. 어떤 집에서 무언가 잔치를 하고 있는 모양이었다. 모퉁이를 돌아가 보니 실제로 잔치가 벌어지고 있었다. 마을 서쪽의 공터에 가져다놓은 20여 개의 상 위에는 구운 닭과 말린 생선, 술, 담배들이 잔뜩 올라가 있었다. 고기 냄새가 진하게 풍겨왔고, 삽시간에 퍼져나가던 독주의 향도 그에 못지않게 강렬했다. 잔칫집의 주인은 진방의 부모님이었다. 이 같은 연회를 벌이는 이유가 의심스러웠던 인찌는 잠시 머뭇한 뒤, 단걸음에 다가가 무리에 끼었다.

그를 보자마자 여기저기서 탄성이 쏟아져 나왔다.

"어이, 인찌! 돌아왔는가?"

"진방은 죽었던데 자넨 다시 우리 곁으로 온 겐가?"

"가방 내려놓고 이리 와서 한 잔 들게. 이제 막 진방을 묻은 참이야. 진방네 가족들이 마을 사람들에게 고맙다며 인사치레를 하는 중이라네."

그랬다. 진방의 유골은 인찌보다 먼저 고향에 도착했고, 이미 땅 속에 묻힌 상태였다. 이젠 다 틀렸다는 좌절감에, 그리고 너무 늦게 왔다는 생각에 인찌는 또 다시 한 순간 멈칫했다. 이어 인찌는 사람들 사이를 가르며 주위의 시선과 음식들을 물리치고 짐도 풀지 않은 채 곧장 진방의 집으로 향했다. 고인이 된 진방 덕분에 이 집은 마을에서 처음으로 2층짜리 집이 된 곳이었다. 마당에서는 다들 손님 접대를 하느라 동분서주하고 있었다. 다소 공격적으로 대문 앞에 도착해 우두커니 서 있었을 때, 놀라움을 금할 길 없었던 인찌는 어딘가 모르게 적대감이 느껴진다는 것을 직감했다.

진방의 가족들은 인찌의 손에 들려져 있는 게 무엇인지 미심쩍게 여기면서 그가 지금이 아닌 다른 때 와줬더라면 더 좋았을 것이라고 여기는 게 분명했다. 인찌를 향한 시선은 묘하게도 냉랭했고, 사람들은 눈짓으로 그를 밀어내고 있었다. 인찌는 곧장 거실로 향했다. 아버지, 형제들, 그리고 그 아내들이 순서대로 인찌의 뒤를 따라 들어왔다. 그리고 뒤로 대문을 걸어

잠근 채, 다들 인찌의 주위를 둥글게 에워쌌다. 인찌의 가방을 곁눈질로 힐끗 보며 진방의 가족들은 그를 빤히 쳐다봤다. 가족들은 도대체 인찌가 자신들에게 무슨 말을 하러 온 것인지, 그리고 베이징에서 가져온 건 무엇인지 궁금해 했다.

"진방의 유골을 묻었습니까? 진방의 팔 하나가 같이 화장되지 않았어요. 나를 베이징으로 불러들인 건 진방이었어요. 이건 내가 할 수 있는 최소한의 행동이에요. 물론 비용이 들어갈 수는 있지만 돈 아낄 일이 아니죠. 진방의 팔은 그의 유골과 함께 묻혀야 합니다."

가족들 가운데 그 누구도 다시 무덤을 열려 하지 않았다. 무덤을 쓴 지도 얼마 안 됐고, 이를 연다는 건 불길한 일이었다. 관도 다시 뜯어야 했고, 그렇게 되면 다시 한 번 마을 사람들 접대를 해야 하는데 이게 웬 낭비란 말인가. 진방의 가족들은 인찌에게 마을 사람들이 한창 잘 먹고 즐기는 이 마당에 그럴 때가 아니라고 했다. 그러니 귀찮게 굴지 말고 그 팔이랑 짐과 함께 다른 어딘가로 가버려라, 그리고 그게 정말 진방의 팔인지 아닌지부터 확인하고 와라, 그런 다음에 다시 이야기하자, 생각해봐라, 만일 팔을 함께 묻었는데 결과적으로 거기에 팔이 세 개인 게 되면 어떡하느냐, 그러면 진방이 우리를 원망하지 않겠느냐, 라는 것이었다. 인찌는 침울해진 표정으로 진방의 집을 나왔다. 곰팡이가 슬어서 먹을 수도, 그렇다고 버릴 수도 없는 곡식 자루처럼 짐 가방을 터덜터덜 흔들며 밖으로 나왔다. 더욱이 인찌는 배도 고팠고, 진도 다 빠진 상태였다.

차라리 그 상다리 휘어지게 차려진 상 하나에 자리를 잡고 앉아 배도 채우고 휴식도 취하는 게 더 나았을지도 몰랐다. 서쪽으로 기우는 태양은 여전히 너무도 뜨거워서 인찌는 온몸이 흠뻑 다 젖은 상태였다. 다른 사람들은 잔치를 즐기느라 여념이 없었다. 몇 명씩 무리를 지어 밥도 먹고 술도 마시고 농담도 주고받았다. 손가락으로 제로 게임을 하는 사람들의 소리가 쩌렁쩌렁 울렸다. 손에 밥그릇이나 닭다리를 들고 있는 아이들은 잔칫상과 어른들의 다리 사이를 용케 비집고 돌아다녔으며, 그 모습이 꼭 키 작은 나무숲의 새들 같았다.

정신없이 어수선한 가운데, 잠시 발걸음을 멈춘 인찌는 자기가 직접 팔을 묻기로 결심한다. 인찌는 삽을 빌려 마을 뒤편의 공동묘지 쪽으로 향했다. 묘지는 그리 먼 곳에 있지 않았다. 200~300미터쯤을 더 가서 그는 진방의 무덤을 찾았다. 노란 빛이 도는 비석 주위는 하얀 화관으로 둘러싸여 있었고, 꽃은 다 태워지지 않은 상태였다. 주위에는 사람들 발자국이 남아 있었고, 발에 짓눌린 밀의 새싹도 있었으며, 폭죽 포장지와 향이 타고 남은 재도 눈에 띄었다. 묘지 위로는 까마귀가 날아다녔다. 들판은 텅 비어 있었지만, 저 멀리 작은 언덕 능선 위에는 양치기 하나가 자신의 양들을 닮은 솜뭉치를 지키고 있었다. 술에 취한 목소리와 게임을 즐기는 사람들로 시끌벅적한 마을은 정체를 알 수 없는 곳이 되었고, 나아가 비현실적인 공간처럼 느껴졌다.

생흙무더기 옆에 가방을 내려놓은 인찌는 고개를 들어 하늘을 봤다. 하늘은 너무 맑고 투명해서 햇볕에 빛나는 베이징 고층빌딩의 유리창과도 비슷한 느낌이 들었다. 그 강렬한 빛에 눈이 멀 지경이었다. 너무도 강렬했던 햇빛은 수많은 유리관을 공기 중에 빼곡히 늘어놓은 게 아닌가하는 생각이 들 정도였다. 인찌는 가방을 열어 팔의 상태를 확인해보고 싶었다. 가방에 싸서 넣을 때에도 썩는 냄새가 느껴지는 것 같았는데, 지금은 이틀이나 지난 상황이었고 기온도 더 높아졌다. 따라서 시체 썩는 냄새가 날 수도 있었고, 지독한 썩은 내가 코를 찌를 수도 있었다. 나아가 부패한 살점에서 구리 반지가 떨어져 나올 수도 있었다. 인찌는 우물쭈물하며 고민에 빠졌다.

결국 그는 삽을 옆에 던져두고 가방 옆으로 가까이 갔다. 지퍼를 열고 그 위에 덮어둔 옷을 치우자 정말로 지독한 냄새가 뿜어져 나오며 그를 덮쳤다. 하지만 썩은 내가 느껴지진 않았다. 풀에서 혹은 더운 날 맡을 수도 있을 법한 그런 냄새였다. 인찌는 비닐봉지 포장을 벗겨냈다. 신주단지 모시듯 꺼낸 팔을 그렇게 맨 정신으로 살펴보기는 이번이 처음이었다. 훤한 대낮이었고, 무섭다는 생각은 들지 않았다. 인찌는 떨어뜨리지 않으려 애쓰면서 조심스럽게 팔을 내려놓았다. 그리고 하나하나 끈을 풀어낸 뒤 겉포장을 뜯어내고 비닐봉지 위에 맨 팔을 올려놓았을 때, 그는 순간 얼빠진 표정으로 멍하니 이를 바라보고만 있었다.

팔을 돌돌 싸맨 겉포장 안으로 봄날의 햇살이 파고들어가 작은 포플러 싹을 틔웠기 때문이다. 싹은 젓가락만큼 두꺼웠고, 가느다란 껍질은 창백한 회색이었으며, 화사한 노란색 이파리 몇 장이 예쁘게 달려 있었다. 여기에서는 풋풋한 식물의 향기가 풍겨져 나왔다. 팔은 더 이상 예전의 그 팔이 아니었으며, 이젠 비옥하고 관대한 부식토가 되었다.

잠시 고민한 뒤, 인찌는 무덤 앞에 이 꺾꽂이 가지를 심어주었다.

밤이 되고 달이 뜨자 마을도 잠에 빠져들었다. 진방의 집도 마찬가지였다. 이 집에도 조금씩 적막이 찾아왔다. 하지만 모두가 말이 없던 그 때, 가족 중 한 사람이 인찌에게 밖으로 나와 보라며 할 말이 있다고 했다. 그는 팔을 돌려달라고 할 요량이었던 걸까? 그렇지는 않았다. 진방의 죽음은 그 가족들에게 엄청난 돈을 가져다주었고, 이들은 요구한 돈의 두 배를 보상금으로 받은 터였다.

그런데 이 거액이 가족들 한 사람 한 사람에게 분배되고 나면 이는 더 이상 큰돈이 아니었다. 그리고 인찌를 찾아온 이 사람은 진방의 손가락에 실반지가 끼워져 있다는 걸 떠올렸다. 물론 도금한 것이거나 그냥 구리 반지에 불과했다.

요컨대 그 사람 말은 인찌가 가져온 팔이 왼팔이면 그걸 자신에게 돌려줘야 한다는 것이었다. 금이 아니어도 어쨌든 반지는 반지이기 때문이다. 문간에서 인찌와 이 남자 사이로 살포시 달빛이 쏟아졌다. 누군가는 이를 빤히 쳐다보고 있었다. 그 남자에게 인찌는 반지가 있었다고 말했다. 하지만 이제는 무덤 속에 묻혔다고 했다. 아마도 부패되었거나, 작은 나무가 되었거나 했을 거라고 이야기했다.

남자는 가버렸다. 인찌도 문을 닫고 잠을 자러 들어갔다.

글 · 옌롄커

〈마니에르 드 부아르〉 한국어판의 제 16호 발간에 도움을 주신 후원자 여러분께 감사드립니다.

강승일
강예달
구도은
국제스포츠학교
권도영
김가영
김기모
김보람
김성민
김영대
김주영
김철년&강지영
김태형
랭이아님
박 종 화
박보나
박유월
복동이와 삼칠이
서쌍용
송경호
시수경
신광주
신지아
오수지
오주석
윤대한
이상욱
이영호
이은임
이주현
임혜영
정민기
정민지
정익교
정재훈 김지영
조윤민
주영민
최지현
팽
한별☆
황수진
(서문시장)만물레이스
Dogne Guim
Etienne Son
heee
jinbba96
kimsann
sagearlee
Valentine Lee
zeri

글의 출처

서문　Mona Chollet et Evelyne Pieiller, 'Plaisirs pirates'(미게재)
책을 내며 성일권, '길들여지지 않는 예술이 필요할 때'(미게재)

[1부] 풍자 영화의 쾌락

Mehdi Derfoufi, Jean-Marc Genuite et Civan Gürel, 'Superman et le 11-Septembre', 〈르몽드 디플로마티크〉 프랑스어판 2006년 10월,
Slavoj Zizek, 'Une revanche de la finance mondiale', 〈르몽드 디플로마티크〉 프랑스어판 2005년 5월,
Ignacio Ramonet, 'Comédies de crise', 〈르몽드 디플로마티크〉 프랑스어판 1976년 7월,
Sylvestre Meininger, 'Le retour des morts-vivants', 〈르몽드 디플로마티크〉 프랑스어판2008년 3월,
Éric Delhaye, 'Entreprise(s) de dépollution', 〈르몽드 디플로마티크〉 프랑스어판 2022년 7월

[2부] 대중예술의 도발

Philippe Videlier, 'Dictateurs de papier et républiques ubuesques inspirés de modèles souvent trop réels', 〈르몽드 디플로마티크〉 프랑스어판 1986년 9월,
Philippe Videlier, 'Les héros de la guerre du papier', 〈르몽드 디플로마티크〉 프랑스어판 1996년 12월,
Evelyne Pieiller,'Pérennité du roman populaire', 〈르몽드 디플로마티크〉 프랑스어판 2002년 6월,
Michelle Coquillat, 'Romans roses pour femmes modernes', 〈르몽드 디플로마티크〉 프랑스어판 1998년 9월,
Isabelle Smadja, 'Le Mal et l'enfant sauveur', 〈르몽드 디플로마티크〉 프랑스어판 2002년 12월,
Serge Lehman, 'De la science-fiction comme laboratoire métaphysique', 〈르몽드 디플로마티크〉 프랑스어판 2009년 7월,
Yves Di Manno, 'Science-fiction et rêves de l'État', 〈르몽드 디플로마티크〉 프랑스어판 1977년 11월,

[3부] 길들여지지 않은 자들의 음악

Evelyne Pieiller, 'Rencontres du rock et des mystères du troisième type', 〈르몽드 디플로마티크〉 프랑스어판 2009년 7월,
Evelyne Pieiller, 'Le hard-rock, légende en pleine activité', 〈Le lac des signes (blog.mondediplo.net)〉 2008년 12월,
Thomas Blondeau, 'En France, le ghetto parle au ghetto'(미게재),
Jean-Christophe Servant, 'L'Afrique conteste en rap', 〈르몽드 디플로마티크〉 프랑스어판 2000년 12월,
Boris Vian, 『Croniques de jazz』(Le Livre de poche, Paris, 1998)
Sylvain Desmille, 'La vague aléatoire de la musique techno', 〈르몽드 디플로마티크〉 프랑스어 1999년 2월,
Rabah Mezouane, 'Le raï, de l'euphorie au désenchantement'(미게재),

[4부] 그럼에도 예술은 계속된다

Pascal Bouaziz, 'Artiste, je suis un luxe…', 〈르몽드 디플로마티크〉 프랑스어판 2022년 1월,
Evelyne Pieiller, 'Le bon artiste…', 〈르몽드 디플로마티크〉 프랑스어판 2022년 4월,
김지연, '그럼에도 우리는 쓴다', 〈르몽드 디플로마티크〉 한국어판 2021년 9월,
閻連科 Yan Lianke, 'Le bras oublié', 〈르몽드 디플로마티크〉 프랑스어판, '돌려줄 수 없는 친구의 잘려나간 팔', 〈르몽드 디플로마티크〉 한국어판

※〈마니에르 드 부아르〉 vol.16의 '길들여지지 않는 예술'은 프랑스어판 111호의 〈CULTURE MAUVAIS GENRES〉를 기본 텍스트로 삼았습니다.

강혜정 화가의 '길들여지지 않은' 예술

그녀의 그림 속 여인들은 당당하고 화사하다. 바라보고 있으면 여인들이 금세라도 튀어나와, 내게 어깨동무를 하며 야유회를 함께 가자고 할 것 같다. 그녀들의 의상은 자유분방하고 도발적이다. 다수의 고객을 위한 대중적인 프레타포르테, 관중과 평론가의 시선을 의식한 오트 쿠튀르 컬랙션과는 달리, 그녀가 창조해낸 의상은 어떠한 형식에도 구애받지 않는다.

빨강, 파랑, 노랑, 하양의 원색의 원단을 재단하고 조각내어 두른 그녀들의 의상에서는 디자인의 규칙과 질서라는 게 없다. 화가가 창조해낸 여성들의 눈빛은 몽롱하고 몽환적이며, 길쭉한 키에 긴 목과 팔, 가느다란 손가락은 남편과 아이를 위해 밥 짓고 청소해야 하는 현실 속 여인과는 거리가 멀다.

잔뜩 부푼 버닝이나 챙이 넓은 모자를 머리에 쓰고, 목과 팔에 화려한 액세서리를 칭칭 감은 채 어디로 외출을 하려는 걸까? 그녀들은 무릎까지 올라온 부츠의 끈을 동여매고 떠날 채비를 하고, 이를 기념해 스냅사진을 찍는다. 영화의 하이라이트처럼, 화려한 미장센(Mis en scene)으로 기록되는 순간이다.

화가 강혜정의 인물들은 밑그림 없이 직관적으로 창조된 까닭에 언뜻 보면 키치적인 요소가 강한 앤디 워홀의 팝 아트를 연상시키지만, 이렇게 말하면 화가에게는 대단히 실례될 듯 싶다. 워홀은 배우 사진과 만화 등 대중적 이미지를 차용하며, 실크스크린 기법을 통해 그들의 이미지를 반복적으로 묘사한 반(反) 회화적인 상업 작품들을 주로 내놓았으나, 강혜정의 그림은 회화적이며, 예술 중심적이다. 워홀이 색을 달리해 반복적으로 그린 마릴린 먼로의 초상화들은 카메라를 향해 살짝 입을 벌린 섹스심벌의 비주체성이 다분하게 느껴지지만, 강혜정의 그림 속 여인들은 대중과 관중, 평론가의 시선을 떨친 '길들여지지 않은' 옷차림으로, 주체적으로 결정하고, 활동하는 모습들을 보여준다.

유감스럽게도 화가의 그림에서는 남자들의 존재감은 거의 없지만, 그렇다고 해서 남자인 필자에게 어떤 불편함도 주지 않는다. 화가는 "왜 남자들은 꿔다놓은 보따리처럼 존재감이 없느냐"는 질문에, "어렸을 적에 4자매가 알콩달콩 지냈고, 지금도 자주 만나다 보니, 여자들을 주로 그리게 된 것일 뿐, 결코 남자를 배제한 것이 아니다"고 말한다. 그러니까, 그녀의 그림은 자매들의 알콩달콩한 이야기를 품고 있는 셈이다.

자세히 들여다보면 그녀의 작품들은 오브제의 디테일을 단순화한 절제미와 동적인 입체감을 살린 영화적 미장센 기법이 두드러져 엿보인다. 평소 인물들과 배경을 관찰하길 좋아하는 화가는 그녀 만의 시선으로 이를 단순화하고 생략하고, 또한 강조하고 변형하며 자신의 독보적인 그림 세계를 구축했다고 볼 수 있다.

캔버스에는 그녀만의 색채 세계가 녹아 있다. 강렬한 색감이 전체적으로 느껴지고, 인물과 배경은 노란색과 푸른색, 빨간색, 회색, 황색으로 선명하게 채색되어, 마치 꿈 속의 세계에 들어선 것 같은 기분을 준다. 발랄하고 힙한 분위기가 화폭에 가득하지만, 인물들의 머리와 얼굴, 목과 팔, 몸, 다리는 뼈가 없는 연체동물처럼 꺾이고 휘고, 늘어지고 흐느적거려 왠지 나른하고, 평화스러운 멜랑꼴리 마저 주기도 한다.

자매들과 함께, 정오의 호사스러운 점심을 나눈 오후 2시 쯤, 좀더 멀리 바람을 쐬러 갈 요량으로 채비를 갖춘 장면이 연상된다.

그녀의 그림들은 잘 읽힌다. 작품을 어떻게 이해하느냐는 것은 관람객의 몫이지만, 그녀의 그림들은 즐겁고 편하다.

다른 회가들의 그림에서 흔히 엿보이는, 오브제를 베끼다시피 똑같이 그리는 모더니즘의 단순함이나, 화가 자신도 모르고 평론가도 이해못하는 포스트 모더니즘의 미스터리를 담고 있지 않기 때문이다. 〈마니에르 드 부아르〉의 16호인『길들여지지 않는 예술』에서 런던에서 가장 저명하고 트렌디한 사치 갤러리(The Saatchi Gallery)를 비롯해, 프랑스 독일 등 해외에서 주목을 받고 있는 작가의 작품을 배경 그림으로 선택한 것은 그의 작품이 기존의 화법(畫法)에서는 발견하기 힘든 뭔가 '길들여지지 않은' 예술을 지향하고 있다고 판단되어서다.

글 · 성일권
문화평론가. 〈르몽드 디플로마티크〉 한국어판 발행인.

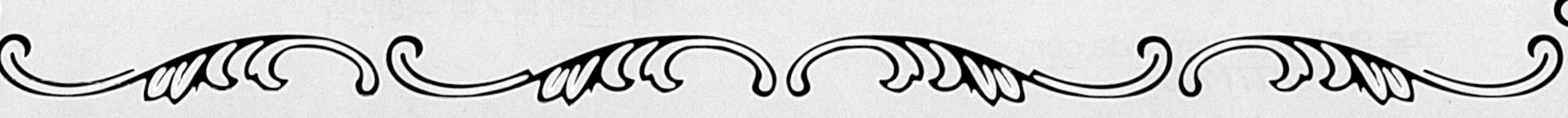